W0215829

LES PROCESSUS CG

BTS CG 1re année

PROCESSUS 3

Gestion des obligations fiscales

À JOUR DE LA LOI DE FINANCES 2022

Gérard Antitomaso
Dominique Clerc
Christine Darlay
Alain Larguier

+ liens avec le P7

Repérage des compétences Pix

Nathan TECHNIQUE

Sommaire

Chapitre 1

Conduite de la veille fiscale

Activité
3.1. Conduite de la veille fiscale

Composantes d'activité
3.1.1. Réalisation de la veille juridique nécessaire à l'application des obligations fiscales
3.1.2. Identification des obligations fiscales de l'organisation

Compétences
– Identifier les règles fiscales applicables à la situation et leurs évolutions
– Caractériser les régimes d'imposition de l'entreprise et prendre en compte les obligations réglementaires concernant l'entreprise

P7
Conduite de veille régulière et documentée à l'aide des outils numériques

Vers Pix
1.1. Mener une recherche et une veille d'information
3.1. Développer des documents textuels

Situation professionnelle

M. Renaud est chef du rayon « Fruits et légumes » dans une entreprise de la grande distribution de la région niçoise depuis près de 5 ans. Il a ainsi acquis un savoir-faire et des compétences qui lui permettent courant 2020-2021 d'envisager de créer sa propre entreprise de distribution de fruits et légumes biologiques.

Il a consulté différents sites liés à la création d'entreprise, notamment celui du Centre de formalités des entreprises (CFE). Face à la multitude de choix pour créer une entreprise et afin de retenir la structure juridique la mieux adaptée à son projet, il décide de faire appel au cabinet d'expertise comptable ExpertPlus.

Mission

Stagiaire dans le cabinet ExpertPlus, votre tuteur, M. Arto, vous charge de conseiller M. Renaud dans ses démarches et ses choix pour mener à bien son projet professionnel.
Vous disposez pour cela d'une documentation juridique et fiscale.

Travail à faire

I L'analyse fiscale des dépenses et des encaissements de M. Renaud

Dans un premier temps, M. Renaud s'interroge sur les différentes catégories d'impôts dont il est actuellement redevable en tant que contribuable.

Annexe 1
Fiche ressource 1

1. **Qualifier la catégorie de revenu perçu par M. Renaud et préciser à quel impôt ce revenu est soumis.**

2. **Repérer et qualifier les différents impôts dont est redevable M. Renaud en fonction de la nature de l'opération figurant sur le relevé de banque.**

Exemple de tableau pour présenter votre analyse :

Éléments	Impôt sur le revenu	Impôt sur la dépense	Impôt sur le capital	Impôt direct	Impôt indirect
Super U : TVA et autres taxes		✓			✓

II Le choix d'une structure juridique et ses incidences

Afin que vous puissiez proposer à M. Renaud les structures juridiques adéquates, vous l'interrogez sur ses attentes : il souhaite prendre en compte à la fois l'étendue de sa responsabilité, le mode d'imposition du bénéfice dégagé par son activité commerciale ainsi que le régime fiscal et social dont il va dépendre en tant que dirigeant.

Annexe 3
Fiche ressource 2

3. **Identifier les différentes structures juridiques qui s'offrent à M. Renaud dans le cadre de son projet en envisageant deux éventualités :**
– soit M. Renaud sera seul dans cette création d'entreprise ;
– soit il s'associera avec un collègue de travail.
Justifier vos choix.

4. **Présenter, sous forme de tableau, les caractéristiques de ces structures en envisageant les différents critères que M. Renaud souhaite prendre en compte.**

Exemple de tableau :

Structure juridique	Responsabilité de M. Renaud	Mode d'imposition du bénéfice	Régime fiscal de M. Renaud	Régime social de M. Renaud

5. **Préciser quelle est, à votre avis, la structure la mieux adaptée à chacune des deux éventualités. Votre choix serait-il différent si M. Renaud crée son entreprise en 2022.**

III Structure juridique, régime d'imposition et obligations fiscales et comptables

Sur vos conseils, M. Renaud pense choisir entre l'EIRL et la SARL. Il s'interroge maintenant sur les obligations fiscales et comptables qu'il devra respecter selon la structure juridique qu'il choisira. Pour chaque structure envisagée, vous répondrez aux questions qu'il se pose.
Vos réponses pourront se présenter sous la forme d'un tableau.

Annexe 2
Fiche ressource 3

6. **Indiquer le régime fiscal d'imposition dont dépendra l'entreprise de M. Renaud. Justifier votre réponse.**

7. **Préciser comment sera déterminé le bénéfice qui servira de base à l'impôt sur les revenus dégagés dans le cadre de l'activité professionnelle.**

8. **Indiquer qui sera redevable de cet impôt sur les revenus.**

9. **Indiquer si l'activité de M. Renaud sera soumise à la TVA et préciser les conséquences qui en découlent.**

10. **Préciser les obligations comptables que M. Renaud devra respecter.**

Le collègue de travail de M. Renaud n'a pas pu apporter les fonds nécessaires à la création d'une SARL et c'est sous la forme d'une EIRL que M. Renaud a créé son entreprise le 01/01/2021.

IV L'évolution de l'entreprise

Au bout d'un an d'activité, le chiffre d'affaires de l'entreprise connaît une progression régulière très favorable, ce qui conduit M. Renaud à demander conseil auprès de M. Arto, votre tuteur au cabinet ExpertPlus, pour envisager un changement de régime fiscal et de structure juridique.

11. **Rédiger la réponse au mail de M. Renaud en précisant, notamment :**
a. le changement de régime induit par l'évolution du chiffre d'affaires ;
b. les conséquences au niveau : de la TVA, de la détermination du bénéfice servant de base à l'impôt et des obligations déclaratives.

▶ Annexe 4
▶ Fiche ressource 3

V L'entreprise et ses partenaires

M. Renaud a pris conscience des nouvelles obligations qui lui incombent en matière comptable et fiscale. Soucieux de gérer son entreprise dans la légalité et d'anticiper les modifications de la législation, il souhaiterait connaître certaines sources d'information et savoir auprès de quels services ou organismes il peut trouver une assistance.

12. **Préciser à M. Renaud le texte de loi qui est voté chaque année et qui autorise l'État à prélever les impôts. Dans quel code trouve-t-on l'ensemble des textes relatifs aux impôts ?**

13. **Indiquer à M. Renaud de quel service du centre des finances publiques il dépend maintenant dans le cadre de son activité professionnelle et pour quelles opérations.**

▶ Fiche ressource 4
▶ Fiche ressource 5
▶ Fiche ressource 6

14. **Expliquer à M. Renaud l'utilité d'adhérer à un CGA ainsi que l'avantage fiscal qu'il en retirera. Pourrait-il confier la tenue de sa comptabilité au CGA ?**

15. **Indiquer sous quelle forme M. Renaud devra déclarer et payer les impôts dont il sera redevable dans le cadre de son activité professionnelle. A-t-il l'obligation d'y recourir ?**

P7 **16.** **Quelle différence faites-vous entre EDI et EFI ? Préciser comment est assurée la sécurité informatique de ces déclarations électroniques.**

VI Mise en œuvre d'une veille informationnelle

M. Arto, votre tuteur, souhaite faire évoluer sa pratique classique de veille informationnelle. Il envisage de mettre en œuvre des outils numériques lui permettant de se tenir systématiquement au courant de l'actualité fiscale et comptable, afin de respecter les règlementations en vigueur mais aussi de regrouper et d'organiser ces informations.

P7 **17.** **Rédiger une note à l'attention de M. Arto afin de lui présenter les flux RSS (définition, intérêt, mise en œuvre) et l'outil spécifique dont doit disposer l'utilisateur de ces flux pour les exploiter. Donner des exemples.**

▶ Fiche ressource 7

P7 **18.** **Aller sur le site www.service-public.fr et repérer s'il permet de souscrire gratuitement à un flux RSS.**

P7 **19.** **Repérer parmi les flux RSS proposés ceux de nature fiscale qui pourraient être utiles au cabinet Expertplus. Donner le lien de ces flux.**

Données de la situation

Annexe 1 L'imposition de M. Renaud

Relevé bancaire de M. Renaud

LCL

AGENCE PERRIER
34 boulevard PERRIER
06000 NICE

RENAUD Florian
36 RUE DES ESPOIRS
06410 BIOT

EXTRAIT N° 21 DE VOTRE COMPTE COURANT

CODE BANQUE	CODE AGENCE	NUMERO DE COMPTE	CLÉ RIB
30002	156	00020163267X	23

IBAN
Code BIC FR10 3000 2001 5600 0020 16326X 23
CRLYFRPP

PÉRIODE DU 01/09/2020 au 30/09/2020

DATE	DÉBIT	CRÉDIT	VALEUR	LIBELLÉ
01/09/2020		2 782,32	01/09/2020	ANCIEN SOLDE
03/09/2020	100,00		03/09/2020	RETRAIT DAB
07/09/2020	138,69		07/09/2020	CARTE VISA SUPER U
07/09/2020	55,75		07/09/2020	CARTE VISA ESSO
14/09/2020	82,60		14/09/2020	CARTE VISA RESTO "LA ROUILLE"
15/09/2020	51,00		15/09/2020	PRÉLÈVEMENT TAXE FONCIÈRE
16/09/2020	42,00		16/09/2020	PRÉLÈVEMENT HABITATION
20/09/2020	100,00		20/09/2020	RETRAIT DAB
19/09/2020	45,30		19/09/2020	PRÉLÈVEMENT EDF
25/09/2020	167,78		25/09/2020	CARTE VISA SUPER U
30/09/2020		1 720,00	30/09/2020	VIREMENT SALAIRE SEPTEMBRE
TOTAUX	783,12	4 502,32		
SOLDE	0,00	**3 719,20**		

M. Renaud est salarié d'une entreprise de la grande distribution. Son salaire net mensuel avant impôt est de 1 850 €. Le montant de l'impôt sur le revenu prélevé à la source par son employeur s'élève à 130 €.

Chaque fin de mois, il consulte en ligne son relevé bancaire afin :
– de contrôler les opérations qui y sont mentionnées ;
– de vérifier que le solde créditeur de son compte sera suffisant pour assurer le paiement des dépenses du mois suivant.

Il analyse notamment la nature des impôts dont il est redevable et pour lesquels il a opté, quand cela est possible, pour un prélèvement mensuel.

NB : le recouvrement de l'IR par prélèvement à la source est mis en place depuis le 01/01/2019.

Annexe 2 Prévisions de chiffre d'affaires et de résultat

M. Renaud a pris contact avec la CCI de Menton afin de réaliser une évaluation de son chiffre d'affaires prévisionnel.
Cette étude a été effectuée dans l'hypothèse de la création d'une EIRL et dans celle d'une SARL. La création d'une société permet d'envisager un chiffre d'affaires plus élevé du fait d'investissements plus performants (vitrine réfrigérée, extension du local...).

Étude prévisionnelle

Éléments	Création d'une EIRL	Création d'une SARL
Chiffre d'affaires	70 000 €	90 000 €
Achats et charges	58 000 €	72 000 €
Résultat	Bénéfice forfaitaire = 20 300 €	Bénéfice réel = 18 000 €

Annexe 3 Contexte du projet de M. Renaud

La situation de salarié dans une entreprise de la grande distribution, pendant environ 5 ans, a permis à M. Renaud d'acquérir un savoir-faire et une expérience professionnelle. La qualité de son travail et son autonomie reconnues par son employeur lui permettent d'envisager de concrétiser son projet de création d'entreprise.

Sur vos conseils, il étudie deux éventualités :
– soit se lancer seul dans cette création d'entreprise, si son budget le lui permet. Il occuperait alors le poste d'exploitant ou de salarié, suivant la structure juridique choisie ;
– soit s'associer avec un collègue, lui aussi salarié de la grande distribution, et apporter la majorité du capital (environ 60 %). Il occuperait alors le poste de gérant dans la catégorie des travailleurs non salariés.

Projet professionnel	Créer une entreprise de distribution de fruits et légumes biologiques : Prim'Bio. M. Renaud souhaite limiter le montant de son apport initial à environ 10 000 € et protéger son patrimoine personnel en limitant sa responsabilité. Il souhaite prendre seul les décisions importantes liées à la vie de son entreprise.
Opportunité	Aucune entreprise de distribution ne propose ce type de produits d'origine biologique dans les environs. Dans le cadre de la rénovation urbaine du centre-ville d'une petite ville proche de Nice, la municipalité propose à la location des locaux commerciaux à des tarifs préférentiels. De plus, des projets d'urbanisation (lotissements, zone artisanale…) existent dans cette ville et ses environs.
Clientèle visée	Les ménages
Partenaires professionnels	– Les fournisseurs : par l'intermédiaire de la chambre d'agriculture, M. Renaud a pris contact avec un réseau de producteurs biologiques locaux qui cherchent à diversifier la commercialisation de leurs produits. – Sur les conseils de sa banque personnelle, il envisage d'ouvrir un compte bancaire professionnel.

Annexe 4 Évolution de la situation de l'entreprise Prim'Bio

À la fin de la première année d'activité, la croissance de l'entreprise peut induire certains changements.

De	renaudbio@sfr.fr
À	expertplus@orange.fr
Date	12/12/2021
Objet	Conseil sur l'évolution de mon entreprise

Bonjour,

Je vous remercie pour les conseils que vous m'avez donnés pour créer mon entreprise. L'EIRL semble bien convenir à mes souhaits et le régime de la microentreprise m'a permis d'alléger mes obligations comptables et fiscales. Aujourd'hui, après un an d'exploitation, mes ventes ont évolué très favorablement pour atteindre environ 92 000 € pour 2021. Il me semble que vous m'aviez prévenu que le dépassement de certains seuils de chiffre d'affaires aurait des conséquences fiscales et comptables.

Pouvez-vous m'informer sur mes nouvelles obligations fiscales et me conseiller sur une éventuelle évolution du régime fiscal de mon entreprise et ses conséquences ?

Avec mes remerciements anticipés.

Cordialement,

M. Renaud

Fiche ressource 1

Définition et classifications des impôts

I Définition de l'impôt

L'impôt est un prélèvement :

– **obligatoire et pécuniaire :** il résulte de la loi de finances et le redevable encourt des sanctions en cas de non-paiement ou de retard ;

– **non affecté et sans contrepartie :** il ne couvre pas une dépense en particulier (ce qui le différencie de la taxe ou la redevance) ;

– **assure la couverture et la répartition des dépenses publiques :** il alimente le budget de l'État et des collectivités locales.

II Classifications des impôts

Les classifications sont nombreuses selon l'approche qui est privilégiée.

	Typologie	Caractéristiques et exemples
Classification économique	Impôts sur les revenus	Ils frappent les revenus perçus par les personnes. • **Personne physique : impôt sur le revenu (IR)** Exemples de catégories de revenus : – traitements et salaires ; – revenus fonciers (revenus des immeubles mis en location) ; – revenus des capitaux mobiliers (revenus des titres) ; – bénéfices industriels et commerciaux : BIC (revenus des activités artisanales, commerciales et industrielles). • **Personne morale : impôt sur les sociétés (IS)**
	Impôts sur la dépense	Ils frappent l'utilisation du revenu. Ils sont donc calculés sur la **consommation**. Exemples : la TVA et les droits indirects (sur les alcools, le tabac, les produits pétroliers).
	Impôts sur le capital	Ils frappent la **valeur du patrimoine**. Exemples : impôt foncier, droits d'enregistrement, droits de succession, impôt sur la Fortune Immobilière (IFI).
Classification administrative	Impôts directs	Ces impôts permanents sont versés directement à l'Administration par le contribuable et mis en recouvrement par les services de l'État. Exemples : IR, IS. *NB : Mise en place du prélèvement à la source de l'IR à compter du 01/01/2019.*
	Impôts indirects	Ils sont collectés par des entreprises à l'occasion d'une opération économique commerciale et sont ensuite reversés à l'Administration. Exemples : TVA, taxe intérieure sur la consommation des produits énergétiques (TICPE).
Classification retenue par les services fiscaux	Fiscalité personnelle	Elle concerne les impôts qui frappent les différentes catégories de revenus des ménages, sauf les BIC. Exemples : IR, IFI.
	Fiscalité des entreprises	Elle concerne les impôts qui frappent les entreprises. Exemples : IS, BIC.
	Taxes sur le chiffre d'affaires	Ce sont la TVA et les droits indirects (TICPE…).
	Fiscalité immobilière	Exemple : taxation des plus-values immobilières.
	Droits d'enregistrement	Exemple : droits d'enregistrement exigibles sur les mutations à titre onéreux d'immeubles ou de droits immobiliers.
	Impôts locaux directs	Exemples : taxe foncière, taxe d'habitation (dégrèvement progressif sous conditions de ressources pour 80 % des ménages).

III Les éléments de terminologie fiscale

Afin de mettre en application un impôt, les éléments suivants doivent être précisés.

Champ d'application de l'impôt	**Qui**	Les **personnes imposables** = assujettis = redevables = contribuables
	Quoi	Les **opérations imposables** (acte ou évènement économique qui est à l'origine de l'impôt : un revenu perçu, une dépense, un capital détenu)
	Où	Les **règles de territorialité** précisent le territoire sur lequel s'applique la législation fiscale française.
Assiette	**Base imposable**	C'est la **base sur laquelle l'impôt sera calculé**. Un barème ou un taux est ensuite appliqué à cette base afin de déterminer le montant de l'impôt (ex. : prix de vente net hors taxes pour la base de la TVA).
Exigibilité	**Fait générateur**	C'est l'événement qui fait naître l'obligation fiscale.
	Exigibilité	C'est l'événement qui rend une personne redevable de l'impôt et qui donne le droit au Trésor public, à partir d'un moment donné, d'en obtenir le paiement.
Liquidation	**Combien**	La liquidation représente le **calcul du montant de l'impôt exigible** par application à la base imposable d'un taux ou d'un barème. Ce calcul est effectué soit par le contribuable, soit par l'Administration.
Recouvrement	**Paiement**	Il s'agit de l'encaissement par l'Administration des sommes dues par le contribuable. Ce paiement peut intervenir : – **par voie de rôle :** le contribuable reçoit un avis lui indiquant la nature et le montant de l'impôt ainsi que la date limite de paiement (ex. : impôt foncier) ; – **par versement spontané :** le contribuable adresse lui-même à l'Administration le montant de l'impôt dû (ex. : TVA) ; – **par retenue à la source :** l'Administration ou une personne agissant pour son compte effectue elle-même un prélèvement d'office sur le revenu imposé (ex : IR à compter du 01/01/2019).

IV Les recettes fiscales de l'État en 2022

Prévisions en milliards d'euros

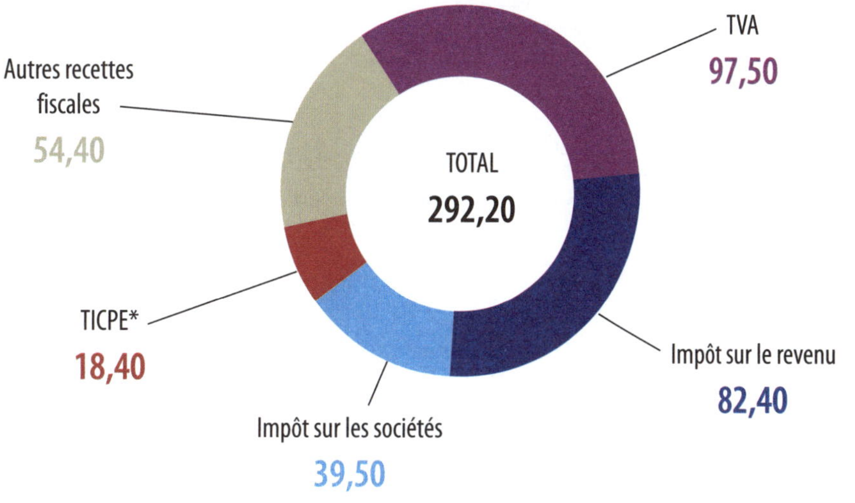

* Taxe intérieure de consommation sur les produits énergétiques.

Source : www.economie.gouv.fr.

Fiche ressource 2

Classification et caractéristiques des entreprises

	Quel est le nombre d'associés requis ?	Quel est le montant minimal du capital social ?	Qui dirige l'entreprise ?	Quelle est l'étendue de la responsabilité des associés ?	Quel est le mode d'imposition des bénéfices ?	Quel est le régime fiscal du dirigeant ?	Quel est le régime social du dirigeant ?
Entreprise individuelle **À compter de 2022 Loi en faveur de l'activité professionnelle indépendante**	Uniquement l'entrepreneur individuel personne physique qui exerce en nom propre son activité.	Avant 2022 Pas de capital social car unicité de patrimoine. 2022 L'entrepreneur est titulaire de 2 patrimoines, un patrimoine professionnel constitué des biens et obligations « utiles » à son activité et son patrimoine personnel.	L'entrepreneur individuel est le seul « maître à bord ». Il dispose des pleins pouvoirs pour diriger son entreprise.	Avant 2022 Responsabilité illimitée sur le patrimoine personnel. 2022 La responsabilité est limitée au patrimoine professionnel. L'EIRL qui permettait d'affecter des biens à un patrimoine professionnel perd de son intérêt.	Pas d'imposition au niveau de l'entreprise. Le chef d'entreprise est imposé au titre de l'impôt sur le revenu. 2022 Option possible pour assimilation à l'EURL avec option pour assujettissement à l'IS.	Impôt sur le revenu dans la catégorie correspondant à l'activité de l'entreprise (Bénéfices Industriels et commerciaux) (ou BNC)	Régime des travailleurs non-salariés
EURL	1 seul associé (Personne physique ou morale)	Le montant du capital social est librement fixé par l'associé.	L'EURL est dirigée par un gérant qui peut être soit l'associé unique, soit un tiers.	La responsabilité de l'associé est limitée au montant de ses apports.	Pas d'imposition au niveau de la société. L'associé unique est imposé à l'impôt sur le revenu. (L'EURL peut opter pour l'impôt sur les sociétés.)	Impôt sur le revenu : catégorie « BIC » (ou catégorie « Traitements et salaires » si option de l'EURL pour l'impôt sur les sociétés)	• Si le gérant est l'associé unique : régime des travailleurs non salariés. • Si le gérant est un tiers : assimilé-salaire.
SARL	• 2 associés minimum • 100 maximum (Personnes physiques ou morales)	Le montant du capital social est librement fixé par les associés.	La SARL est dirigée par un ou plusieurs gérants, associés ou tiers.	La responsabilité des associés est limitée au montant de leurs apports.	Les bénéfices sont soumis à l'impôt sur les sociétés (option pour l'impôt sur le revenu dans le cas de la SARL de famille).	Traitements et salaires, sauf si option de la société pour l'impôt sur le revenu	• Gérant minoritaire ou égalitaire : assimilé-salarié • Gérant majoritaire : travailleur non salarié
SA	• 7 associés minimum ou 2 associés minimum si non cotée • Pas de maximum (Personnes physiques ou morales)	37 000 € minimum	Dirigée par un conseil d'administration et un président-directeur général ou par un conseil de surveillance et un directoire	La responsabilité des associés est limitée au montant de leurs apports.	Les bénéfices sont soumis à l'impôt sur les sociétés.	Traitements et salaires pour le président du conseil d'administration	Le président est assimilé-salarié.
SAS / SASU	• 1 associé minimum • Pas de maximum (Personne physique ou morale)	Le capital est librement fixé par les actionnaires.	La SAS est dirigée par un dirigeant.	La responsabilité des associés est limitée au montant de leurs apports.	Les bénéfices sont soumis à l'impôt sur les sociétés.	Traitements et salaires pour le président	Le président est assimilé-salarié.
Association	• 2 membres minimum • Pas de maximum	Pas de capital social. L'association perçoit des cotisations de ses membres.	L'association est dirigée par un conseil d'administration et un bureau (un président, un trésorier et un secrétaire).	Absence de responsabilité des membres non dirigeants	Les associations sans but lucratif ne sont pas redevables de l'IS de droit commun.	Traitements et salaires si une rémunération est versée.	Les dirigeants sont assimilés-salariés.

Fiche ressource 3

Régimes d'imposition et forme juridique de l'entreprise

I Cas général

De la **forme juridique** de l'entreprise dépend :
– le **type d'impôt** applicable au bénéfice ;
– le **régime fiscal** : micro ou réel.

- Entreprise individuelle
- Entreprise individuelle à responsabilité limitée (EIRL)
- Entreprise unipersonnelle à responsabilité limitée (EURL)

↓

Impôt sur le revenu (IR) payé par l'exploitant dans la catégorie des BIC

↓ Régime micro
↓ Régime réel

- Société à responsabilité limitée (SARL)
- Société anonyme (SA)
- Société par actions simplifiée (SAS)
- Société par actions simplifiée unipersonnelle (SASU)

↓

Impôt sur les sociétés (IS) payé par l'entreprise

↓ Régime réel

II Principales caractéristiques des régimes réels d'imposition

Deux grands régimes réels d'imposition déterminent les obligations fiscales :
– un régime réel simplifié ;
– un régime réel normal.

Les entreprises relèvent de l'un de ces régimes selon leur activité et leur chiffre d'affaires (seuils applicables à compter de l'imposition des bénéfices de 2020 et pour 3 ans).

	Réel simplifié	Réel normal
Pour les activités de prestations de services	CA HT ≤ 247 000 €	CA HT > 247 000 €
Pour les activités d'achat-revente ou de fabrication	CA HT ≤ 818 000 €	CA HT > 818 000 €
Calcul du bénéfice qui servira de base à l'impôt sur les revenus	Résultat fiscal déterminé d'après la réalité des opérations effectuées (bénéfice ou déficit)	
TVA	L'entreprise collecte la TVA sur ses ventes et récupère la TVA payée sur les achats.	
	Une déclaration annuelle avec paiement de 2 acomptes semestriels	Une déclaration mensuelle
Obligations déclaratives	Tenue d'une comptabilité : livre journal, bilan et compte de résultat et annexes (liasse fiscale)	

III Principales caractéristiques du régime micro BIC

Ce régime micro est applicable aux petites entreprises individuelles qui ne dépassent pas certains seuils de chiffre d'affaires. Il est fondé sur un calcul forfaitaire du bénéfice imposable. À compter de l'imposition des revenus de 2017, les seuils du régime micro ne sont plus alignés sur ceux de la franchise en base de TVA.

<table>
<tr><td>Seuils de chiffre d'affaires du régime micro BIC</td><td>
Seuils applicables pour 3 ans à compter de l'imposition des revenus de 2020
<table>
<tr><td>Pour les activités de prestations de services</td><td>CAHT < 72 600,00 €</td></tr>
<tr><td>Pour les activités d'achat-revente ou fabrication</td><td>CAHT < 176 200,00 €</td></tr>
</table>
Le régime micro BIC s'applique au titre d'une année N si le CAHT de N-1 <u>ou</u> de N-2 n'excède pas ces seuils. Si ce seuil est dépassé pendant 2 années consécutives c'est le régime réel qui s'applique.
Exemple : Entreprise individuelle exerçant une activité commerciale d'achat vente
<table>
<tr><td>CAHT 2019</td><td>CAHT 2020</td><td>Régime d'imposition en 2021</td><td>CAHT 2021</td><td>Régime d'imposition en 2022</td></tr>
<tr><td>120 000,00 €</td><td>177 500,00 €</td><td>Micro car dépassement en 2020 mais pas en 2019</td><td>178 000,00 €</td><td>Régime réel car dépassement en 2020 et 2021</td></tr>
<tr><td>177 500,00 €</td><td>140 000,00 €</td><td>Micro car dépassement en 2019 mais pas en 2020</td><td>178 000,00 €</td><td>Micro car dépassement en 2021 mais pas en 2020</td></tr>
<tr><td>177 000,00 €</td><td>186 000,00 €</td><td>Régime réel car dépassement en 2019 et 2020</td><td></td><td></td></tr>
</table>
</td></tr>
<tr><td>Calcul du bénéfice qui sera soumis à l'impôt sur le revenu (IR)</td><td>
Un bénéfice forfaitaire est calculé par l'administration fiscale sur le chiffre d'affaires après application d'un abattement pour frais :
• 71 % pour les ventes de biens (le bénéfice forfaitaire sera donc de 29 % du CAHT)
• 50 % pour les prestations de services (le bénéfice forfaitaire sera donc de 50 % du CAHT)
L'abattement forfaitaire pour frais est censé tenir compte de toutes les charges supportées par l'entreprise.
Les entreprises soumises au régime micro ne peuvent pas déclarer de déficit car les frais sont déterminés de manière forfaitaire en pourcentage du CAHT.
</td></tr>
<tr><td>Obligations déclaratives</td><td>
Ce sont des obligations allégées. Le contribuable devra déclarer le chiffre d'affaires de son entreprise sur la déclaration d'ensemble des revenus des personnes physiques et l'administration déterminera son bénéfice forfaitaire imposable pour une imposition à l'IR.
</td></tr>
<tr><td>Obligations comptables et fiscales</td><td>
Obligations allégées :
• Tenue d'un simple livre qui mentionne les recettes de façon chronologique
• Tenue d'un registre présentant le détail des achats
• La tenue d'une comptabilité complète et régulière n'est donc pas obligatoire (dispense de bilan et de compte de résultat).
</td></tr>
<tr><td>TVA</td><td>
Les exploitants placés sous le régime micro BIC ne sont pas assujettis à la TVA si leur CAHT ne dépasse pas les limites de la franchise en base de TVA.
Seuils applicables pour 3 ans à compter de l'imposition des revenus de 2020
<table>
<tr><td>Pour les activités de prestations de services</td><td>CAHT < 34 400 €</td></tr>
<tr><td>Pour les activités d'achat-revente ou fabrication</td><td>CAHT < 85 800 €</td></tr>
<tr><td colspan="2">Cette franchise permet à l'entreprise de ne pas facturer la TVA sur ses ventes et fait obstacle à la récupération de la TVA payée sur les achats.
En cas de délivrance de factures, cette dernière doit porter la mention : « TVA non applicable, art. 293 B du CGI »</td></tr>
</table>
Les exploitants dont le CAHT dépasse ces seuils de la franchise de TVA sont redevables de la TVA : ils collectent la TVA sur les ventes et récupèrent la TVA payée sur les achats. Ils bénéficient cependant d'obligations allégées : seule la tenue d'un livre mentionnant les opérations réalisées taxables ou non à la TVA est exigée afin de déterminer le chiffre d'affaires.
L'assujettissement à la TVA n'entraîne plus l'exclusion du régime micro pour l'imposition des bénéfices.
</td></tr>
</table>

Fiche ressource 4

Les sources du droit fiscal et l'organisation de l'administration fiscale

I Les sources du droit fiscal suivent la hiérarchie des sources du droit

La loi, les conventions internationales et les directives européennes	– Les dispositions législatives constituent la seule véritable source du droit fiscal. Conformément à l'article 34 de la Constitution : « La loi fixe les règles concernant l'assiette, le taux et les modalités de recouvrement des impositions de toute nature. » Le gouvernement propose chaque année au Parlement le vote de loi de finances qui précise les recettes fiscales de l'État. – Les directives européennes, votées par le Conseil de l'Union européenne, s'appliquent et s'imposent aux 28 États membres. – De nombreux États ont conclu des conventions propres à éviter les phénomènes de double imposition.
Les règlements et instructions	Le législateur ne fixe que les règles essentielles et laisse au pouvoir exécutif le soin de préciser, par décrets ou arrêtés ministériels, les modalités d'application de la loi.
Les décisions des tribunaux : jurisprudence	Ces tribunaux ont pour mission de s'assurer que les dispositions de la loi fiscale ont été exactement appliquées et précisent l'interprétation à donner aux différents textes de lois. La Cour de justice de l'Union européenne (CJUE) est saisie lorsque le droit français semble en contradiction avec le droit européen.
La doctrine administrative	Elle regroupe l'ensemble des instructions rédigées par l'administration fiscale. C'est un moyen de fournir une interprétation des textes fiscaux souvent complexes.
Les sources de l'information fiscale	– Le *Journal officiel de la République française* est le quotidien officiel dans lequel sont consignés tous les événements législatifs (lois) et réglementaires (arrêtés, décrets), les déclarations et publications officielles. – Le Code général des impôts (CGI) regroupe l'ensemble des lois, décrets et arrêtés. – Les documentations spécialisées : revues et *Memento Francis Lefebvre, Revue Fiduciaire*… – Le site Internet du ministère des Finances et des comptes publics : www.impots.gouv.fr

II L'organisation de l'administration fiscale

La Direction générale des finances publiques (DGFIP) dépend du ministère du Budget et des Comptes publics.

La Direction générale des finances publiques (DGFIP)	Elle exerce une grande variété de missions relevant de la fiscalité et de la gestion des comptes publics : – elle conçoit et élabore les textes législatifs et réglementaires relatifs à la fiscalité en matière de recouvrement, établissement de l'assiette et mise en œuvre du contrôle ; – elle pilote, anime et évalue les services déconcentrés présents sur le territoire.
Au niveau local, l'accueil du public se fait dans des centres de finances publiques.	Les principaux services déconcentrés sont les suivants : – le **service des impôts des particuliers (SIP) est l'interlocuteur unique** des particuliers pour les déclarations, les calculs, le recouvrement des impôts dus par les contribuables personnes physiques ; – le **service des impôts des entreprises (SIE) est l'interlocuteur unique** des PME, des commerçants, des artisans, des agriculteurs et des professions libérales pour le dépôt des déclarations professionnelles (déclarations de résultats, de TVA, de cotisation foncière des entreprises, de cotisation sur la valeur ajoutée des entreprises…) et le paiement des principaux impôts professionnels (impôt sur les sociétés, TVA…) ; – les **grands groupes** et les **grandes entreprises** disposent d'un interlocuteur spécifique : la **Direction des grandes entreprises (DGE)** ; – les **trésoreries** assurent la gestion budgétaire et comptable des collectivités locales ; – les **centres des impôts fonciers** établissent le plan cadastral et calculent la valeur locative pour les taxes foncières et la taxe d'habitation.

Fiche ressource 5

Les centres de gestion agréés (CGA)

I Définitions

Les organismes agréés (OA) sont des associations, loi de 1901, qui se composent :
– des associations de gestion agréées (AGA) pour les contribuables déclarant des bénéfices non commerciaux (BNC) ;
– des centres de gestion agréés (CGA) pour les contribuables déclarant des bénéfices industriels et commerciaux (BIC). Les CGA s'adressent aux entreprises industrielles, commerciales, artisanales et agricoles, exerçant en entreprise individuelle ou en société quel que soit leur régime d'imposition ;
– des organismes mixtes (OMGA) qui s'adressent aux contribuables relevant des BNC, BIC et BA.

Ces OA doivent obtenir l'agrément des services fiscaux de leur département pour fonctionner.

II Le rôle des CGA et les engagements des adhérents

• Les CGA ont une mission d'assistance auprès des petites entreprises :
– en **matière de gestion**, ils fournissent un **dossier de gestion personnalisé annuel** sur la situation financière et économique de l'entreprise ;
– en **matière fiscale**, ils peuvent établir les déclarations fiscales des adhérents et ont l'obligation de les télétransmettre aux services fiscaux selon la procédure de TDFC ;
– en **matière de formation**, ils proposent des séances d'information et de formation comptable ou fiscale aux chefs d'entreprise.

• Les CGA s'assurent de la régularité, de la concordance, de la vraisemblance et de la cohérence des déclarations de résultats et de taxes sur le chiffre d'affaires. Un compte rendu de mission, véritable rapport de contrôle du CGA, est adressé à l'adhérent et au SIE.

Par contre, le CGA n'établit pas les comptes et ne tient pas la comptabilité de ses adhérents. Cette mission de tenue de comptabilité est transférée à une association de gestion et de comptabilité (AGC).

• L'adhésion à un CGA implique que l'adhérent produise et fournisse tous les éléments nécessaires à l'établissement d'une comptabilité et à l'élaboration du dossier de gestion et qu'il accepte les règlements par carte bancaire.

• Les CGA peuvent aussi proposer à des non adhérents des missions d'aide à la création des microentreprises, d'audit, d'examen de conformité fiscale et de télétransmission de déclarations fiscales.

III Les avantages fiscaux

Les adhérents d'un CGA, imposés à l'impôt sur le revenu selon un régime réel d'imposition bénéficient d'avantages fiscaux :

• **Le principal avantage fiscal est la non majoration du bénéfice imposable. Cette majoration supportée par les non adhérents à un CGA est de 15 % en 2021 et 10 % en 2022 et sera supprimée en 2023.**

Les professionnels de l'expertise comptable ou une AGC délivrent un visa fiscal aux entreprises qui les dispense aussi de cette majoration du bénéfice imposable.

• **Autre avantage fiscal**

Les adhérents d'un CGA bénéficient d'une réduction d'impôt sur le revenu pour frais de tenue de comptabilité et adhésion à un CGA égale à 2/3 du montant de ces dépenses et plafonnée à 915 €.

Fiche ressource 6

La généralisation des téléprocédures

Les téléprocédures permettent aux professionnels de déclarer et de payer les principaux impôts en ligne soit par internet soit par transmission de fichiers. Le recours aux téléprocédures pour souscrire les déclarations professionnelles et payer les différentes échéances est généralisé et obligatoire. Seules les entreprises qui relèvent d'un régime micro n'ont pas à utiliser les téléprocédures dans la mesure où elles ne déposent aucune déclaration professionnelle (excepté pour la CFE).

I Comment procéder ?

Il existe deux modes de télétransmission des déclarations fiscales : directement sur internet en mode EFI (Échange de Formulaires Informatisés) à partir de l'espace abonné des professionnels ou par l'intermédiaire d'un prestataire comptable (expert-comptable, centre de gestion agréé, association agréée…) en mode EDI (Échange de Données Informatisées).

A. EFI (échange de formulaires informatisés)

En mode EFI, les déclarations et les paiements sont effectués directement via internet à partir de l'espace abonné des professionnels sur le site « impôts.gouv.fr ». Ces téléprocédures gratuites et sécurisées sont simples d'utilisation, la saisie est guidée et les calculs effectués automatiquement.

B. EDI (échange de données informatisées)

En mode EDI, la transmission électronique des déclarations se fait à partir des fichiers comptables générés par le logiciel. Cette transmission s'effectue obligatoirement soit par l'intermédiaire de l'expert-comptable mandaté pour effectuer les démarches déclaratives et de paiement soit par un prestataire spécialisé partenaire EDI. Pour adhérer à l'ensemble des téléprocédures EDI y compris TDFC (Transfert des Données Fiscales et Comptables pour la déclaration des résultats et la liasse fiscale), l'entreprise complète un formulaire de souscription EDI et d'autorisation de prélèvement.

II Le recours à la téléprocédure

A. Pour quels impôts et taxes et pour quelles démarches ?

Catégories d'obligations	Recours à la téléprocédure pour :	EFI	EDI
L'entreprise est redevable de la TVA	– les déclarations de TVA – les paiements de TVA – les demandes de remboursement de crédit de TVA	X X X	EDI-TVA
L'entreprise dépose une déclaration de résultats professionnels (liasse fiscale)	– la déclaration des résultats – les annexes de la liasse	X(1)	EDI-TDFC
L'entreprise est redevable de l'IS	– les bordereaux de déclaration d'IS – les paiements d'IS	X X	EDI-paiement
L'entreprise est redevable de la cotisation sur la valeur ajoutée (CVAE)	– la déclaration de la CVAE – les paiements de la CVAE	X X	EDI-TDFC EDI-paiement
L'entreprise est redevable de la cotisation foncière des entreprises (CFE)	– le règlement de la CFE – consulter les avis d'acompte et de liquidation	X X	EDI paiement
L'entreprise est redevable de la taxe sur les salaires	– les déclarations – les paiements de la taxe sur les salaires	X X	EDI paiement

(1) Entrepreneur individuel assujetti au régime simplifié

B. Sanctions

Le non-respect de l'obligation de souscrire une déclaration par voie électronique est passible d'une amende de 15 € par document avec une amende minimum de 60 € et maximum de 150 € par liasse.

Le non-respect de l'obligation de paiement en ligne ou de prélèvement entraine la majoration de 0,2 % du montant à régler avec un minimum de 60 €.

Fiche ressource 7

Organiser une veille informationnelle

I Définition de la veille

La veille informationnelle consiste à mettre en œuvre une stratégie de recherche de l'information ciblée, continue et automatisée.

II Objectifs et outils de la veille

Objectifs	– Se tenir au courant des dernières informations pertinentes relatives à un thème en organisant une recherche systématique. – Analyser les informations, sélectionner et synthétiser celles qui seront diffusées.
Outils	Face à une masse d'informations sans cesse croissante proposée par des sources d'information multiples, une veille de qualité doit utiliser des sources officielles, fiables et actualisées. Deux méthodes de recherche d'information sont possibles. La méthode classique (« *pull* ») consiste à effectuer les mêmes recherches répétées périodiquement pour en tirer la nouvelle information. Le développement des réseaux, d'Internet et des technologies associées permet que la nouvelle information soit poussée automatiquement vers l'utilisateur, à partir de critères prédéterminés (« *push* »). Une définition précise des critères doit permettre à l'utilisateur de ne pas être submergé par un flot d'informations à traiter. Différents outils de veille sont à la disposition des entreprises, notamment : – abonnement à des lettres d'information (*newsletters*) qui sont envoyées aux abonnés d'une liste de diffusion directement par mail ; – agrégation de flux d'actualités. Des sites proposent des flux ou fils RSS.

III Flux RSS

Un flux RSS est proposé par un site web pour diffuser ses actualités. C'est un fichier texte dont le contenu se met automatiquement à jour dès qu'une nouvelle information est ajoutée sur le site web d'origine. Il prend la forme d'un titre avec le nom de l'auteur et d'un lien URL permettant d'accéder au site, auquel l'utilisateur s'abonne. Celui-ci doit disposer d'un outil spécifique, appelé « lecteur RSS » ou « agrégateur RSS ». Grâce à cela, l'utilisateur peut se constituer une page personnelle qui regroupe et centralise en un seul endroit tous les flux RSS des sites dont il veut suivre l'actualité sans avoir à aller visiter ces sites spécifiquement et sans avoir à communiquer d'informations personnelles. Certains navigateurs peuvent intégrer ces flux (Mozilla Firefox, Internet Explorer…) et certains sites permettent leur agrégation (Netvibes, Feedly…) mais aussi leur gestion (organisation, lecture et archivage) sous la forme de tableau de bord personnalisable.

Exemple

Extrait du site Groupe Revue Fiduciaire, en cliquant sur l'icône on obtient :

On retrouve dans la barre personnelle des marques pages de Firefox :

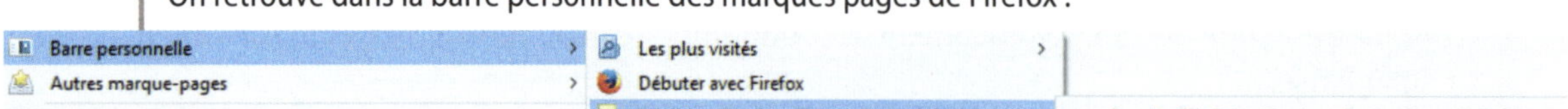

Applications

1 Testez vos connaissances

Afin de tester vos connaissances en matière de droit fiscal, il vous est demandé de réaliser ce QCM.

Répondre aux questions de ce QCM en indiquant si l'affirmation est vraie ou fausse. Justifier la réponse.

Proposition	Vrai	Faux	Justification
1. La TVA est un impôt direct.		×	La TVA est un impôt indirect qui est collecté par les entreprises et à la charge du consommateur final.
2. L'impôt sur le revenu est la recette fiscale la plus importante de l'État.			
3. Un ménage qui détient un portefeuille de titres a perçu 250 € de dividendes. Il déclarera ce revenu à l'impôt sur le revenu dans la catégorie des BIC.			
4. Liquider un impôt, c'est procéder à son paiement.			
5. Le recouvrement de l'impôt sur le revenu fait l'objet d'un prélèvement à la source en France.			
6. La base imposable de la TVA est constituée par le montant HT facturé.			
7. Le bénéfice dégagé par une SA est imposé au titre de l'impôt sur les sociétés.			
8. L'exploitant individuel d'une entreprise de plomberie déclare son bénéfice professionnel à l'impôt sur le revenu dans la catégorie « Traitements et salaires ».			
9. Une entreprise individuelle relève toujours du régime de la microentreprise.			
10. Une EIRL de retouche de vêtements soumise au régime micro et dont le CAHT s'élève à 68 000,00 € en 2020 et à 75 000,00 € en 2021, relève au titre de 2022 du régime réel d'imposition.			
11. Une SARL relève toujours du régime réel d'imposition.			
12. Une SA qui fabrique du mobilier de jardin dont le chiffre d'affaires est de 692 000 € relève du régime réel normal d'imposition.			
13. L'impôt sur la fortune immobilière (IFI) est un impôt sur les revenus.			
14. Une entreprise qui relève du régime du réel d'imposition peut déduire la TVA facturée sur ses achats.			
15. Une entreprise de fabrication qui relève du régime d'imposition micro BIC n'est jamais redevable de la TVA sur ses ventes.			

2 Le livre numérique

Vous prenez connaissance de l'article de presse ci-dessous.

1. **Préciser l'objet du litige évoqué dans cet article.**
2. **Indiquer qui est à l'origine du recours et justifier que le tribunal saisi soit la CJUE.**
3. **Expliquer la décision prise par le tribunal et ses motifs.**
4. **Indiquer quelles étaient les conséquences pour la France en matière de législation fiscale.**
5. **Préciser les sources du droit évoquées ici.**
6. **Indiquer comment se prennent les décisions au niveau européen en matière fiscale.**
7. P7 **Effectuer une recherche Internet afin de présenter les dernières modalités de taxation à la TVA du livre numérique. Quels sont les arguments qui ont été avancés pour justifier l'évolution de cette taxation ?**
8. **Préciser si une harmonisation des taux de TVA existe au sein de l'UE.**
9. P7 **Rechercher quelles sont les dernières propositions de la commission européenne en matière de réforme des taux de TVA.**

Document **Livre numérique : la France va devoir relever le taux de TVA**

La France ne peut pas appliquer un taux réduit de TVA à la fourniture de livres électroniques contrairement aux livres papier, ce qu'elle fait depuis trois ans, en appliquant un taux réduit à 5,5 %, identique au taux dont bénéficie le livre imprimé. Cette querelle envenime les relations entre la Commission européenne et la filière du livre en France, soutenue à l'unisson par les pouvoirs publics de gauche, comme de droite. La réponse ne faisait pourtant guère de doute.
La Cour de justice de l'Union européenne (CJUE) a tranché. Elle a rendu un arrêt, jeudi 5 mars, suite à une saisine de la Commission européenne estimant que la France et le Luxembourg contreviennent bien à la réglementation européenne, en appliquant un taux de TVA réduit sur le livre numérique, respectivement de 5,5 % pour la France et de 3 % pour le Luxembourg, où Amazon a son siège social en Europe.
Pour la Commission, le livre numérique est en effet considéré comme un service, dès lors, selon son raisonnement, il doit être assujetti au taux classique de 20 % et ne doit pas bénéficier d'un régime dérogatoire. Pour les autorités françaises, au contraire, le livre, quel que soit son support, doit être considéré comme un bien de première nécessité et elles plaident en faveur d'un alignement des taux entre livres papier et digitaux.
Dans un passé récent, la Commission européenne a obtenu gain de cause contre l'Espagne, qui avait baissé son taux de TVA sur les livres numériques à 4 % et qui a été obligée de le remonter à 21 % actuellement. La surprise serait en effet que la Cour accepte le point de vue de la France et estime qu'une TVA réduite puisse s'appliquer aux livres numériques diffusés par téléchargement ou en streaming […].
[…] Mais pour obtenir un changement des règles européennes en matière fiscale, il faut un accord de tous les membres de l'Union européenne. Or, pour l'instant, le Royaume-Uni et le Danemark s'opposent à ce que le livre numérique soit retiré de la liste des biens et services et puisse, à partir de là, bénéficier d'un taux de TVA réduit.

« Livre numérique : la France va devoir relever le taux de TVA », Alain Beuve-Méry, Le Monde.fr, 5 mars 2015.

Remarque : En date du 02/10/2018, le Conseil des affaires économiques a adopté une Directive autorisant les États membres à appliquer un taux réduit de TVA sur les livres et les publications électroniques. Les ministres, réunis dans le cadre d'Ecofin, ont ainsi validé une proposition de la Commission européenne datant de 2016.

Chapitre 2

Champ d'application de la TVA

Activité	Composante d'activité	Compétence	P7	Vers Pix
3.2. Traitement des opérations relatives à la TVA	**3.2.1.** Préparation de la déclaration de TVA	Appliquer les règles fiscales d'exigibilité, de déductibilité et de territorialité	Conduite de veille régulière et documentée à l'aide des outils numériques	**1.1.** Mener une recherche et une veille d'information

Situation professionnelle

Dans le cadre de votre deuxième année de BTS CG, vous effectuez un stage au sein du Service des impôts des entreprises (SIE) du 8e arrondissement de Marseille. Vous avez choisi d'effectuer ce stage au sein de l'administration fiscale car vous envisagez de poursuivre vos études en licence puis en master professionnel « Fiscalité appliquée » à la faculté de droit de l'université de Paris VIII. Les étudiants diplômés ont principalement vocation à intervenir dans des cabinets d'avocats ou au sein des directions juridiques et fiscales de grandes entreprises. La demande de juristes fiscalistes est importante car la législation fiscale est de plus en plus complexe et en perpétuelle mutation. Le master permet de débuter une carrière professionnelle dans un poste à responsabilité : juriste d'entreprises, d'assurances et d'établissements de crédit ; cadre juridique des associations de l'économie sociale ; service juridique des collectivités territoriales ; avocat d'affaires ; conseil juridique ; commissaire aux comptes…

Mission

Mme Sylvie Gallon, inspectrice des finances publiques affectée au SIE, est votre maître de stage. Elle souhaiterait tester vos connaissances en matière de TVA, notamment dans son champ d'application.

Vous disposez d'une documentation juridique et fiscale.

Travail à faire

I Base imposable et champ d'application de la TVA

1. Préciser la base théorique imposable de la TVA et qui en est le redevable final.

2. Préciser si l'activité de la SARL Ombre et Lumière entre dans le champ d'application de la TVA. Justifier votre réponse.

3. Indiquer à quel titre chacune des opérations réalisées entre dans le champ d'application de la TVA.
Présenter la réponse sous forme d'un tableau :

▶| Annexe 1
▶| Annexe 2
▶| Fiche ressource 1
▶| Fiche ressource 2
▶| Fiche ressource 3
▶| Fiche ressource 4
▶| Fiche ressource 5

N°	Imposable par nature	Imposable par disposition spéciale	Exonérée ou non soumise	Imposable sur option	Commentaires
1	×				Opération qui remplit les trois conditions : livraison de biens par un assujetti à titre onéreux en France

P7 **4.** Vérifier et actualiser si nécessaire le champ d'application et la valeur des taux de TVA applicables en France métropolitaine, disponibles sur le site www.service-public.fr.

5. Préciser et justifier les taux de TVA applicables aux opérations réalisées par la SARL Ombre et Lumière.

▶| Fiche ressource 2

II Territorialité

6. Qualifier et définir l'opération de commerce extérieur liée à chaque facture. Justifier votre réponse.

▶| Annexe 3
▶| Fiche ressource 4

III Régime des ventes à l'étranger

7. Préciser les conditions à respecter pour que les opérations de vente à l'étranger soient exonérées de TVA.

8. Indiquer les mentions obligatoires en matière de TVA qui doivent figurer sur chacune des factures de vente à l'étranger.

9. Indiquer la particularité que présentera la facture au client allemand si celui-ci est un particulier non assujetti à la TVA.

▶| Annexe 3
▶| Fiche ressource 4
▶| Fiche ressource 5
▶| Fiche ressource 6

IV Régime des achats à l'étranger

10. Préciser pourquoi il n'y a pas de TVA mentionnée sur chacune des factures d'achat reçues. Justifier votre réponse.

11. Indiquer sur quelle(s) facture(s) d'achat des droits de douane seront à payer.

12. Préciser si les droits de douane sont soumis à la TVA et dans quel compte ils seront enregistrés.

13. Indiquer quel est le régime fiscal applicable en matière de TVA à l'acquisition en Belgique.

14. Préciser en quoi consiste l'autoliquidation de la TVA. Le taux applicable sera-t-il celui en vigueur en Belgique ou en France ?

15. Indiquer quel est le régime fiscal applicable en matière de TVA à l'achat au Maroc et sur quelle base cette TVA sera calculée.

▶| Annexe 3
▶| Fiche ressource 4
▶| Fiche ressource 5
▶| Fiche ressource 6

Données de la situation

Annexe 1 Fiche d'identité de la SARL Ombre et Lumière

Forme juridique	SARL
Dénomination sociale	SARL Ombre et Lumière
Capital social	38 000 €
Nombre d'associés	4
N° SIRET	98530126568740
N° d'identification intracommunautaire	FR65985301265
Activité	Fabrication de stores et de bâches à destination de particuliers et d'entreprises
Chiffre d'affaires	2 586 300 €
Adresse	550 rue Margarit 06200 Nice
Régime fiscal	Réel normal
Options fiscales en matière de TVA	Le seuil de chiffre d'affaires des ventes à distance n'est pas dépassé et l'entreprise n'a exercé aucune option.
Transitaire	La SARL fait systématiquement appel à un transitaire pour le dédouanement de ses marchandises.

Annexe 2 Régime de TVA applicable à diverses opérations

La SARL Ombre et Lumière réalise diverses opérations en 2022 :

- **Ventes de produits finis à :**

1. un détaillant installé à Lyon ;
2. une grande surface de bricolage située à Genève ;
3. un particulier installé à Monaco ;
4. un grossiste basé en Martinique ;
5. un détaillant installé à Madrid ;
6. un particulier domicilié à Milan.

- **Cessions à titre onéreux d'immobilisations inscrites à l'actif du bilan de la SARL**

7. Une machine de l'atelier Usinage, immobilisée depuis 8 ans, qui avait ouvert droit à déduction de la TVA à l'achat
8. Un entrepôt acquis neuf en 2019

- **Opérations diverses**

9. Installation d'un store dans le bureau de la secrétaire
10. Prélèvement d'un store par le dirigeant dans les stocks de l'entreprise afin d'équiper sa résidence principale
11. Location à une association d'un entrepôt non équipé inscrit à l'actif du bilan. *(Cet entrepôt trop exigu n'est plus utilisé par la SARL.)*
12. Encaissement d'intérêts d'un prêt consenti à un salarié

NB : tous les partenaires ont fourni leur numéro d'identification intracommunautaire.

Annexe 3 TVA et commerce extérieur

Mme Gallon souhaite tester vos connaissances en matière de TVA. Elle vous propose deux thèmes de réflexion liés à des opérations de commerce extérieur réalisées par la SARL Ombre et Lumière.

- **Ventes à l'étranger**

SARL Ombre et Lumière
55 rue Margarit
06200 NICE
NII : FR 65985301265

Im schaten
Alexanderstrasse
D-10180 BERLIN
DEUTSCHLAND
DE 211980329

Facture n° 1215258 Date : 22/12/2022

Réf.	Désignation	Q	PU	Total
015	Store occultant	1	1 255,00	1 255,00 €
M20	Mécanisme électrique	1	1 890,00	1 890,00 €
			Net à payer	**3 145,00 €**

À payer le 15/01/2023
Exonération de TVA, article 262 ter du CGI

SARL Ombre et Lumière
55 rue Margarit
06200 NICE
NII : FR 65985301265

SA Fenêtre sur cour
Rue J. Meine 20
1201 GENÈVE
SUISSE

Facture n° 1215250 Date : 20/12/2022

Réf.	Désignation	Q	PU	Total
P14	Bâches 6 m	1	886,00	886,00 €
B00	Pièce mécanisme manuel	1	120,00	120,00 €
			Net à payer	**1 006,00 €**

À payer le 05/01/2023
Exonération de TVA, article 262 I du CGI

- **Achats à l'étranger**

SAS MécaSoleil
Rue du Midi 240
1000 Bruxelles
BELGIQUE
NII : BE 2526894032

SARL Ombre et Lumière
55 rue Margarit
06200 NICE
FRANCE
NII : FR 65985301265

Facture n° D6515 Date : 28/12/2022

Réf.	Désignation	Q	PU	Total
039	Mécanisme électrique B55	1	886,00	886,00 €
			Net à payer	**886,00 €**

À payer le 28/01/2023
Exonération, article 39 bis du CTVA (code TVA belge)

SUARL MAROPOR
5 rue de Tétouan
90000 TANGER

SARL Ombre et Lumière
55 rue Margarit
06200 NICE
FRANCE
NII : FR 65985301265

Facture n° 55AP12 Date : 10/12/2022

Réf.	Désignation	Q	PU	Total
A8A	Tissus occultant pour bâches	100	129,00	12 900,00 MAD
			Net à payer	**12 900,00 MAD**

À payer le 31/01/2023
Exonération, article 92 du CGI Maroc

Fiche ressource 1

Le mécanisme et les principales caractéristiques de la TVA

I Principes de base et mécanisme du calcul de la TVA

La **taxe sur la valeur ajoutée (TVA)** est un impôt général de consommation qui fait partie des taxes sur le chiffre d'affaires. Elle s'applique, sauf exception, à tous les biens et services consommés ou utilisés en France, qu'ils soient d'origine nationale ou étrangère.

La TVA a pour **base imposable la valeur ajoutée** créée par l'entreprise.

La **valeur ajoutée (VA)** est la différence entre la valeur HT des biens et services produits par l'entreprise, évaluée par le chiffre d'affaires (CA), et la valeur HT des biens et services utilisés pour la production, c'est-à-dire les consommations intermédiaires (CI) :

$$VA = CA\ HT - CI\ HT$$

En **théorie**, la TVA due à l'État est calculée sur la valeur ajoutée par l'entreprise.

En **pratique**, elle est calculée par l'entreprise par différence entre la **TVA collectée** sur les ventes et la **TVA déductible** sur les achats de biens, de services et d'immobilisations.

> Exemple
>
> La SARL Bourges fabrique des produits cosmétiques 100 % naturels à base de plantes, d'huiles essentielles… Elle commercialise sa production soit directement par Internet, soit par le biais de salons d'esthétique et de parfumeries.
>
> On vous communique pour le mois de juin les informations suivantes, extraites des livres d'achats et de ventes de la société. L'ensemble des opérations est soumis au taux de TVA à 20 %. On supposera une activité sans stock.

Éléments	Montant HT	Montant de la TVA
Achats divers : matières premières (plantes, huiles essentielles…), produits consommables (pots, emballages…), services extérieurs (énergie, transport…)	10 000	2 000
Chiffre d'affaires du mois (CA)	30 000	6 000

Calcul de la taxe sur la valeur ajoutée due à l'État par la SARL Bourges au titre du mois de juin :

Approche théorique	
Chiffre d'affaires HT	30 000
Valeur des consommations intermédiaires HT	– 10 000
Valeur ajoutée	= 20 000
TVA due à l'État (20 000 × 20 %)	4 000

Approche pratique	
TVA **collectée** sur les ventes	6 000
TVA **déductible** sur achats de biens et services	– 2 000
TVA due à l'État (6 000 – 2 000)	= 4 000

II Caractéristiques de la TVA

• La TVA est un **impôt de consommation** : c'est un **impôt sur la dépense** (impôt indirect) qui est incorporé dans le prix de vente des biens ou services. C'est donc le consommateur final qui en supporte réellement la charge.

• L'**entreprise** est un simple **collecteur** d'impôts. C'est ce qui explique qu'en comptabilité, la TVA soit traitée comme un « compte de tiers » (445) et non comme une charge ou un produit.

• Ce mécanisme présente des avantages, dont les principaux sont :
– l'égalité de la concurrence entre les différents circuits de distribution (neutralité de la TVA) ;
– l'encouragement à l'investissement (déduction de la TVA sur les achats) ;
– la protection des activités de chaque pays par rapport à l'étranger car le prix des produits vendus à l'étranger ne supporte pas la TVA du pays d'origine mais celle du pays de destination.

Exemple (suite)

Un pot de crème de jour fabriqué par la SARL Bourges est revendu au consommateur final 72 € TTC. La production de ce produit fini nécessite des achats divers auprès de fournisseurs pour 20 € HT. Le prix de vente du produit aux parfumeries et salons d'esthétique est de 50 € HT.

• Circuit de distribution intégrant les parfumeries et salons d'esthétique

	Producteur de matières premières	SARL Bourges	Parfumeries Salons d'esthétique	Consommateur final
Prix de vente HT Prix d'achat HT	20 0	50 → 20	60 → 50	Prix d'achat TTC : 72 € (dont 12 € de TVA)
TVA collectée sur les ventes – TVA déductible sur achats	4 0	10 → 4	12 → 10	
= TVA à décaisser par l'entreprise	4	6	2	
TVA perçue par l'État aux différents stades de la production : **4 + 6 + 2 = 12** Cette **TVA** correspond au montant de la **TVA supportée par le consommateur final.**				**TVA payée : 12 €**

• Circuit de distribution : la SARL Bourges vend directement par Internet au consommateur final

	Producteur de matières premières	SARL Bourges	Consommateur final
Prix de vente HT Prix d'achat HT	20 0	60 → 20	Prix d'achat TTC : 72 € (dont 12 € de TVA)
TVA collectée sur les ventes – TVA déductible sur achats	4 0	12 → 4	
= TVA à décaisser par l'entreprise	4	8	
TVA perçue par l'État aux différents stades de la production : **4 + 8 = 12** Cette **TVA** correspond au montant de la **TVA supportée par le consommateur final**.			**TVA payée : 12 €**

Conclusion

• La TVA de 12 € est un impôt indirect payé par le consommateur final du pot de crème de jour.
• Il y a bien neutralité de la TVA sur les circuits de distribution.
• Chacune des entreprises est un collecteur de TVA, mais elle ne reverse que la différence entre la TVA collectée sur les ventes et la TVA déductible sur les achats.

Le champ d'application de la TVA

C'est le domaine d'assujettissement à la TVA. Les opérations situées dans le champ d'application sont imposables mais certaines peuvent être exonérées, c'est-à-dire dispensées de cette taxe par une disposition spéciale de la loi.

Opérations entrant dans le champ d'application de la TVA		Opérations hors champ d'application de la TVA
Opérations imposées (soumises à TVA)	**Opérations exonérées (non soumises à TVA)**	**Opérations non imposables**
I. Par nature Sont soumises à la TVA les opérations qui remplissent les trois conditions suivantes. L'opération doit être : – une **livraison de biens ou une prestation de services** ; – effectuée à **titre onéreux** ; – réalisée par un **assujetti**, c'est-à-dire une personne qui effectue une activité économique à titre habituel et de manière indépendante (producteur, commerçant, prestataire de services), quel que soit le statut juridique de l'entreprise. **II. En vertu d'une disposition spéciale de la loi (détails : voir fiches ressources 3, 5 et 6)**	**I. De plein droit** – Les exportations – Les livraisons intracommunautaires – Les livraisons dans les DOM – Les opérations à caractère médical – L'enseignement – Les opérations d'assurance – Les ventes de biens meubles d'investissement n'ayant pas ouvert droit à déduction lors de leur acquisition (ex. : véhicule de tourisme) **II. Avec option possible pour soumettre l'opération à la TVA** – Les locations d'immeubles nus à usage professionnel	Le CGI ne définit que les opérations imposables. Cependant, on peut en conclure que les opérations hors champ d'application sont celles qui : – ne sont pas des livraisons de biens ou services (ex. : intérêts réclamés par un fournisseur à son client pour paiement tardif, perception de dividendes ou intérêts) ; – ne sont pas réalisées à titre onéreux (ex. : subvention) ; – ne sont pas réalisées par un assujetti (ex. : vente d'un immeuble par un particulier).

Il existe en France métropolitaine quatre taux de TVA.
Vous trouverez ci-dessous le champ d'application de chacun de ces taux.

Taux super réduit 2,10 %	Taux réduit 5,5 %	Taux intermédiaire 10 %	Taux normal 20 %
Concerne quelques opérations très limitées. **Exemples :** – Médicaments remboursés par la Sécurité sociale – Publications de presse (quotidiens, hebdomadaires) – Contribution à l'audiovisuel public	Concerne les produits et services de consommations courantes. **Exemples :** – Produits alimentaires et boissons non alcoolisées – Livres – Abonnements aux réseaux de gaz et électricité – Cinéma (droit d'entrée) et activités de spectacles – Aides aux handicapés et personnes âgées dépendantes – Appareillages, matériels et équipements pour handicapés	Concerne quelques biens et services. **Exemples :** – Hôtellerie – Restauration et nourriture à emporter – Transports de personnes – Médicaments non remboursés – Travaux d'aménagement ou d'entretien dans les habitations de plus de 2 ans – Services d'aide à la personne	S'applique aux opérations imposables pour lesquelles un autre taux n'est pas expressément prévu. **Exemples :** – Prestations de services – Boissons alcoolisées, confiserie, etc. – Produits d'entretien et d'hygiène (sauf cas particuliers de produits d'hygiène taxés à 5,5 %) – Consommation électrique – Transports de biens

Fiche ressource 3

Précisions sur certaines opérations imposées par disposition spéciale de la loi

I Les livraisons à soi-même (LASM)

Il faut distinguer deux cas de livraison à soi-même.

• La LASM est une opération par laquelle une entreprise **immobilise ou consomme un bien ou un service à partir d'éléments lui appartenant**.

> Exemples
>
> Une entreprise du bâtiment procède à la construction de son propre siège social. Une société d'informatique installe son propre réseau informatique.

• Il y a également LASM lorsqu'un **bien, acquis initialement pour les besoins de l'entreprise, est utilisé à des fins privées** (attribué à des dirigeants, au personnel ou à des tiers) ou qu'une prestation de service est rendue pour des besoins autres que ceux de l'entreprise.

> Exemple
>
> Un dirigeant prélève dans les stocks, à des fins personnelles, un ordinateur destiné à la revente.

<table>
<tr><th rowspan="2">Livraison à soi-même</th><th colspan="2">Utilisation pour les besoins de l'entreprise : affectation à l'exploitation</th><th colspan="2">Utilisation pour des besoins autres que ceux de l'entreprise : non-affectation à l'exploitation</th></tr>
<tr><th>Si le bien ouvre droit à déduction en cas d'achat</th><th>Si le bien n'ouvre pas droit à déduction en cas d'achat</th><th>Si le bien ouvre droit à déduction en cas d'achat</th><th>Si le bien n'ouvre pas droit à déduction en cas d'achat</th></tr>
<tr><td>Immobilisations</td><td rowspan="3">LASM non soumise à la TVA</td><td rowspan="3">LASM soumise à la TVA</td><td rowspan="3">LASM soumise à la TVA</td><td rowspan="3">LASM non soumise à la TVA</td></tr>
<tr><td>Stocks</td></tr>
<tr><td>Prestations de services</td></tr>
</table>

II Les cessions de biens meubles ou immeubles immobilisés

Concernant les cessions d'éléments immobilisés de l'actif, il y a lieu de faire une distinction entre les biens meubles et les biens immeubles (bâtiment et sol du bâtiment).

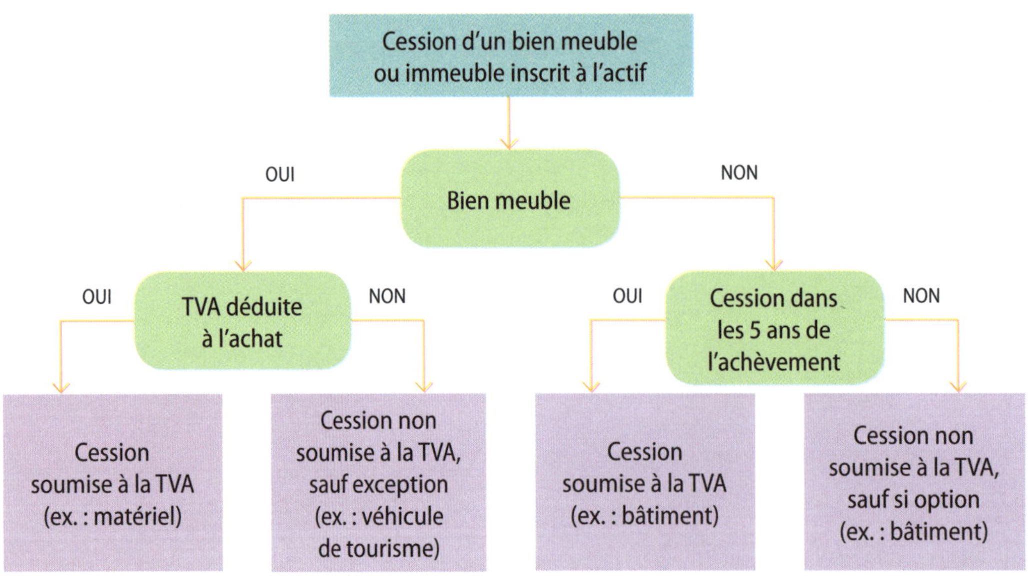

Fiche ressource 4

La territorialité

I Le territoire français

Une opération passible de la TVA (voir fiche ressource 2) n'est effectivement soumise à cette taxe en France que si elle entre dans le champ d'application territorial de la TVA. Des règles de territorialité permettent en effet de déterminer si, compte tenu du lieu où elle est réalisée, l'opération est soumise à la TVA française ou, au contraire, y échappe.

Ainsi, toutes les opérations entrant dans le champ d'application de la TVA ne sont pas obligatoirement imposables : seules sont taxées les opérations dont le **lieu d'imposition est situé en France**.

Par l'expression « en France », on entend :
– la France continentale ;
– la Corse (avec un allègement des taux de TVA sur certains biens et services, et même une exonération des transports entre la France continentale et la Corse). Ces taux différents s'appliquent pour les produits livrés en Corse ou services exécutés en Corse ;
– les eaux territoriales, qui représentent la partie de mer côtière sur laquelle s'étend la souveraineté d'un État (sa largeur est d'environ 22 km).

On distingue **deux cas particuliers** :
– les départements d'outre-mer (DOM) : Martinique, Guadeloupe, La Réunion (pas de TVA en Guyane ni à Mayotte), sont considérés comme des territoires d'exportation par rapport à la France métropolitaine et bénéficient donc de l'exonération de TVA prévue en matière d'exportation de biens. L'expression « en France » exclut aussi les territoires d'outre-mer (Saint-Pierre-et-Miquelon, Saint-Barthélemy…) et Andorre, qui sont considérés comme des pays hors Union européenne ;
– la principauté de Monaco, qui est assimilée à la France en matière de TVA.

II Le territoire de l'Union européenne (UE)

L'UE représente un territoire sans frontières pour les échanges, et les notions d'importation et d'exportation ont été remplacées par celles d'acquisition intracommunautaire et de livraison intracommunautaire. Le territoire sur lequel s'applique la réglementation relative à la TVA intracommunautaire comprend les 27 États membres suivants.

Pays membres de l'UE zone euro		Pays membres de l'UE hors zone euro (cours au 01/01/2022)
• Allemagne	• Italie	• Bulgarie (lev bulgare, BGN) 1 € = 1,9558 BGN
• Autriche	• Lettonie	• Croatie (kuna, HRK) 1 € = 7,5116 HRK
• Belgique	• Lituanie	• Danemark (couronne danoise, DKK) 1 € = 7,4365 DKK
• Chypre	• Luxembourg	• Hongrie (forint, HUF) 1 € = 364,73 HUF
• Espagne	• Malte	• Pologne (zloty, PLN) 1 € = 4,6571 PLN
• Estonie	• Pays-Bas	• République tchèque (couronne tchèque, CZK) 1 € = 25,220 CZK
• Finlande	• Portugal	• Roumanie (leu roumain, RON) 1 € = 4,9493 RON
• France	• Slovaquie	• Suède (couronne suédoise, SEK) 1 € = 10,0303 SEK
• Grèce	• Slovénie	
• Irlande		

Fiche ressource 5

Les principes applicables aux échanges intracommunautaires

Un assujetti se livrant à des opérations intracommunautaires est considéré, selon le cas, comme effectuant :
– soit une livraison intracommunautaire le plus souvent exonérée ;
– soit une acquisition intracommunautaire taxable dans l'État d'arrivée des biens.

I Le régime des livraisons intracommunautaires de biens

Définition	**Ce sont les livraisons de France à destination d'un pays membre de l'UE.**
Régime applicable	Ces livraisons intracommunautaires de biens sont **exonérées de TVA française** si elles remplissent les quatre conditions suivantes : 1. la livraison doit être effectuée à **titre onéreux** ; 2. le **vendeur** est un **assujetti** agissant en tant que tel ; 3. l'**acquéreur** est un **assujetti** : cette condition est considérée comme satisfaite par le vendeur si l'acquéreur lui a fourni son **numéro d'identification à la TVA** dans un autre État membre de l'UE ; 4. le bien est effectivement **expédié ou transporté** hors de France à destination d'un autre **État membre**. *Remarques :* si l'acheteur ne communique pas de numéro de TVA intracommunautaire, l'entreprise située en France facture la TVA au taux en vigueur en France comme si la vente avait lieu en France. Bien qu'exonérées de TVA, les livraisons intracommunautaires ouvrent droit à déduction de la TVA sur les biens achetés par l'entreprise et destinés à être livrés dans l'UE.
Identification des opérateurs	Le numéro d'identification est la clé de voûte du système intracommunautaire : • tout assujetti qui effectue des opérations ouvrant droit à déduction est identifié par un numéro individuel qui doit figurer sur les factures et les déclarations de TVA ; • ce numéro est composé de 13 caractères communiqués à l'entreprise par le SIE lors de son immatriculation : – code du pays (FR), – clé informatique (2 chiffres), – numéro SIREN (9 chiffres) : SIREN = système d'identification du répertoire des entreprises.
Obligations spécifiques	**• Facturation** Elle doit comporter, en plus d'autres mentions obligatoires : – le numéro d'identification à la TVA du vendeur ; – le numéro d'identification du client de l'UE ; – la mention « Exonération de TVA, article 262 ter I du CGI ». **• Déclarations** – Le montant des livraisons intracommunautaires doit être mentionné sur les déclarations de TVA. – La déclaration d'échange de biens (DEB) fournie chaque mois par les entreprises est remplacée par deux déclarations : - un état fiscal destiné à contrôler le respect des règles de TVA intracommunautaire. Cet état est rempli pour déclarer, dès le premier euro, les expéditions de biens et, au-delà d'un **seuil** annuel de **460 000 €**, les introductions de biens ; - une enquête statistique destinée à alimenter les données du commerce extérieur.
Comptabilité	voir tableau ci-dessous

N° de compte	Libellé	Débit	Crédit
411.	Facture n°	X	
70.			X

Remarque : pour les échanges intracommunautaires, les exportations et les importations, le référentiel du BTS CG précise que l'étude se limite aux biens. Les services sont donc exclus de l'étude.

II Le régime des acquisitions intracommunautaires de biens

<table>
<tr><td>Définition</td><td>L'acquisition d'un bien meuble corporel par un assujetti situé en France auprès d'un assujetti d'un État membre de l'UE constitue une acquisition intracommunautaire.</td></tr>
<tr><td>Régime applicable</td><td>• Principe
La TVA est en principe collectée auprès du client par le fournisseur qui la reverse au Trésor public. Cependant, dans le cadre d'une acquisition intracommunautaire, c'est le client qui est redevable de la TVA. Dès lors qu'il est assujetti, il doit donc procéder à une autoliquidation de la TVA (inversion du redevable).
• Application
Le client assujetti reçoit en principe une facture hors taxes de son fournisseur. La TVA est due par l'acquéreur lui-même, qui devra liquider la taxe correspondante à ses acquisitions intracommunautaires sur une ligne particulière de sa déclaration de TVA. Il pourra demander la déduction de cette TVA sur la même déclaration. Si l'entreprise française n'a pas communiqué son numéro d'identification à son fournisseur européen, l'acquisition intracommunautaire aura été taxée dans le pays de départ ; elle n'est donc plus imposable à la TVA française et non déductible.
• Exigibilité de la TVA
Elle peut intervenir :
– soit à la date d'émission de la facture ;
– soit, à défaut de facture, le 15 du mois suivant le fait générateur (date de livraison).
La TVA acquittée par le client au titre d'une acquisition intracommunautaire est déductible dans les conditions de droit commun.</td></tr>
<tr><td>Identification des opérateurs</td><td>Mêmes principes que pour les livraisons intracommunautaires</td></tr>
<tr><td>Obligations spécifiques</td><td>• Facturation : mêmes principes que pour les livraisons intracommunautaires
• Déclaration : mêmes principes que pour les livraisons intracommunautaires</td></tr>
<tr><td>Comptabilité</td><td>
<table>
<tr><th>N° de compte</th><th>Libellé</th><th>Débit</th><th>Crédit</th></tr>
<tr><td>60. ou 62.</td><td>Facture n°</td><td>X</td><td></td></tr>
<tr><td>44566.</td><td rowspan="3">(Comptes à ventiler si besoin)</td><td>X</td><td></td></tr>
<tr><td>401.</td><td></td><td>X</td></tr>
<tr><td>4452.</td><td></td><td>X</td></tr>
</table>
</td></tr>
</table>

III Le régime particulier des ventes à distance

<table>
<tr><td>Définition</td><td>Une entreprise française assujettie à la TVA qui vend des biens à destination d'un particulier situé dans un autre État membre de l'UE réalise une vente à distance.</td></tr>
<tr><td>Régime applicable</td><td>• Principe
Ce régime fonctionne sur un mécanisme de seuil. Tant que le montant global des ventes à distance réalisées par le vendeur, reste inférieur à un certain seuil annuel, l'opération est soumise à la TVA dans l'État d'expédition. Dès que ce seuil est dépassé, ou sur option du vendeur, l'opération est taxable dans l'État d'arrivée.
À compter du 01/07/2021, un seuil unique de 10 000 € est fixé pour l'ensemble des ventes à distance intracommunautaires de biens et services réalisé par l'assujetti.
Un guichet unique permettra aux entreprises de déclarer et payer la TVA dans l'ensemble des États membres.
• Exemple
Une entreprise française vend, via son site internet, à un client particulier résidant en Italie pour un montant HT de 1 450 €. Si le vendeur a réalisé un chiffre d'affaires global de ventes à distance inférieur à 10 000 €, cette livraison sera taxée en France, sinon elle sera taxée en Italie.</td></tr>
</table>

Fiche ressource 6

Les principes applicables aux échanges extracommunautaires

Les échanges extracommunautaires sont des opérations réalisées avec les pays hors UE. Au niveau fiscal, on parle alors d'**importation** et d'**exportation**.

EXPORTATIONS	
Définition	Le régime des exportations concerne les livraisons de biens meubles corporels expédiés de France vers un pays n'appartenant pas à l'UE.
Régime applicable	Les exportations entrent dans le champ d'application de la TVA française, mais elles en sont **exonérées** lorsqu'elles remplissent certaines conditions liées à la justification de l'exportation : – tenue d'un registre mentionnant certaines informations (la date de l'envoi, le pays de destination…) ; – production d'une déclaration d'exportation visée par le service des douanes : document administratif unique (DAU).
Obligation spécifique	Facturation hors taxes, avec la mention « Exonération de TVA, article 262 I du CGI ».
IMPORTATIONS	
Définitions	Le régime des importations concerne l'introduction en France de biens en provenance de pays tiers à l'UE.
Régime applicable	À compter du 01/01/2022, la TVA d'importation (TVAI) est déclarée, acquittée et déduite auprès des services de la DGFiP lors de la déclaration de TVA mensuelle. • **Exigibilité :** en principe, les importations de biens sont soumises à la TVA française. La TVA devient exigible lors du passage en douane dès l'obtention du bon à enlever (BAE). • **Redevable :** le redevable de la TVA est la personne désignée comme destinataire des biens sur la déclaration d'importation douanière, l'entreprise importatrice. • **Autoliquidation :** la TVA due à l'importation est autoliquidée par le redevable soumis au régime du réel normal. Ce mécanisme d'autoliquidation de la TVA permet d'éviter une avance de trésorerie lors de l'entrée des biens en France. La TVA est collectée et déduite simultanément lors de la déclaration mensuelle de TVA déposée au titre du mois où la TVA est exigible. • **Taux applicable :** le taux de TVA est celui applicable en France. • **Base imposable :** la base d'imposition (assiette) est établie à partir des éléments constatés par le service des douanes : Valeur en douane du bien importé, c'est à dire le prix facturé(1) + Droits de douane + Frais accessoires applicables jusqu'au premier lieu de destination des biens (commissions, emballages, transport…) • **Déductibilité :** les entreprises soumises à la TVA peuvent déduire la TVA d'importation à condition de respecter les conditions générales de déductibilité. (1) Lorsque la facture est exprimée dans une monnaie autre que l'euro, le taux de change à appliquer est celui du dernier taux publié par la banque centrale européenne connu au jour de l'exigibilité de la taxe.
Obligations spécifiques	– Dédouanement des biens effectué par l'entreprise ou par un déclarant en douane appelé « transitaire ». – Communication du numéro d'identification à la TVA sur toutes les déclarations en douanes afin de faire le lien entre les importations et la déclaration de TVA.
Comptabilité	Les droits de douanes sont à inclure dans le coût d'achat des biens ou des immobilisations : enregistrement dans le compte d'achat concerné (60. ou 20. / 21.) Des comptes spécifiques 445(.) TVA due sur importations / 4456(.) sont à créer par l'entreprise pour l'enregistrement comptable (voir FR 5 II).

Applications

1 Champ d'application

Vous êtes en stage dans le cabinet d'expertise comptable Bastide. Votre tuteur teste vos connaissances en matière de TVA. Il vous propose plusieurs dossiers de clients du cabinet (document).
Aucun de ces clients ne relève du régime fiscal de la franchise en base de TVA.

1 Préciser si les opérations spécifiques réalisées par ces entreprises sont imposables à la TVA. Présenter la réponse sous forme de tableau :

Opération	Imposable par nature	Imposable par disposition de la loi	Exonérée ou non soumise	Imposable sur option	Hors champ d'application	Justification
1	×					Rempli les 3 conditions : – vente de biens ; – à titre onéreux ; – par un assujetti.

Document **Opérations spécifiques à analyser**

1. La SARL Informat commercialise du matériel informatique.
2. Le dirigeant de la SARL Informat a prélevé dans les stocks un ordinateur pour équiper le studio de sa fille (ce bien avait ouvert droit à déduction de TVA à l'achat).
3. M. Tamar, infirmier libéral, facture des honoraires.
4. La SARL Clamec, entreprise de BTP, possède un appartement au-dessus de son siège social, qu'elle loue à usage d'habitation à un particulier.
5. La SARL Surgel, spécialisée dans la livraison à domicile de produits surgelés, loue à un confrère l'un des entrepôts dont elle n'a pas l'usage. Ce local est nu.
6. L'EARL Bonfils, pépiniériste, cède l'un de ses engins agricoles (ce bien avait ouvert droit à déduction de TVA à l'achat).
7. La société de transport Transpress facture du fret.
8. L'association sportive de volley d'une commune a encaissé les cotisations de ses adhérents.
9. La SAS Noces et Banquets loue du matériel de réception à des particuliers.
10. La société d'assurances Tout'Assu assure des clients professionnels et particuliers.
11. La SA Gemin, imprimeur, vient de céder un local acquis neuf, inscrit au bilan de l'entreprise depuis 8 ans.
12. La SA Gemin cède à un confrère le véhicule de tourisme inscrit au bilan. Ce véhicule n'avait pas fait l'objet d'une déduction de TVA lors de son acquisition.

2 Territorialité

La SA Meine, installée à Nîmes, est spécialisée dans la fabrication de la brandade, spécialité culinaire à base de morue. Elle a toujours vendu ses produits dans les départements limitrophes au Gard. Depuis cinq ans, elle vend aussi ses produits par une centrale d'achat d'un puissant groupe de distribution français et son chiffre d'affaires connaît une très forte croissance.
Aujourd'hui, elle emploie un commercial spécifiquement affecté à la vente de ses produits sur d'autres marchés (DOM, étranger…). Plusieurs contrats sont sur le point d'être signés avec des circuits de distribution dans différentes régions ou pays, et la SA Meine envisage aussi de se fournir à l'étranger pour garantir ses sources d'approvisionnement.
Vous êtes comptable au sein de la société. M. Meine vous demande d'analyser l'impact de certaines opérations en matière de TVA (document).

NB : Le chiffre d'affaires réalisé auprès de clients particuliers étrangers au sein de l'UE ne dépasse pas 10 000 €.

Préciser, pour chacune des opérations envisagées, le régime fiscal applicable en matière de TVA. Présenter vos réponses dans un tableau type :

Opération	Régime territorial applicable	Nature de l'échange	Application de la TVA française
1	Extracommunautaire	Assimilé à une exportation	Non

Document **Opérations envisagées par la SA Meine**

1. Vente de produits à Andorre
2. Vente de produits en Corse
3. Vente de produits en Martinique, en Guadeloupe et à La Réunion
4. Vente de produits en Grèce, au Portugal et en Espagne
5. Vente de produits à Monaco
6. Vente de produits au Danemark et en Suède
7. Vente de produits en Norvège
8. Vente de produits à un particulier (non assujetti à la TVA) au Portugal
9. Vente de produits à Saint-Barthélemy
10. Vente de produits à une entreprise qui n'a pas fourni son NII
11. Achat de matières premières au Portugal et en Espagne
12. Achat de matières premières au Maroc et en Norvège

Chapitre 3

TVA : le fait générateur, l'exigibilité, la déductibilité

Activité	Composante d'activité	Compétence	P7	Vers Pix
3.2. Traitement des opérations relatives à la TVA	**3.2.1.** Préparation de la déclaration de TVA	Appliquer les règles fiscales d'exigibilité, de déductibilité et de territorialité pour le calcul de la TVA due ou du crédit de TVA	Une extraction de données du PGI nécessaires au traitement de la TVA avec un tableur	**1.3.** Traiter des données

Situation professionnelle

La SA Souche, située dans la zone commerciale de la ville d'Alès (Gard), a été créée en juin 2010. Elle compte aujourd'hui 47 salariés à temps complet et plusieurs temps partiels.
Son activité est la fabrication de motoréducteurs destinés à équiper divers appareils électroménagers, des robots de piscine, des volets roulants, des portails…
Son dirigeant, Louis Souche, ingénieur de formation, a contribué au développement de son entreprise. Aujourd'hui, l'activité de la société est internationale : des clients allemands, italiens et chinois ont pérennisé des relations commerciales avec la SA Souche.
L'entreprise fait appel à des fournisseurs français et étrangers afin de s'approvisionner en matériaux divers nécessaires à la fabrication des moteurs.

Quelques éléments d'identification de la SA Souche vous sont fournis :
- Code APE : 144M
- Adresse : 12 Zone industrielle Le Grabieux 30100 Alès
- Immatriculation RCS : ALES 627 435 312
- TVA intracommunautaire : FR 97 627 4356 312
- L'exercice comptable est clôturé au 31/12 de chaque année.
- L'entreprise est soumise au régime du réel normal en matière de TVA.

Les activités d'installation, de maintenance et d'entretien des moteurs étaient jusqu'à présent prises en charge par deux entreprises partenaires. Plusieurs dysfonctionnements ayant été constatés dans leur réalisation, la SA Souche assure depuis deux mois ces prestations.

Mission

Vous réalisez votre période de stage en milieu professionnel dans le service Comptabilité de l'entreprise. Louis Souche vous confie plusieurs dossiers relatifs à la TVA. On considère que N = 2023.

Travail à faire

I Les notions de fait générateur et d'exigibilité

Vous avez une conversation avec Louis Souche, le dirigeant (annexe 1).

1. Répondre à la demande de Louis Souche sous la forme d'une note structurée.

Annexe 1
Fiche ressource 1

Deux situations soumises par Claudie Lecompte, la responsable comptable, vous sont confiées afin de préciser par la pratique les notions développées dans la note (annexe 2).

2. Préciser les dates du fait générateur et d'exigibilité pour chaque situation (avec et sans option pour les débits).

Annexe 2
Fiche ressource 1

L'option pour les débits est retenue par l'entreprise.

3. Rédiger la lettre destinée au Trésor public (service chargé du recouvrement de la TVA) afin de préciser l'option pour les débits retenue par l'entreprise.

II Les conditions de déductibilité de la TVA

Louis Souche et Claudie Lecompte envisagent de vous confier la préparation de la prochaine déclaration de TVA. Afin de tester vos connaissances en matière de déductibilité de la TVA sur les achats, diverses situations sont soumises à votre réflexion (annexe 3).

4. Analyser chaque situation. Préciser si la TVA est déductible dans une réponse argumentée.

Annexe 3
Annexe 6
Fiche ressource 1
Fiche ressource 2

III Les régularisations en matière de TVA

Claudie Lecompte s'interroge au sujet des opérations de cession d'immobilisations réalisées en mars (annexe 4). Ces cessions entraînent l'application de principes en matière de TVA qu'elle ne connaît pas précisément.

5. Préciser, de manière détaillée à l'aide de calculs, les conséquences en matière de TVA desdites opérations.

Annexe 4
Fiche ressource 3

Le client Pasconf est en liquidation judiciaire (annexe 5).

6. L'entreprise Souche peut-elle régulariser la TVA collectée lors de la vente ?

Annexe 5
Fiche ressource 3

Données de la situation

Annexe 1 **Votre conversation avec Louis Souche (extrait)**

« L'entreprise accorde 30 jours de délai de paiement à ses clients. En ce qui concerne la nouvelle activité "Installation, maintenance, entretien", le même délai sera appliqué.
Il est fréquent de demander aux clients de verser un acompte, aussi bien pour la vente de moteurs que pour la réalisation de prestations de services. De plus en plus fréquemment, nos factures comprennent la vente de moteurs et la réalisation de prestations de services (notamment l'installation). Claudie Lecompte, notre responsable comptable, m'a alerté sur les conséquences en matière de TVA de notre nouvelle activité. Elle m'a parlé de notions telles que "fait générateur" et "exigibilité". Je vous avoue que tout cela n'est pas clair dans mon esprit.
J'aimerais que vous m'apportiez votre éclairage et me fassiez des préconisations si nécessaire. »

Annexe 2 **Mise en pratique des notions de fait générateur et d'exigibilité**

Situation 1

Le 28/03/N, l'entreprise reçoit le devis accepté par le client Bert.

Les éléments précisés dans le devis sont les suivants :
- Commande de 10 moteurs AL17. Valeur unitaire HT : 870 €
- Remise : 10 %
- TVA : 20 %
- Acompte : 2 000 €. Le règlement de l'acompte accompagne la commande.
- Modalités de paiement : acompte à la commande, 50 % du montant restant dû à la livraison, solde 30 jours après la livraison

La livraison est effectuée le 07/04/N.

Situation 2

Le 25/03/N, l'entreprise reçoit le devis accepté par le client Alter.

Les éléments précisés dans le devis sont les suivants :
- Réparation et entretien annuel de plusieurs moteurs. Montant total de la prestation : 6 500 € HT
- TVA : 20 %
- Acompte : 1 500 €. Le règlement de l'acompte accompagne la commande.
- Modalités de paiement : acompte à la commande, 40 % du montant restant dû à la facturation, solde 30 jours après la livraison

La prestation est réalisée les 4 et 5 avril. Elle est facturée à la date de son achèvement (le 05/04).

Annexe 3 Opérations pour lesquelles la déductibilité doit être précisée

Les opérations suivantes sont extraites du journal des achats de l'entreprise. Elles ont donc fait l'objet d'un enregistrement comptable en mars N.

1) Participation à la Foire internationale de Milan afin de valoriser le savoir-faire de l'entreprise auprès de professionnels de divers secteurs d'activité. Les frais relatifs à cette opération sont détaillés ci-dessous :
- frais de voyage (billets d'avion et taxis) : 1 730 € HT. Les factures ont été payées au comptant ;
- 2 nuitées pour 3 personnes à Milan : 1 500 € HT. La facture a été payée au comptant ;
- frais de repas et de collation pour 3 personnes pour 2 jours : 600 € HT. Les factures ont été payées au comptant.

2) Acquisition d'un véhicule de tourisme (Peugeot 308) : 19 000 HT. Paiement à 30 jours.

3) Facture d'entretien de véhicules appartenant à l'entreprise :
- camionnette destinée à l'intervention des réparateurs : 1 250 € HT ;
- véhicule de tourisme (transport de personnes) : 630 € HT.

La facture sera réglée en avril. Le garagiste n'a pas opté pour la TVA sur les débits.

4) Organisation d'une réception du personnel de l'entreprise afin de fêter la signature d'un gros contrat et d'accentuer le sentiment d'appartenance des salariés.
Montant de la facture du traiteur : 970 € HT.
La facture a été réglée au comptant.

5) Facture d'entretien de la voiture de Juliette Souche (fille du dirigeant) : 450 € HT. Facture payée au comptant.

6) Facture de la SARL Batir suite à la réparation d'une partie de la toiture d'un local technique de l'entreprise : 2 600 € HT. Paiement en mars au comptant de la moitié du montant de la facture, le solde sera payé en avril.

7) Achat d'un poste de radio destiné à équiper la camionnette auprès d'une entreprise qui a déposé le bilan récemment : 300 € HT. La comptabilité ne dispose pas de la facture correspondante, malgré plusieurs demandes.

8) Achats de cadeaux destinés au personnel et aux partenaires importants (clients et fournisseurs). La facture a été réglée au comptant :
- 50 montres pour un montant global de 710 € HT pour les clients et fournisseurs ;
- 10 bouteilles de champagne pour un montant global de 800 € HT, une pour chaque salarié.

9) Travaux de rénovation (peinture, papier peint…) :
- appartement du concierge situé à l'entrée de l'entreprise : 760 € HT ;
- appartement du directeur commercial : 1 200 € HT.

La facture précise « paiement à 30 jours » (en avril) et mentionne « TVA sur les débits ».
Ces appartements sont occupés par le concierge et le directeur commercial gratuitement.

10) Louis Souche envisage l'acquisition d'un mini bus (12 places) afin de permettre le ramassage des salariés situés à Anduze (à 15 km d'Alès). Le montant du véhicule est 32 700 € HT, l'achat est envisagé fin mars avec un paiement différé de 60 jours.

Il est conseillé de présenter votre travail sous la forme d'un tableau :

Situation	Déductible ?		Argumentation
	Oui	Non	
Frais de voyage Milan Nuitées à Milan …			

Annexe 4 Opérations de cessions d'actifs immobilisés

Courant mars N, l'entreprise a procédé à la cession de plusieurs actifs immobilisés.

1) Un petit appartement dans lequel se situaient les bureaux de l'entreprise

- Date d'acquisition : 12/09/N-8
- Coût d'acquisition : 77 000 € HT avec une TVA au taux normal en N-8 de 20 %
- Date de cession : 12/03/N
- Prix de cession : 95 000 €. Aucune option à la TVA n'a été émise par la SA Souche pour cette opération.

2) Une camionnette que l'entreprise a souhaité remplacé par un matériel plus performant

- Date d'acquisition : 17/07/N-5
- Coût d'acquisition : 33 000 € HT avec une TVA au taux normal en N-5 de 20 %
- Date de cession : 02/03/N
- Prix de cession : 6 000 € HT avec une TVA en N au taux de 20 %

3) Un véhicule de tourisme à un négociant en biens d'occasion

- Date d'acquisition : 12/09/N-2
- Coût d'acquisition : 22 000 € HT avec une TVA au taux normal en N-2 de 20 %
- Date de cession : 17/03/N
- Prix de cession : 15 000 € HT. La cession a été soumise à la TVA (20 %).

4) Un véhicule de tourisme à un particulier

- Date d'acquisition : 12/09/N-3
- Coût d'acquisition : 19 000 € HT avec une TVA au taux normal en N-3 de 20 %
- Date de cession : 27/03/N
- Prix de cession : 5 000 €

Annexe 5 La situation du client Pasconf

Le client Pasconf est redevable de la somme de 26 400 € depuis fin octobre N-1. La facture n° VT-09N-1-38 qui lui a été adressée le 23/09/N-1 précise les éléments suivants :

- Moteur ZAS 10 unités à 2 200 €
- TVA (20 %)
- Paiement par chèque au 30/10/N-1

Après avoir appliqué, en vain, la procédure de relance client, une procédure contentieuse a été engagée en janvier N. Claudie Lecompte constate en février N que Pasconf est en liquidation judiciaire.
Le mandataire chargé de la liquidation judiciaire nous adresse un courrier courant mars N, nous indiquant que notre créance ne serait pas recouvrée en raison de la situation financière catastrophique de l'entreprise Pasconf.

Annexe 6 Documentation fiscale – Complément

Les dépenses de réception, de restaurant ou de spectacle ouvrent droit à déduction de la TVA. Le fait que ces dépenses concernent des membres de l'entreprise ou des personnes extérieures est sans importance. Le seul critère à respecter est l'affectation de la dépense à l'exploitation. Par exemple, les dépenses liées à une fête organisée occasionnellement dans le souci de resserrer les liens entre les membres du personnel et donc d'accroître leur motivation ouvrent droit à déduction de la TVA.

Fiche ressource 1

Le fait générateur – L'exigibilité

Afin de réaliser la déclaration de TVA, il est indispensable de distinguer les notions de fait générateur et d'exigibilité.

La règle est différente selon que l'opération soumise à la TVA concerne un bien ou une prestation de service.

I Le fait générateur et l'exigibilité d'une opération soumise à la TVA

1. Le fait générateur

Le fait générateur constitue l'événement qui donne naissance à l'obligation fiscale. Il se situe à la date de réalisation des conditions légales qui créent la créance de l'État en matière de TVA. En clair, le Trésor public constate à cette date l'existence de la taxe.

2. L'exigibilité

L'exigibilité correspond à la date à partir de laquelle l'État peut demander le paiement de sa créance en matière de TVA au vendeur.

C'est à cette date que le vendeur collectera la TVA et que l'acheteur la déduira.

II Le régime des biens meubles corporels

L'exigibilité de la TVA sur les ventes de biens meubles corporels se situe à la date de la livraison (ou facturation) du bien.

À compter du 1er janvier 2023, en cas de versement d'un acompte, la loi de finances pour 2022 avance la date de l'exigibilité de la TVA au moment de l'encaissement de cet acompte. Dans ce cas, la TVA sera exigible dès le versement de cet acompte, à concurrence du montant encaissé et le solde de la TVA due sera exigible à la date de livraison ou facturation.

> Exemples
>
> 1. Une machine-outil est acquise par une entreprise le 27/11/N pour 25 000 € HT (taux normal de TVA). La facture accompagne la livraison le 27/11/N. Le paiement de la facture est fixé au 26/01/N+1.
> Le fait générateur et l'exigibilité se situent le 27/11/N (et non le 26/01/N+1). La TVA (25 000 × 20 % = 5 000 €) sera collectée chez le vendeur et déductible chez l'acheteur le 27/11/N.
>
> 2. Un client (entreprise assujettie à la TVA) passe commande le 19/09/N pour 17 500 € HT (soit 3 500 € de TVA à 20 %) de marchandises à une entreprise. Lors de la commande, il verse un acompte de 3 000 €. À la livraison, le 02/10/N, le client règle 50 % du montant restant dû (soit 9 000 €). Le solde (9 000 €) sera payé le 15/11/N.
> Le fait générateur correspond à la date de livraison soit le 2/10/N.
> L'exigibilité correspond à :
> – La date de versement de l'acompte soit le 19/09/N : (3 000/1,2) × 20 % soit 500 € de TVA exigible pour le vendeur et déductible pour l'acquéreur.
> – La date de livraison (ou facturation) soit le 02/10/N :
>   • TVA facturée : 17 500 × 20 % = 3 500 €
>   • TVA exigible pour le vendeur et déductible pour l'acquéreur : 3 500 – 500 (acompte) = 3 000 €

III Le régime des prestations de services

Les opérations concernées sont les prestations de services de toute nature telles que les réparations, les ventes à consommer sur place, les transports, les locations, les spectacles, les travaux immobiliers et les services imposables rendus par les membres des professions libérales, les cessions ou concessions de biens incorporels.

La distinction entre la date du fait générateur et la date d'exigibilité est essentielle.

Conformément aux dispositions de l'article 269, alinéa 1 a) du CGI, **le fait générateur de la TVA se produit, pour les prestations de services, lorsque la prestation est effectuée.**

Pour les prestations de services, **la taxe est exigible** (article 269, alinéa 2 c) du CGI) **lors de l'encaissement des acomptes, du prix, de la rémunération ou sur option d'après les débits** (voir ci-après). Contrairement au régime des meubles corporels, les conditions de paiement (étalé si plusieurs paiements existent et/ou différé si le paiement est ultérieur à la livraison-facturation) ont une conséquence sur l'exigibilité de la TVA.

Il convient de distinguer les moyens de paiement utilisés afin de fixer la date d'exigibilité :
– lorsque les paiements sont effectués par la remise d'un chèque bancaire ou postal, le jour de cette remise constitue la date d'exigibilité de la taxe ;
– lorsque le paiement est fait par virement bancaire ou postal, l'encaissement est constitué par l'inscription au compte du fournisseur de la somme qui y est virée par le client ;
– lorsque le paiement est effectué par effet de commerce, la date d'encaissement et, par suite, l'exigibilité de la TVA se situent au jour de l'échéance de l'effet de commerce (même en cas d'escompte de l'effet) ; la somme imposable correspond au montant nominal de la traite. Si l'effet de commerce n'est pas honoré à l'échéance, l'exigibilité de la taxe sur la valeur ajoutée intervient au moment du règlement effectif (remise de chèque ou nouvelle échéance en cas de report).

1. Le principe général

La TVA est exigible lors de l'encaissement de chaque paiement. Si ce paiement se fait en plusieurs étapes, la TVA est exigible à chacun de ces paiements.

> **Exemple**
>
> Une entreprise (assujettie à la TVA) reçoit le devis de l'entreprise Toitneuf concernant la réparation d'une partie de la toiture d'un hangar. Le devis, adressé le 25/03/N, précise les éléments suivants :
> – Montant HT de la prestation : 15 000 €. TVA : 20 %, soit 18 000 € TTC. La prestation est terminée le 15/04/N.
> – Paiements : le 28/03/N (acceptation du devis), acompte : 3 000 €. Le 15/04/N, règlement de 5 000 €. Solde réglé le 14/05/N : 10 000 €. Total de la TVA : 15 000 × 20 % = 3 000 €.
> Le fait générateur se situe lorsque l'exécution de la prestation est terminée, soit le 15/04/N.
>
> L'exigibilité se situe en fonction des paiements. Elle est donc fractionnée en trois dates :
> – le 28/03/N, le paiement est effectué TTC. Il convient donc de calculer le montant HT de ce paiement afin de calculer ensuite le montant de la TVA sur l'acompte versé. Montant HT : 3 000 / 1,2 = 2 500 €. TVA sur acompte : 2 500 × 20 % = 500 € ;
> – le 15/04/N, le paiement est effectué TTC. Il convient de faire ressortir la TVA comme nous l'avons vu pour l'acompte : (5 000 / 1,2) × 20 % = 833,33 € ;
> – le 14/05/N, le paiement est effectué TTC. Il convient de faire ressortir la TVA comme nous l'avons vu pour l'acompte : (10 000 / 1,2) × 20 % = 1 666,67 €.
> On retrouve le montant global de la TVA : 3 000 €.
>
> Dans l'hypothèse où les entreprises sont soumises au régime du réel normal (voir chapitre suivant), trois déclarations de TVA seront concernées par l'opération :
> – déclaration de mars pour 500 € (TVA collectée pour le vendeur et TVA déductible pour l'acheteur) ;
> – déclaration d'avril pour 833,33 € (TVA collectée pour le vendeur et TVA déductible pour l'acheteur) ;
> – déclaration de mai pour 1 666,67 € (TVA collectée pour le vendeur et TVA déductible pour l'acheteur).

2. L'option pour les débits

Aux termes de l'article 269, alinéa 2 c) du CGI, les personnes qui effectuent des prestations de services, opérations pour lesquelles la taxe est en principe exigible lors de l'encaissement, peuvent être autorisées à acquitter la **taxe d'après leurs débits** (c'est-à-dire lors de l'inscription des sommes correspondantes au débit des comptes clients lors de l'enregistrement des factures de vente).

L'option doit être formulée de manière expresse. Les redevables qui entendent acquitter la TVA d'après les débits doivent en faire la déclaration écrite, par lettre simple, auprès du service des impôts des entreprises dont ils relèvent pour le paiement de la taxe. Tout redevable qui a opté pour le paiement de la TVA d'après les débits a la faculté de renoncer à cette option. Cette renonciation doit être expresse. Les redevables doivent en faire la déclaration écrite, par lettre simple, auprès du service des impôts des entreprises dont ils relèvent pour le paiement de la taxe.

Le redevable (le prestataire) doit indiquer sur ses factures le fait qu'il acquitte la TVA d'après les débits afin d'informer le client qu'il peut déduire immédiatement la TVA facturée sans attendre le paiement. Cette information se fait par une mention adéquate (« TVA acquittée sur le débits », par exemple) sur les factures qu'il délivre.

Cette option entraîne donc l'exigibilité de la TVA sur les prestations de services à la date de facturation lorsque la prestation est terminée (et non lors des paiements). **Cependant, elle ne peut pas retarder la date d'exigibilité de la TVA ; en cas d'acompte, les montants reçus entraînent l'exigibilité sans attendre l'exécution de la prestation.**

Exemple (suite)

L'entreprise Toitneuf a opté pour la TVA sur les débits. Le fait générateur se situe lorsque l'exécution de la prestation est terminée, soit le 15/04/N, qu'il y ait ou non option sur les débits.

L'exigibilité se situe à la date de la facturation (prestation terminée), sauf pour l'acompte versé. Elle est donc fractionnée en deux dates (et non trois) :
- le 28/03/N : (3 000 / 1,2) × 20 % = 500 € (3 000 / 1,2 car le paiement est effectué TTC) ;
- le 15/04/N : (15 000 × 20 %) – 500 = 2 500 €.

On retrouve le montant global de la TVA : 3 000 €.

Dans l'hypothèse où les entreprises sont soumises au régime du réel normal (voir chapitre suivant), deux déclarations de TVA seront concernées par l'opération :
- déclaration de mars pour 500 € (TVA collectée pour le vendeur et TVA déductible pour l'acheteur) ;
- déclaration d'avril pour 1 500 € (TVA collectée pour le vendeur et TVA déductible pour l'acheteur).

L'option pour les débits constitue un choix important pour l'assujetti (le vendeur) dont l'activité est une prestation de service. Cette option impacte l'entreprise aux niveaux des enregistrements comptables et de la trésorerie.

Avantages et inconvénients de l'option pour les débits

	Avantages	Inconvénients
Fournisseur	Enregistrements comptables plus simples (régime des ventes de biens et de prestations unifié)	En cas de paiements échelonnés après la facturation, avance de trésorerie(1)
Client	– Enregistrements comptables plus simples – En cas de paiements échelonnés après la facturation, facilité de trésorerie(2)	Aucun

(1) Reprenons l'exemple précédent : l'entreprise Toitneuf.

• *Régime de droit commun (l'entreprise Toitneuf n'opte pas pour les débits) :* la TVA sera collectée (due au Trésor public) à la date des paiements du client : 500 € en mars, 833,33 € en avril, 1 666,67 € en mai. Aucune avance de trésorerie ne sera donc effectuée par Toitneuf.

• *L'entreprise Toitneuf opte pour les débits :* la TVA sera collectée (due au Trésor public) à la date de paiement de l'acompte par le client et au moment de la facturation : 500 € en mars, 2 500 € en avril. En avril, l'entreprise Toitneuf fait donc l'avance de la TVA qui lui sera réglée en mai par son client.

(2) Le raisonnement est identique du côté du client, par hypothèse assujetti à la TVA. Il bénéficie, en raison de la déductibilité de la TVA, d'une avance de trésorerie, en cas d'option pour les débits de l'entreprise Toitneuf. En effet, la TVA sera déductible : 500 € en mars, 2 500 € en avril, alors qu'une partie de cette dernière TVA sera réglée en mai. En cas de non-option par Toitneuf, le client aurait alors déduit la TVA ainsi : 500 € en mars, 833,33 € en avril, 1 666,67 € en mai.

Fiche ressource 2

La déductibilité de la TVA

Toute entreprise assujettie à la TVA bénéficie du droit à déduction de la TVA qu'elle supporte sur ses différents achats de biens, de services ou d'immobilisations.

I Le principe

Un assujetti est autorisé à déduire la taxe ayant grevé le prix d'un bien ou d'un service dès lors que ce bien ou ce service est utilisé pour la réalisation d'une opération imposable ouvrant droit à déduction sous réserve qu'il ne fasse pas l'objet d'une limitation ou d'une exclusion particulière (CGI, annexe II, art. 206-IV-2).

Trois conditions doivent être remplies.

1. Le bien ou le service acheté permet la réalisation d'une opération soumise à la TVA

Tout achat de bien (immobilisation, marchandise, matière première) ou de prestation de service ayant supporté la TVA entraîne la déductibilité de celle-ci à la **condition que le bien ou le service soit utilisé, de manière directe ou indirecte, pour la réalisation d'une vente qui générera de la TVA collectée.**

La TVA payée par l'entreprise lors de ses achats (TVA d'amont) n'est donc déductible que s'il existe une TVA collectée sur les ventes de ladite entreprise (TVA d'aval).

En cas de prélèvement personnel (par exemple, un vendeur de téléviseurs prélève dans son magasin un téléviseur afin d'équiper son appartement), la TVA déduite lors de l'achat doit être reversée à l'État.

Remarque : la livraison à soi-même (LASM) d'un bien meuble immobilisé affecté aux besoins de l'entreprise (l'entreprise fabrique pour elle-même un bien) n'est pas soumise à la TVA lorsque le redevable aurait pu déduire la TVA en totalité s'il avait acquis le bien auprès d'un assujetti à la TVA. Dans ce cas, la LASM n'entraîne donc pas l'enregistrement d'une TVA collectée et d'une TVA déductible. Il s'agit là d'une mesure de simplification du régime de la LASM (loi 2014-1545).

Notons enfin que les ventes hors de France, livraisons intracommunautaires (sauf exception) et exportations, n'entraînent pas une TVA collectée, mais que les achats relatifs à ces ventes génèrent une TVA déductible. Il s'agit là d'une exception au principe de l'imputation de la TVA d'amont sur la TVA d'aval ; cette mesure est destinée à ne pas pénaliser les entreprises françaises.

2. Le bien ou le service est acheté ou consommé dans l'intérêt de l'exploitation

L'**intérêt de l'exploitation** est un critère incontournable pour que l'entreprise puisse déduire la TVA qui a grevé un achat.

Ne sont pas considérées comme réalisées dans l'intérêt de l'exploitation :
– les **dépenses personnelles** qui profitent aux dirigeants ou aux salariés de l'entreprise sans lien direct avec l'activité de cette dernière ;

> Exemple
>
> L'achat d'une plante destinée à embellir le hall d'accueil d'une entreprise constitue une dépense réalisée dans l'intérêt de l'entreprise ; la TVA sur cet achat est donc déductible.
> La même plante facturée à l'entreprise mais offerte à l'épouse du dirigeant constitue une dépense personnelle ; la TVA n'est alors pas déductible.

– les **dépenses somptuaires.** Il s'agit de toutes les dépenses (location, entretien, acquisition…) relatives à des résidences de plaisance, à des yachts et bateaux de plaisance. La TVA n'est pas déductible pour ce type d'achat.

3. L'achat doit pouvoir être prouvé

L'entreprise doit pouvoir prouver la dépense afin de déduire la TVA. Cette dernière ne peut être déduite que si elle figure régulièrement sur la facture délivrée par le fournisseur.

Pour pouvoir exercer son droit à déduction, l'assujetti doit être en possession des factures d'achat (ou de tout document en tenant lieu) et, en matière d'importation, d'une déclaration à l'importation le désignant comme le destinataire des biens importés.

II Les limites du droit à déduction

Par dérogation aux principes généraux du droit à déduction définis à l'article 271 du CGI, la TVA grevant certaines dépenses de biens et de services n'est pas déductible totalement ou partiellement en application de mesures d'exclusion ou de limitations particulières visées aux paragraphes 2 et 3 du titre IV de l'article 206 de l'annexe II du CGI.

1. Les dépenses concernant les véhicules de transport de personnes

La TVA n'est pas déductible sur les dépenses relatives aux véhicules de tourisme. On entend par « véhicules de tourisme » les véhicules destinés au transport exclusif de personnes. Toutes les dépenses relatives aux véhicules de tourisme (achats mais également entretien, réparation, location…) n'ouvrent pas droit à récupération de la TVA.

Ce régime de non-déductibilité ne s'applique pas :
– aux véhicules destinés à être revendus à l'état neuf ; pour les constructeurs et les revendeurs, les véhicules ont la nature de stocks ;
– aux véhicules donnés en location (sociétés de crédit-bail notamment) ;
– aux camions, aux camionnettes, aux véhicules de société (véhicules de tourisme avec seulement deux places à l'avant). En effet, ces véhicules ne sont pas destinés au transport exclusif de personnes ;
– aux taxis, ambulances, voitures d'auto-écoles ou aux transports en commun. Il s'agit d'outils de travail indispensables et principaux à l'activité des assujettis ;
– aux véhicules de transport collectif (avec plus de huit places assises pour les passagers) destinés aux trajets de l'entreprise au domicile du personnel.

2. Les dépenses de logement

En application des dispositions du paragraphe 2 alinéa 2 du titre IV de l'article 206 de l'annexe II du CGI, **un assujetti ne peut pas déduire la TVA** ayant grevé les dépenses de bien ou de service supportées pour permettre d'assurer le **logement à titre gratuit des dirigeants ou du personnel de l'entreprise**. Sont visées par ces dispositions toutes les dépenses relatives au logement (acquisition, réparation, chauffage…).

Cette exclusion à la déduction n'est pas applicable :
– aux dépenses de logement supportées par l'entreprise pour un tiers lorsque ces dépenses sont nécessaires à l'exploitation ;
– aux dépenses relatives à la fourniture à titre gratuit du logement sur les chantiers ou dans les locaux d'une entreprise de personnel de sécurité, de gardiennage et de surveillance.

> Exemple
>
> Dans le cadre de la participation de l'entreprise à un salon, des dépenses de nuitées d'hôtel ont été facturées. Elles concernent :
> – le dirigeant de l'entreprise : 100 € HT ;

– le directeur commercial : 80 € HT ;
– deux clients importants : 200 € HT.
La TVA sur les nuitées du dirigeant et du directeur commercial n'est pas déductible. Celle relative aux deux clients est récupérable. Il en serait de même s'il s'agissait de la location d'un appartement. Attention, le petit-déjeuner est souvent compris dans la nuitée d'hôtel hors la TVA sur le petit-déjeuner est déductible.

3. Les biens cédés sans rémunération (cadeaux) ou moyennant une rémunération symbolique

Selon les dispositions du paragraphe 2 alinéa 3 du titre IV de l'article 206 de l'annexe II du CGI, **n'est pas déductible la TVA ayant grevé des biens cédés sans rémunération ou moyennant une rémunération très inférieure à leur prix normal**, quelle que soit la qualité du bénéficiaire ou la forme de la distribution, **sauf quand il s'agit de biens de très faible valeur ou d'objets publicitaires.**

Le CGI admet la déduction de la TVA pour :
– les biens dont la valeur unitaire n'excède pas 73 € TTC, par an et par bénéficiaire (agendas, stylos… offerts en cadeaux) ;

Exemple

Une entreprise offre à ses clients des stylos dont la valeur unitaire est de 10 € HT (soit 12 € TTC). Elle offre également un coffret destiné à l'entretien des chaussures (cirage, brosse…) d'une valeur de 100 € HT à un fournisseur important.

La TVA sur les stylos est déductible. En revanche, la TVA sur le coffret (20 €) n'est pas déductible.

– les objets publicitaires (parasols, présentoirs, échantillons publicitaires, par exemple). L'administration fiscale admet la déductibilité de la TVA, sans condition de montant, si les biens sont destinés à assurer la promotion, la vente, le rangement ou la présentation des produits et si la remise gratuite est justifiée par l'activité commerciale de l'entreprise.

Dans une approche plus restrictive, la TVA afférente aux présentoirs publicitaires d'une valeur unitaire inférieure à 110 € TTC qu'une entreprise remet, gratuitement ou à un prix réduit, à sa clientèle, quel que soit le nombre des biens de cette nature remis au cours d'une année à un même bénéficiaire, est déductible.

4. Les services et les dépenses relatifs aux biens exclus du droit à déduction

Pour les biens qui ne bénéficient pas de la déductibilité de la TVA, les services rattachés ne bénéficient pas non plus de cette déductibilité. L'accessoire suit le principal pour ces services.

Exemples

La TVA sur les travaux de réparation d'un véhicule de tourisme ou sur un logement fourni, à titre gratuit, par l'entreprise n'est pas déductible.

La TVA sur les loyers de crédit-bail concernant un véhicule de tourisme n'est pas déductible.

Toutes les charges relatives à des biens somptuaires (yachts, voiliers, notamment), entretien, réparation, aménagement, location n'ouvrent pas droit à la déduction de la TVA facturée.

5. Les dépenses de transport des personnes

Si un membre de l'entreprise utilise un moyen de transport public dans le cadre de ses voyages d'affaires (taxi, train, avion), la TVA correspondante n'est pas déductible. Pour les péages autoroutiers et les parkings publics, la TVA est déductible.

Fiche ressource 3

Les régularisations en matière de TVA

Certains événements entraînent la remise en cause du droit à déduction qui a été initialement exercé. Il peut s'agir d'une régularisation :
– à la hausse : l'entreprise bénéficie d'un droit à déduction supplémentaire ;
– à la baisse : l'entreprise doit reverser une partie de la TVA initialement déduite.

Nous ne traiterons que les quatre événements ci-dessous.

I Les prélèvements personnels dans les stocks

L'hypothèse retenue est le prélèvement d'un produit dans le stock par le dirigeant de l'entreprise. Lors de l'acquisition de la marchandise prélevée, la TVA a été déduite. Lors du prélèvement, la TVA doit être intégralement reversée.

Complément : en cas de vol ou de destruction (incendie, inondation) d'un bien stocké, la TVA initialement déduite n'est pas remise en question à la condition que la preuve de l'événement ayant entraîné la destruction soit apportée (dépôt de plainte, constat d'huissier, par exemple).

II Les cessions de véhicules de tourisme

Comme nous l'avons vu précédemment (fiche ressource 2), les véhicules de tourisme n'ouvrent pas droit à déduction en matière de TVA. Cette non-déductibilité peut être, en partie, remise en cause en cas de cession du véhicule de tourisme si les conditions suivantes sont réunies :
– la cession est réalisée dans la période de régularisation, qui est de 5 ans pour les biens meubles. L'année d'acquisition et l'année de cession comptent chacune pour une année complète ;
– la cession est soumise à TVA ; il y a donc une TVA collectée lors de cession. Si la cession est réalisée avec un particulier, il n'y aura pas de TVA collectée et donc aucune régularisation de la TVA initialement non déduite. En revanche, si la cession est effectuée avec un négociant en biens d'occasion, elle sera soumise à TVA ; une régularisation de la TVA non déduite est alors opérée. Elle sera calculée par 1/5e.

> **Exemple**
>
> En septembre N, une entreprise cède à un négociant en biens d'occasion un véhicule de tourisme acquis en juin N-2 pour 15 000 € TTC (taux de TVA : 20 % en N-2). Le prix de cession HT est de 6 500 € (taux de TVA : 20 %).
>
> Lors de l'acquisition, en N-2, du véhicule de tourisme, la TVA n'a pas été déduite. Son montant est égal à : (15 000 / 1,2) × 20 % = 2 500 €.
>
> La cession en N est soumise à la TVA (l'acquéreur est un négociant en biens d'occasion). Le montant de la TVA collectée est égal à : 6 500 × 20 % = 1 300 €.
>
> Le fait que la cession soit soumise à la TVA entraîne une régularisation (une déduction) d'une partie de la TVA non déduite lors de l'achat. Cette régularisation (déduction) se calcule ainsi :
> 2 500 × (2 / 5)* = 1 000 €.
>
> * (2 / 5) car la période de régularisation est de 5 ans et le véhicule a été utilisé pendant 3 ans (N-2 et N comptent pour une année complète). La régularisation porte donc sur 2 ans (5 – 3).

III Les cessions de biens immeubles

Les cessions de terrains à bâtir, d'immeubles neufs ou en l'état futur d'achèvement et les immeubles bâtis achevés depuis moins de 5 ans sont soumises à la TVA.

Pour les immeubles achevés depuis plus de 5 ans, une option à la TVA sur la cession peut être émise par le cédant, ce qui entraîne une TVA collectée. La TVA peut être calculée sur le prix de cession ou sur la marge (prix de cession HT – coût d'acquisition HT). Dans le cas de l'option, aucune régularisation de la TVA initialement déduite ne sera opérée ; il s'agit là de l'intérêt de l'option pour le cédant. L'acquéreur, s'il n'est pas assujetti à la TVA, verra, en revanche, le coût d'acquisition de l'immeuble majoré de 20 % (taux de TVA). Si l'acquéreur est assujetti à la TVA, le fait que le cédant choisisse l'option est neutre car il récupérera la TVA.

Si aucune option n'a été formulée, une régularisation de la TVA initialement déduite est opérée si la cession est réalisée pendant la période de régularisation, qui est de 20 ans pour les immeubles. L'année d'acquisition et l'année de cession comptent chacune pour une année complète. La régularisation sera calculée par 1/20e.

> **Exemple**
>
> En septembre N, une entreprise cède un immeuble acquis neuf en juillet N-6 pour 370 000 € (taux de TVA : 20 % en N-6). Le prix de cession est de 420 000 €. Lors de la cession, aucune option relative à la TVA n'a été formulée.
>
> Lors de l'acquisition de l'immeuble, en N-6, la TVA a été intégralement déduite. Son montant est égal à : 370 000 × 20 % = 74 000 €.
>
> La cession en N n'est pas soumise à la TVA (pas d'option) ; il n'y a donc pas de TVA collectée.
>
> Le fait que la cession ne soit pas soumise à la TVA entraîne une régularisation (un reversement) d'une partie de la TVA déduite lors de l'achat. Cette régularisation (reversement) se calcule ainsi : 74 000 × (13 / 20)* = 48 100 €.
>
> * (13 / 20) car la période de régularisation est de 20 ans et le véhicule a été utilisé pendant 7 ans (N-6 et N comptent pour une année complète). La régularisation porte donc sur 13 ans (20 – 7).

IV Les impayés

Lorsqu'une créance est définitivement irrécouvrable et que la facture reste impayée, le fournisseur a fait une avance de TVA au Trésor public qui ne lui sera finalement pas versée par le client. La procédure de régularisation suivante est appliquée :

– le fournisseur adresse à son client une facture rectificative qui mentionne que la facture demeure impayée et le montant de la TVA. La facture rectificative est un duplicata de la facture initiale surchargé de la mention en caractères très apparents : « Facture demeurée impayée pour la somme de … € et pour le montant de TVA correspondant de … € qui ne peut pas faire l'objet d'une déduction (CGI, art. 272) ». Le fournisseur peut alors demander au Trésor public la restitution de la taxe versée ;

– inversement, le client doit reverser au Trésor public le montant de la TVA dès qu'il reçoit la facture rectificative.

Applications

1 Exigibilité de la TVA

Vous effectuez une période de stage dans la SARL Badel, qui a pour activités la fourniture de granulats, de travaux de terrassement et de démolition, et de location d'engins avec chauffeur. La SARL n'a pas opté pour la TVA sur les débits pour ces activités de prestations de services.
Vous êtes associé(e) aux opérations relatives à la TVA.

1. **Indiquer la date d'exigibilité pour chaque opération de septembre.**
2. **Quelles seraient les conséquences en matière d'exigibilité, pour chacune des opérations, si la SARL Badel optait pour la TVA sur les débits ?**
3. **Indiquer l'impact sur la trésorerie de la SARL Badel et sur celle de ses clients dans les deux hypothèses (non-option et option pour la TVA sur les débits).**

Document **Les opérations de septembre**

- 04/09 : location d'un engin de démolition au client Alb. Montant HT : 3 500 €. Paiement : 40 % ce jour, le solde à 30 jours.
- 07/09 : commande du client Bert de travaux de démolition. Montant des travaux : 6 800 € HT. Durée des travaux : du 14/09 au 17/09. Devis accepté ce jour par le client. Modalités de paiement : acompte de 1 200 € versé ce jour, 50 % du solde à la livraison, le reste à 30 jours.
- 12/09 : vente de granulats à Dup, professionnel du bâtiment. Montant HT : 2 500 €. Paiement : 50 % au comptant, le solde à 30 jours.
- 17/09 : fin des travaux de démolition commandés le 07/09 par le client Bert. La facture est établie et adressée au client ce jour.
- 21/09 : cession d'un engin de démolition acquis en N-4. Prix de cession : 22 000 € HT.

2 Déductibilité de la TVA

La SARL Cart, menuiserie en pleine croissance située à Manosque, fabrique des meubles en bois massif destinés à des particuliers et à des entreprises. Elle a réalisé plusieurs opérations courant mars. Son dirigeant vous confie leur analyse en matière de TVA.

1. **Préciser, pour chaque opération du document 2, si la TVA la concernant est déductible ou non. Votre réponse sera argumentée.**

L'entreprise fait appel à des fournisseurs de bois dont certains tardent à lui adresser les factures, et ce malgré plusieurs relances. Philippe Cart, le gérant, pense que cela n'a pas une grande importance pour son entreprise.

2. **Peut-on partager l'avis de Philippe Cart ?**

Document 1 **Les règles de récupération de la TVA sur l'essence et le gazole**

Règles relatives aux carburants (CGI, art. 206, IV-28°, annexe II)

Depuis 2022, les pourcentages de déduction sont les suivants :

Taux de déductibilité de la TVA pour les véhicules essence et gazole	
Véhicules de tourisme ou particuliers (exclus du droit à déduction de la TVA)	Véhicules utilitaires (ouvrant droit à déduction de la TVA)
80 %	**100 %**

Document 2 **Les opérations réalisées en mars**

Remarque : les montants sont donnés HT, sauf indication contraire.

- 02/03 : réception d'une livraison de bois. La facture correspondant est jointe : 3 100 €. Paiement : 30 % à la réception, solde à 30 jours.
- 04/03 : réception, accompagnée de la facture, d'un achat de poissons exotiques très rares destinés à garnir l'aquarium situé dans le hall d'entrée de l'entreprise : 3 750 € TTC.
- 06/03 : facture d'entretien du bateau de l'entreprise (destiné notamment à la réception de clients importants) d'un montant de 3 650 €. Un acompte de 840 € a été versé le 22/02, le solde sera réglé le 05/04. Le fournisseur a opté pour la TVA sur les débits.
- 07/03 : réception de la facture de mars d'un montant de 720 € suite à la location par crédit-bail d'un véhicule de tourisme.
- 10/03 : facture d'une agence de publicité de 720 €. Paiement le 07/04. L'agence n'a pas opté pour la TVA sur les débits.
- 15/03 : facture d'achat de montres destinées à la clientèle pour la remercier de sa fidélité. Valeur unitaire des montres : 37 €. La facture mentionne également un coffret d'œnologie destiné à être offert au fournisseur le plus important : 120 €.
- Frais de carburant :
  - véhicules utilitaires : gazole 450 €, essence 320 € ;
  - véhicules de tourisme : gazole 145 €, essence 210 €.

3 Les régularisations de TVA

Vous poursuivez votre mission dans l'entreprise Cart.
Une Peugeot 208 (véhicule de tourisme), enregistrée en comptabilité dans le compte 2182 « Matériel de transport » en N-3 pour 26 400 €, sera cédée en avril N. Deux acquéreurs potentiels se sont manifestés : un négociant en véhicules d'occasion assujetti à la TVA et un particulier. Le prix de cession est de 8 000 € HT pour le négociant et de 8 200 € pour le particulier.
Un petit immeuble acheté neuf par la SARL Cart en juin N-8 pour 450 000 € HT est revendu en mars N pour 540 000 €.

1. **Conseiller M. Cart dans le choix de l'acheteur pour le véhicule en effectuant tous les calculs nécessaires.**
2. **Quels sont les impacts sur la TVA de la cession de l'immeuble ? Effectuer tous les calculs nécessaires.**
3. **Quelles auraient été les conséquences en matière de TVA pour la SARL Cart et pour l'acheteur si l'entreprise avait soumis la cession de l'immeuble à la TVA ?**
4. **Proposer les écritures comptables à la date de cession pour le véhicule (en négociant en biens d'occasion) et pour l'immeuble (sans option) dans la comptabilité de la SARL Cart.**

Document **Données complémentaires**

- Taux de TVA en vigueur en N-8 : 20 %
- Taux de TVA en vigueur en N-3 : 20 %
- Lors de la cession de l'immeuble, aucune option en matière de TVA n'a été formulée par la SARL Cart.

Chapitre

4 TVA : le régime du réel normal

Activité	Composante d'activité	Compétence	P7	Vers Pix
3.2. Traitement des opérations relatives à la TVA	**3.2.2.** Établissement, contrôle et transmission de la TVA	Établir, contrôler les déclarations régulières de TVA	L'extraction du SIC des informations nécessaires au traitement de la TVA avec un tableur	**1.3.** Traiter des données

Situation professionnelle

La SA Souche, située dans la zone commerciale de la ville d'Alès (Gard), a été créée en juin 2010. Elle compte aujourd'hui 47 salariés à temps complet et plusieurs temps partiels.
Son activité est la fabrication de motoréducteurs destinés à équiper divers appareils électroménagers, des robots de piscine, des volets roulants, des portails…
L'entreprise fait appel à des fournisseurs français et étrangers afin de s'approvisionner en matériaux divers nécessaires à la fabrication des moteurs.
Quelques éléments d'identification de la SA Souche vous sont fournis :
- Code APE : 144M
- Adresse : 12 Zone industrielle Le Grabieux 30100 Alès
- Immatriculation RCS : ALES 627 435 312
- TVA intracommunautaire : FR 97 627 4356 312
- L'exercice comptable est clôturé au 31/12 chaque année.
- L'entreprise est soumise au régime du réel normal en matière de TVA. Elle procède à une déclaration mensuelle de TVA et renseigne donc, chaque mois, l'imprimé fiscal CA3.

L'entreprise assure, depuis quelques mois, l'installation, la maintenance et l'entretien des moteurs. Pour cette activité de prestations de services, elle a opté pour la TVA sur les débits.
Ses ventes sont soumises en grande partie au taux normal de TVA (20 %). Une partie de son activité est soumise au taux réduit de TVA (10 %).

Mission

Vous réalisez votre deuxième période de stage en milieu professionnel dans le service Comptabilité de l'entreprise. Louis Souche, le dirigeant, vous confie le calcul et la déclaration de TVA pour le mois de mai N. Votre tutrice, Claudie Lecompte, responsable comptable, vous conseille et vous encadre dans la réalisation de votre mission. Elle vous précise qu'elle préfère ne pas utiliser le module comptable du progiciel de gestion intégré (PGI) pour le calcul de la TVA nette à la fin de chaque mois. En effet, pour ce calcul, le paramétrage de ce module est incomplet et donc inopérant. On considère que N = 2023.

Travail à faire

I Le calcul de la TVA nette du mois de mai N

Claudie Lecompte vous fournit les données extraites du module comptable du PGI utilisé par l'entreprise.

P7 **1. Calculer le montant de la TVA nette de mai N à l'aide d'un tableur. Compléter ce travail par une analyse précise de chaque donnée.**

▶| Annexe 1
▶| Fiche ressource 1

II La déclaration de TVA

La déclaration de TVA du mois de mai doit être prochainement adressée à l'administration fiscale. Claudie Lecompte vous fournit l'imprimé fiscal CA3.

P7 **2. Télécharger la déclaration de TVA CA3 et la compléter sur poste informatique.
Justifier les calculs intermédiaires afin de faciliter le contrôle par Claudie Lecompte.**

▶| Annexe 2
▶| Fiche ressource 2

III La gestion des crédits de TVA

Claudie Lecompte constate que le calcul de la TVA nette au titre d'un mois génère parfois un crédit de TVA qui est reporté sur la déclaration suivante. Elle souhaite que vous lui indiquiez les autres possibilités offertes par l'administration fiscale en la matière.

3. Répondre à la demande de Claudie Lecompte dans une note.

▶| Fiche ressource 2

IV L'enregistrement des écritures comptables relatives à la TVA du mois de mai

Claudie Lecompte vous indique que l'enregistrement de la TVA nette du mois est effectué le dernier jour du mois.

4. Proposer l'écriture comptable au 30/05, passée dans le journal des opérations diverses (OD), relative à la TVA.

▶| Fiche ressource 3

Le paiement de la TVA nette au titre d'un mois est effectué le 17 du mois suivant.

5. Proposer l'écriture de règlement de la TVA du mois de mai.

▶| Fiche ressource 3

Données de la situation

Annexe 1 Données extraites des journaux comptables

Toutes les données sont issues des journaux utilisés par l'entreprise. Elles ont été correctement enregistrées à leur date de réalisation, en mai N.
Tous les partenaires, commerciaux étrangers (membres ou non de l'Union européenne), ont fourni leur numéro d'identification à la TVA.
Le taux de TVA est de 20 %, sauf indication contraire.

• Journal des achats HT

– Achats de matières premières en France (compte 607001) : 149 692 €
– Achats de prestations de services en France (comptes 61..., 62...) : 12 777 €. Les fournisseurs concernés ont opté pour la TVA sur les débits.
– Achats de prestations de services en France (comptes 61..., 62...). Les fournisseurs concernés n'ont pas opté pour la TVA sur les débits.
Dans le journal de banque ont été enregistrés 6 734 € TTC de règlements fournisseurs au comptant et 3 234 € TTC seront réglé en juin.
– Acquisition d'une machine auprès d'un fournisseur français : 18 200 €
– Acquisition d'un matériel industriel en Allemagne : 34 670 €
– Achats de matières premières en Italie : 27 632 €
– Achats de matières premières en Norvège : 12 500 €

• Journal des ventes HT

– Ventes de biens en France (compte 707001) : 241 975 €
– Ventes de services en France (compte 706000) soumises au taux normal : 47 650 € ; soumises au taux réduit de 10 % : 23 577 €
– Ventes à des clients chinois (compte 707003) : 21 450 €
– Ventes à des clients allemands et italiens (compte 707002) : 40 300 €

• Journal des opérations diverses

– Cession d'une Fiat Ottolo (véhicule de tourisme) acquise en octobre N-2 pour 17 400 € TTC. Ce véhicule est cédé à un négociant en biens d'occasion assujetti à la TVA pour 5 200 € HT.

– Cession d'un mobilier de bureau inscrit au bilan de l'entreprise pour 750 € HT. Ce bien a été acquis en septembre N-3 pour 3 100 € HT.

• Journal de banque

Règlements en mai aux fournisseurs de prestations de services facturées en avril N. Montant total des règlements : 2 491,20 €.

La balance des comptes de la classe 4 indique :
Compte 44567 « Crédit de TVA à reporter » : solde débiteur 1 535 €

Annexe 2 Déclaration de TVA CA3

A MONTANT DES OPÉRATIONS RÉALISÉES

	OPÉRATIONS TAXÉES (HT.)		
A1	Ventes, prestations de services	0979	....
A2	Autres opérations imposables	0981	....
A3	Achats de prestations de services intracommunautaires (article 283-2 du code général des impôts)	0044	....
A4	Importations (autres que les produits pétroliers)	0056	....
A5	Sorties de régime fiscal suspensif (autres que les produits pétroliers)	0051	....
B1	Mises à la consommation de produits pétroliers	0048	....
B2	Acquisitions intracommunautaires	0031	....
B3	Livraisons d'électricité, de gaz naturel, de chaleur ou de froid imposables en France	0030	....
B4	Achats de biens ou de prestations de services réalisés auprès d'un assujetti non établi en France (article 283-1 du code général des impôts)	0040	....
B5	Régularisations (important : cf. notice)	0036	....

	OPÉRATIONS NON TAXÉES		
E1	Exportations hors UE	0032	....
E2	Autres opérations non imposables	0033	....
E3	Ventes à distance taxables dans un autre État membre au profit des personnes non assujetties	0047	....
E4	Importations (autres que les produits pétroliers)	0052	....
E5	Sorties de régime fiscal suspensif (autres que les produits pétroliers)	0053	....
E6	Importations placées sous régime fiscal suspensif (autres que les produits pétroliers)	0054	....
F1	Acquisitions intracommunautaires	0055	....
F2	Livraisons intracommunautaires à destination d'une personne assujettie	0034	....
F3	Livraisons d'électricité, de gaz naturel, de chaleur ou de froid non imposables en France	0029	....
F4	Mises à la consommation de produits pétroliers	0049	....
F5	Importations de produits pétroliers placées sous régime fiscal suspensif	0050	....
F6	Achats en franchise	0037	....
F7	Ventes de biens ou prestations de services réalisées par un assujetti non établi en France (article 283-1 du code général des impôts)	0043	....
F8	Régularisations (important : cf. notice)	0039	....

B DÉCOMPTE DE LA TVA À PAYER

	TVA BRUTE		Base hors taxe	Taxe due
	Opérations réalisées en France métropolitaine			
08	Taux normal 20 %	0207	....	....
09	Taux réduit 5,5 %	0105	....	....
9B	Taux réduit 10 %	0151	....	....
	Opérations réalisées dans les DOM			
10	Taux normal 8,5 %	0201	....	....
11	Taux réduit 2,1 %	0100	....	....
	Opérations imposables à un autre taux (France métropolitaine ou DOM)			
13	Anciens taux	0900	....	....
14	Opérations imposables à un taux particulier (décompte effectué sur annexe 3310 A)	0950	....	....
	Produits pétroliers			
P1	Taux normal 20 %	0208	....	....
P2	Taux réduit 13 %	0152	....	....
	Importations			
I1	Taux normal 20 %	0210	....	....
I2	Taux réduit 10 %	0211	....	....
I3	Taux réduit 8,5 %	0212	....	....
I4	Taux réduit 5,5 %	0213	....	....
I5	Taux réduit 2,1 %	0214	....	....
I6	Taux réduit 1,05 %	0215	....	....
15	TVA antérieurement déduite à reverser (dont TVA sur les produits pétroliers ....) (dont TVA sur les produits importés hors produits pétroliers ....)	0600		....
5B	Sommes à ajouter, y compris acompte congés (exprimées en euro)	0602		....
16	**Total de la TVA brute due (lignes 08 à 5B)**			....
17	**Dont TVA sur acquisitions intracommunautaires**	0035		....
18	**Dont TVA sur opérations à destination de Monaco**	0038		....

La ligne 11 ne concerne que les DOM.
Les autres opérations relevant du taux de 2,1 % sont déclarées sur l'annexe 3310 A-SD.

	TVA DÉDUCTIBLE		
19	Biens constituant des immobilisations	0703	....
20	Autres biens et services	0702	....
21	Autre TVA à déduire (dont régularisation de : - TVA sur les produits pétroliers : - TVA sur les produits importés hors produits pétroliers : - TVA collectée sur autres produits ou PS [cf. notice] ou déductible :)	0059	....
22	Report du crédit apparaissant ligne 27 de la précédente déclaration	8001	....
2C	Sommes à imputer, y compris acompte congés (exprimées en euro)	0603	....
22A	Indiquer le coefficient de taxation unique applicable pour la période s'il est différent de 100 .... %		
23	**Total TVA déductible (ligne 19 à 2C)**		
24	Dont TVA déductible sur importations hors produits pétroliers	0710	....
2E	Dont TVA déductible sur les produits pétroliers	0711	....

	CRÉDIT		
25	Crédit de TVA (ligne 23 – ligne 16)	0705	....
26	Remboursement de crédit demandé sur formulaire n° 3519 joint	8002	....
AA	Crédit de TVA transféré à la société tête de groupe sur la déclaration récapitulative 3310-CA3G	8005	....
27	Crédit à reporter (ligne 25 – ligne 26 – ligne AA) (Cette somme est à reporter ligne 22 de la prochaine déclaration)	8003	....

Attention ! Une situation de TVA créditrice (ligne 25 servie) ne dispense pas du paiement des taxes assimilées déclarées ligne 29.

	TAXE À PAYER		
28	**TVA nette due (ligne 16 – ligne 23).**		....
29	Taxes assimilées calculées sur annexe n° 3310 A-SD	9979	....
AB	Total à payer acquitté par la société tête de groupe sur la déclaration récapitulative 3310-CA3G (lignes 28 + 29)	9991	....
32	**Total à payer (lignes 28 + 29 – AB)** (N'oubliez pas de joindre le règlement correspondant)		

Fiche ressource 1

Le régime du réel normal, le calcul de la TVA mensuelle

Les entreprises relèvent de différents régimes suivant leur activité et leur chiffre d'affaires. On relève trois régimes :
– le réel normal ;
– le réel simplifié ;
– le régime de la microentreprise (franchise en base de TVA dans la limite de certains seuils).

I Présentation générale du régime du réel normal

D'après l'article 287-2 du CGI, le régime du réel normal s'applique de plein droit aux entreprises :
– de ventes de biens et assimilées lorsque leur chiffre d'affaires HT est supérieur à 818 000 € ;
– de prestations de services lorsque leur chiffre d'affaires HT est supérieur à 247 000 €.

Ces seuils sont applicables pour la période triennale 2020 à 2022.

Chaque mois, ces entreprises doivent adresser une déclaration de TVA à l'administration fiscale : l'imprimé n° 3310-CA3 (voir fiche ressource 2). Cette déclaration est produite chaque trimestre civil, sur option si la taxe exigible pour l'année civile précédente est inférieure à 4 000 €. Les entreprises la déposent le mois qui suit selon un échéancier qui dépend de leur forme juridique.

II Le calcul de la TVA à la fin du mois

Par différence entre la TVA collectée au titre d'un mois et la TVA déductible du même mois, on obtient :
– soit une TVA nette (TVA collectée > TVA déductible) : il s'agit de la TVA à payer (à décaisser) du mois ;
– soit un crédit de TVA (TVA collectée < TVA déductible) ; il s'agit d'une créance sur l'administration fiscale qui sera reportée sur la déclaration suivante ou remboursée.

De nombreux comptables procèdent au calcul de la TVA à la fin du mois (TVA nette ou crédit de TVA) ou vérifient la déclaration proposée par le PGI à l'aide d'un tableau de calcul. Ce tableau s'appuie sur les deux parties distinguées dans la déclaration CA3 (voir fiche ressource 2) : la TVA brute et la TVA déductible.

La TVA brute reprend la TVA collectée sur les ventes , la TVA autoliquidée sur importations et sur acquisitions intracommunautaires. Elle récapitule donc le montant de la TVA sur les opérations soumises à la taxe réalisées par l'assujetti (l'entreprise).

La TVA déductible reprend la TVA déductible sur les achats de biens et de services, et sur les acquisitions de biens immobilisés. Elle prend également en compte l'éventuel report du crédit de TVA du mois précédent.

Les montants retenus pour le calcul de la TVA du mois et pour renseigner l'imprimé fiscal CA3 sont arrondis à l'euro le plus proche.

Le tableau de calcul peut prendre la forme suivante :

Opérations	Remarques	Montants	TVA brute		TVA déductible		
			TVA collectée	TVA autoliquidée sur importation et acquisition intra-communautaire	Sur autres biens et services	Sur immo-bilisations	Report crédit TVA du mois précédent
		Totaux					

La colonne « Opérations » indique les opérations d'achats et de ventes réalisées par l'entreprise au cours du mois.

La colonne « Remarques » précise si l'opération est soumise ou non à la TVA.

La ligne « Totaux » permet de disposer des montants utiles au calcul de la TVA du mois.

> **Exemple**
>
> La SARL Calabro, soumise au régime du réel normal, calcule le montant de la TVA mensuelle à l'aide d'un tableau. Vous disposez des données suivantes extraites des écritures comptables enregistrées au cours du mois d'octobre (toutes les données sont HT) :
> – ventes en France au taux normal (20 %) : 1 010 000 € ; au taux réduit (5,5 %) : 312 050 € ;
> – ventes en Italie : 151 210 € (les clients italiens ont fourni leurs numéros de TVA) ;
> – achats de biens et services en France au taux normal : 754 640 € ;
> – achats en France de machines-outils (immobilisations) : 107 760 € ;
> – achats en Allemagne de machines-outils (immobilisations) : 50 400 € ;
> – achats au Japon de biens au taux normal : 35 000 €.
>
> Fin septembre, la déclaration de TVA indique un crédit de TVA reporté en octobre de 10 300 €.

Calabro : calcul de la TVA à décaisser du mois d'octobre							
Éléments	Remarques	Montants	TVA brute		TVA déductible		
			TVA collectée	TVA autoliquidée sur importation et acquisition intra-communautaire	TVA déductible / ABS	TVA déductible / Immobilisations	Report Crédit TVA
Ventes en France 20 %	Soumises	1 010 000,00	202 000,00				
Ventes en France 5,5 %	Soumises	312 050,00	17 162,75				
Ventes en Italie	Livraisons intra-communautaires non soumises	151 210,00					
Achats biens et services en France	Soumis	754 640,00			150 928,00		
Achats en France Immobilisations	Soumis	107 760,00				21 552,00	
Achats en Allemagne Immobilisations	Acquisitions intracommunautaires	50 400,00		10 080,00	10 080,00		
Achats au Japon	Importations	35 000,00		7 000,00	7 000,00		
	Totaux		219 162,75	17 080,00	168 008,00	21 552,00	
	Totaux arrondis		219 163,00	17 080,00	168 008,00	21 552,00	10 300,00

La ligne « Totaux arrondis » est utilisée pour calculer le montant de la TVA du mois et renseigner l'imprimé fiscal CA3 dans lequel tous les montants sont arrondis à l'euro le plus proche.

Calcul de la TVA du mois d'octobre : $\underbrace{219\,163 + 17\,080}_{\text{TVA brute}} - \underbrace{168\,008 - 21\,552 - 10\,300}_{\text{TVA déductible}} = 36\,383$ (TVA à décaisser)

Fiche ressource 2

La déclaration de TVA : l'imprimé fiscal CA3

Toute entreprise soumise au régime réel doit utiliser les téléprocédures pour renseigner l'imprimé fiscal CA3 chaque mois (ou par trimestre civil si le montant annuel de la TVA exigible est inférieur à 4 000 €) et accompagner ce document de son règlement éventuellement.

I L'analyse de l'imprimé fiscal CA3

L'imprimé fiscal CA3 détaille le chiffre d'affaires réalisé le mois écoulé par taux de TVA. Il précise le montant de la TVA brute et celui de la TVA déductible. Par différence, apparaît le montant de la TVA à payer ou du crédit de TVA dans la dernière partie du document.

La déclaration de TVA CA3 est divisée en trois parties.

1. Cadre A : montant des opérations réalisées (extrait du formulaire CA3 p. 57)

Cette partie mentionne le montant des opérations réalisées pendant le mois. Elle distingue :

– OPÉRATIONS TAXÉES (HT) :

On peut principalement distinguer :

- **Ligne A1** – Ventes, prestations de services : il faut renseigner le montant du chiffre d'affaires réalisé en France.
- **Ligne A2** – Autres opérations imposables : il faut mentionner le montant des opérations imposables particulières qui ne constituent pas le chiffre d'affaires de l'entreprise ; principalement les cessions d'immobilisations.
- **Ligne A4** – Importations (autres que les produits pétroliers) : Cette rubrique sera pré-remplie le 14 de chaque mois à partir des données qui figurent sur les déclarations en douane ayant obtenu le bon à enlever (BAE) au cours du mois de référence M. Exemple : pour une entreprise ayant obtenu le BAE au mois de mars, la ligne A4 de la CA3 au titre du mois de mars sera pré-remplie le 14 avril et l'entreprise devra vérifier cette somme et terminer de renseigner le formulaire CA3 pour le 24 avril.
- **Ligne B2** – Acquisitions intracommunautaires : il faut mentionner le montant des achats effectués dans les pays membres de l'UE.

– OPERATIONS NON TRAXÉES :

On peut principalement distinguer :

- **Ligne E1** – Exportations hors UE : Indiquer le montant des ventes à l'exportation hors UE.
- **Ligne F2** – Livraisons intracommunautaires à destination d'une personne assujettie : Indiquer le montant des ventes réalisées avec des entreprises des pays membres de l'UE

Pour de plus de précisions sur les autres lignes vous pouvez consulter la notice à l'adresse : https://www.impots.gouv.fr/sites/default/files/formulaires/3310-ca3-sd/2022/3310-ca3-sd_3766.pdf

2. Cadre B : décompte de la TVA à payer (extrait du formulaire CA3 p. 57)

a) La TVA brute

• **Pour les opérations réalisées en France métropolitaine :** indiquer pour chaque taux la base hors taxe et l'impôt correspondant.

• **Pour les importations :** Indiquer, pour chaque taux, la base hors TVA et l'impôt correspondant. Le montant de la base imposable est pré-rempli à partir des données déclarées à la DGDDI lors des opérations d'importations. Vous pouvez corriger ce montant si besoin.

• **Ligne 15 – TVA antérieurement déduite à reverser :** mentionner les reversements de TVA, principalement sur les cessions de bâtiments non soumises à TVA.

• **Ligne 16 – Total TVA brute due :** additionner les lignes 08 à 5B

• **Ligne 17 – Dont TVA sur acquisition intracommunautaire :** mentionner le montant de la TVA correspondant à : (ligne B2 × taux de TVA)

b) La TVA déductible

• **Lignes 19 et 20** – Mentionner la TVA déductible suivant qu'il s'agit d'immobilisations ou d'autres biens et services.

• **Ligne 21 : Autres TVA à déduire :** mentionner les compléments de déductions lors de la cession de véhicules particuliers à un négociant en matériel d'occasion dans la période de régularisation ou biens la récupération de TVA sur impayés.

• **Ligne 23** – Total TVA déductible : additionner ligne 19 à 2C

• **Ligne 24** – Dont TVA déductible sur importation hors produits pétroliers : mentionner le montant de la TVA correspondant à : (ligne A4 × taux de TVA)

3. Synthèse

a) Crédit

• **Ligne 25 – Crédit de TVA :** à renseigner si (ligne 23>ligne 16)

• **Ligne 26 – Remboursement de crédit demandé sur formulaire n° 3519 joint :** à compléter si l'entreprise remplit les conditions de remboursement. (voir FR 2 §III)

• **Ligne 27 – Crédit à reporter :** à remplir si l'entreprise souhaite reporter son crédit de TVA sur la ligne 22 de la prochaine déclaration CA3

b) Taxe à payer

• **Ligne 28 – TVA nette due :** à renseigner si (ligne 16>ligne 23)

• **Ligne 32 – Total à payer :** report de la ligne 28

II Mise en pratique

Reprenons le cas de l'entreprise Calabro (fiche ressource 1). Le montant de la TVA à décaisser pour le mois d'octobre s'élève à 36 383 €.

Déclaration de TVA CA3 pour le mois d'octobre :

A MONTANT DES OPÉRATIONS RÉALISÉES

	OPÉRATIONS TAXÉES (HT.)				OPÉRATIONS NON TAXÉES		
A1	Ventes, prestations de services	0979	1 322 050	E1	Exportations hors UE	0032	
A2	Autres opérations imposables	0981		E2	Autres opérations non imposables	0033	
A3	Achats de prestations de services intracommunautaires (article 283-2 du code général des impôts)	0044		E3	Ventes à distance taxables dans un autre État membre au profit des personnes non assujetties	0047	
A4	Importations (autres que les produits pétroliers)	0056	35 000	E4	Importations (autres que les produits pétroliers)	0052	
A5	Sorties de régime fiscal suspensif (autres que les produits pétroliers)	0051		E5	Sorties de régime fiscal suspensif (autres que les produits pétroliers)	0053	
B1	Mises à la consommation de produits pétroliers	0048		E6	Importations placées sous régime fiscal suspensif (autres que les produits pétroliers)	0054	
B2	Acquisitions intracommunautaires	0031	50 400	F1	Acquisitions intracommunautaires	0055	
B3	Livraisons d'électricité, de gaz naturel, de chaleur ou de froid imposables en France	0030		F2	Livraisons intracommunautaires à destination d'une personne assujettie	0034	151 210
B4	Achats de biens ou de prestations de services réalisés auprès d'un assujetti non établi en France (article 283-1 du code général des impôts)	0040		F3	Livraisons d'électricité, de gaz naturel, de chaleur ou de froid non imposables en France	0029	
B5	Régularisations (important : cf. notice)	0036		F4	Mises à la consommation de produits pétroliers	0049	
				F5	Importations de produits pétroliers placées sous régime fiscal suspensif	0050	
				F6	Achats en franchise	0037	
				F7	Ventes de biens ou prestations de services réalisées par un assujetti non établi en France (article 283-1 du code général des impôts)	0043	
				F8	Régularisations (important : cf. notice)	0039	

> Le montant des importations pré-rempli (données déclarées à la DGDDI est à contrôler)

B DÉCOMPTE DE LA TVA À PAYER

	TVA BRUTE		Base hors taxe	Taxe due
	Opérations réalisées en France métropolitaine			
08	Taux normal 20 %	0207	1 060 400	212 080
09	Taux réduit 5,5 %	0105	312 050	17 163
9B	Taux réduit 10 %	0151		
	Opérations réalisées dans les DOM			
10	Taux normal 8,5 %	0201		
11	Taux réduit 2,1 %	0100		
	Opérations imposables à un autre taux (France métropolitaine ou DOM)			
13	Anciens taux	0900		
14	Opérations imposables à un taux particulier (décompte effectué sur annexe 3310 A)	0950		
	Produits pétroliers			
P1	Taux normal 20 %	0208		
P2	Taux réduit 13 %	0152		
	Importations			
I1	Taux normal 20 %	0210	35 000	7 000
I2	Taux réduit 10 %	0211		
I3	Taux réduit 8,5 %	0212		
I4	Taux réduit 5,5 %	0213		
I5	Taux réduit 2,1 %	0214		
I6	Taux réduit 1,05 %	0215		
15	TVA antérieurement déduite à reverser (dont TVA sur les produits pétroliers ……) (dont TVA sur les produits importés hors produits pétroliers ……)	0600		
5B	Sommes à ajouter, y compris acompte congés (exprimées en euro)	0602		
16	Total de la TVA brute due (lignes 08 à 5B)			236 243
17	Dont TVA sur acquisitions intracommunautaires	0035		10 080
18	Dont TVA sur opérations à destination de Monaco	0038		

La ligne 11 ne concerne que les DOM.
Les autres opérations relevant du taux de 2,1 % sont déclarées sur l'annexe 3310 A-SD.

> Les opérations imposables (cadre A) sont réparties par taux.

> Le montant est pré-rempli (voir ligne A4).

> La TVA intracommunautaire (ligne 17) se calcule à partir de la donnée de la ligne B2.

	TVA DÉDUCTIBLE		
19	Biens constituant des immobilisations	0703	21 552
20	Autres biens et services	0702	168 008
21	Autre TVA à déduire (dont régularisation de : - TVA sur les produits pétroliers : - TVA sur les produits importés hors produits pétroliers : - TVA collectée sur autres produits ou PS [cf. notice] ou déductible :	0059	
22	Report du crédit apparaissant ligne 27 de la précédente déclaration	8001	10 300
2C	Sommes à imputer, y compris acompte congés (exprimées en euro)	0603	
22A	Indiquer le coefficient de taxation unique applicable pour la période s'il est différent de 100 ……… %		
23	Total TVA déductible (ligne 19 à 2C)		199 860
24	Dont TVA déductible sur importations hors produits pétroliers	0710	7 000
2E	Dont TVA déductible sur les produits pétroliers	0711	

> Report du crédit de TVA de septembre

> La TVA déductible sur importations (ligne 24) se calcule à partir de la donnée de la ligne A4.

	CRÉDIT				TAXE À PAYER		
25	Crédit de TVA (ligne 23 – ligne 16)	0705		28	TVA nette due (ligne 16 – ligne 23).		36 383
26	Remboursement de crédit demandé sur formulaire n° 3519 joint	8002		29	Taxes assimilées calculées sur annexe n° 3310 A-SD	9979	
AA	Crédit de TVA transféré à la société tête de groupe sur la déclaration récapitulative 3310-CA3G	8005		AB	Total à payer acquitté par la société tête de groupe sur la déclaration récapitulative 3310-CA3G (lignes 28 + 29)	9991	
27	Crédit à reporter (ligne 25 – ligne 26 – ligne AA) (Cette somme est à reporter ligne 22 de la prochaine déclaration)	8003		32	Total à payer (lignes 28 + 29 – AB) (N'oubliez pas de joindre le règlement correspondant)		36 383

Attention ! Une situation de TVA créditrice (ligne 25 servie) ne dispense pas du paiement des taxes assimilées déclarées ligne 29.

> La TVA nette due est obtenue par différence entre le total de la TVA brute (ligne 16) et le total de la TVA déductible (ligne 23). En cas de crédit de TVA, seule la partie située à gauche serait renseignée.

III La gestion du crédit de TVA

Le crédit de TVA mentionné en ligne 25 de la déclaration CA3 est soit reporté sur la déclaration de TVA du mois suivant, soit remboursé sous certaines conditions.

1. Le report du crédit de TVA : le régime normal

L'entreprise imputera le crédit sur la prochaine déclaration de TVA CA3, en inscrivant le montant à la ligne 27, « Crédit à reporter ».
Sur la déclaration du mois suivant, ce montant sera reporté à la ligne 22, « Report du crédit apparaissant ligne 27 de la précédente déclaration ».

2. La demande de remboursement du crédit de TVA : le régime exceptionnel

Une entreprise placée sous le régime du réel normal de TVA peut demander le remboursement immédiat de son crédit de TVA dès lors qu'il excède 760 € pour les onze premiers mois de l'année (ou pour les trimestres si l'entreprise déclare par trimestre). Pour le mois de décembre (ou la fin du quatrième trimestre civil), le remboursement est possible si le crédit de TVA est au moins égal à 150 €.

La demande de remboursement est effectuée en même temps que la déclaration de TVA. Pour cela, un imprimé spécial n° 3519 « Demande de remboursement de crédits de taxes » doit être rempli et joint à la déclaration mensuelle ou trimestrielle. Lorsqu'il s'agit de la première demande de remboursement, l'entreprise doit également joindre un RIB.

Pour obtenir le remboursement, il convient d'indiquer, à la ligne 26 de la déclaration de TVA CA3, « Remboursement demandé sur formulaire n° 3519 joint », le montant dont l'entreprise souhaite obtenir le remboursement.

La demande de remboursement du crédit de TVA s'effectue par télétransmission sur le site www.impots.gouv.fr, rubrique « Professionnels ».

L'imprimé n° 3519 comprend trois pages :
- la page 1 est ventilée en deux parties :
– la partie I permet l'identification de l'entreprise,
– la partie II permet notamment à l'entreprise de préciser le montant du remboursement demandé :

II. DEMANDE DE REMBOURSEMENT

■ Montant du remboursement demandé .... R ....

Attention : pour que votre demande soit recevable, le montant dont le remboursement est demandé doit figurer obligatoirement sur la ligne 26 de la déclaration CA3. Le montant porté en ligne 26 ne peut plus faire l'objet d'une imputation (article 242-0 E de l'annexe II au Code général des impôts.

OBSERVATION : Avant de remplir cet imprimé, il vous est conseillé de consulter les explications fournies page 2.
Pour tout renseignement complémentaire, vous pouvez prendre contact avec le service des impôts dont vous dépendez.

Le soussigné *(nom, prénom, qualité)* ....

atteste que l'entreprise présentant cette demande est à jour dans le dépôt de ses déclarations de taxe sur la valeur ajoutée et taxes assimilées.

Il sollicite le remboursement de la somme de *(en chiffres)* : .... €
– à créditer au compte désigné .... ☐ } cocher selon le choix
– à imputer sur une échéance future (3) .... ☐
et réduit, à due concurrence du crédit à reporter sur la prochaine déclaration.

A .... le ....
Signature de la personne habilitée à engager l'entreprise
(représentant légal ou personne mandatée) :

(2) Demande déposée suite à :
☐ 1ère demande (création le ....)
☐ cession, cessation, décès le ....
☐ autres

2015 01 xxxxx PO – *(SDNC-DGFiP 993)* – Janvier 2015

– la page 2 précise les conditions et modalités de la demande de remboursement ;
– la page 3 donne l'avis du service qui va instruire la demande et la décision (favorable ou défavorable) de l'administration fiscale.

Fiche ressource 3

La déclaration et le paiement de la TVA – Les enregistrements comptables

Depuis le 1er octobre 2014, toutes les entreprises doivent procéder à la télédéclaration et au télérèglement de leur TVA. On parle de téléprocédures. Celles-ci entraînent des enregistrements comptables dans le journal des opérations diverses.

I Les téléprocédures

Les textes suivants précisent les conditions des téléprocédures (déclaration et paiement dématérialisés) :
– l'article 1649 quater B quater du CGI pour l'obligation de télédéclarer la TVA et de télétransmettre les demandes de remboursement de crédit de TVA ;
– l'article 1695 quater du CGI pour l'obligation de télérégler la TVA.

1. Comment utiliser les téléprocédures ?

Sur le site www.impots.gouv.fr, rubrique « Professionnels », l'assujetti (l'entreprise) crée son « Espace abonné ». Dans cet espace, il peut adhérer au service « Payer » (mode EFI), visualiser ses déclarations et suivre ses paiements. L'entreprise peut s'adresser à un prestataire (cabinet d'expertise comptable ou centre de gestion agréé) qui effectuera, pour son compte, les démarches relatives à ses obligations en matière de TVA (mode EDI).

2. Les sanctions en cas de non-respect des obligations

En cas de non-respect des obligations de déclaration et de paiement, l'assujetti peut être condamné au paiement d'une amende fiscale et au versement d'un intérêt de retard.
Si l'entreprise ne dépose pas ses déclarations de TVA dans les délais (la date est précisée par le centre des impôts compétent), elle s'expose à une majoration de 10 % (CGI, art. 1728).
Si l'entreprise ne paie pas la TVA dans les délais, elle encourt une pénalité de recouvrement de 5 % (CGI, art. 1731).

II Les enregistrements comptables

Les enregistrements comptables relatifs à la TVA s'opèrent en deux étapes.

1. La déclaration de TVA

La déclaration au titre d'un mois est adressée à l'administration fiscale le mois suivant. Elle est fréquemment enregistrée à la fin du mois concerné.
La déclaration de TVA consiste à solder tous les comptes de TVA utilisés au cours du mois (TVA déductible lors des achats, TVA collectée lors des ventes, TVA due intracommunautaire, crédit de TVA du mois précédent) afin de faire apparaître soit le compte « TVA à décaisser », soit le compte « Crédit de TVA ».

Le jeu d'écritures est le suivant :

Débit	Crédit	Fin de mois	Débit	Crédit
44571		État – TVA collectée	X	
44520		TVA due intracommunautaire	X	
445..		TVA sur importations	X	
	44567	Crédit TVA septembre		X
	44566	TVA déductible / ABS		X
	44562	TVA déductible / immobilisations		X
	44551	TVA à décaisser		X
658		Autres charges (ou autres produits) de gestion courante	X	X
	ou 758			X
		Déclaration de TVA CA3, mois …		

NB : 4456.. : à créer pour la TVA déductible sur acquisitions intracommunautaires ou importations.

Pour le calcul de la TVA et le renseignement de la déclaration CA3, tous les montants sont arrondis à l'euro le plus proche. En revanche, pour les écritures comptables, les montants avec deux décimales sont retenus. Cela entraîne un déséquilibre au niveau des montants débités et des montants crédités. Celui-ci est corrigé par l'utilisation :
– du compte 658 au débit si le total des montants au crédit est supérieur au total des montants au débit ;
– du compte 758 au crédit si le total des montants au crédit est inférieur au total des montants au débit.

Dans le cas d'un crédit de TVA à la fin du mois, le compte 4451 n'est pas utilisé (il n'existe pas de dette envers le Trésor public) ; le compte 44567 enregistre au débit le montant du crédit de TVA du mois (créance envers le Trésor). Le compte 44567 peut donc être utilisé deux fois en cas de report de crédit de TVA du mois précédent (au crédit) et de constatation d'un crédit de TVA à la fin du mois (au débit).

2. Le paiement de la TVA

Le paiement de la taxe due est concomitant à l'envoi de la déclaration ; il est donc enregistré dans le courant du mois qui suit le mois (par exemple, la TVA de juillet sera réglée en août). Il s'effectue par télérèglement. L'enregistrement comptable du paiement de la TVA consiste à solder le compte 44551 par le compte « Banque ».

		Date de la paiement		
44551		TVA à décaisser	X	
	512	Banque		X
		CA3 paiement		

Exemple

Reprenons le cas de l'entreprise Calabro (fiches ressources 1 et 2). Les écritures relatives à la TVA du mois d'octobre sont les suivantes :

		30/10/N		
44571		État – TVA collectée	219 162,75	
44520		TVA due intracommunautaire	10 080,00	
445..		TVA sur importations	7 000,00	
	44567	Crédit TVA septembre		10 300,00
	4456..	TVA déductible sur intracom et importations		17 080,00
	44566	TVA déductible / ABS		150 928,00
	44562	TVA déductible / immobilisations		21 552,00
	44551	TVA à décaisser		36 383,00
658		Autres charges de gestion courante	0,25	
		Déclaration de TVA CA3, octobre		

Déclaration de la TVA adressée au service des impôts en novembre, enregistrée fin octobre
Le total des montants au débit est égal à 236 242,75 € alors que le total des montants au crédit est égal à 236 243 €. La différence (0,25 €) est donc à porter au débit du compte 658.

Paiement de la TVA (en novembre)

		24/11/N		
44551		TVA à décaisser	36 383,00	
	512	Banque		36 383,00
		CA3 octobre, paiement		

Le compte 44551 est soldé.

Applications

1 Calcul de la TVA nette – Imprimé fiscal CA3 – Enregistrements comptables

La SARL Bama, dont l'activité est la vente de marchandises en France et à l'étranger, vous demande d'effectuer sa déclaration de TVA du mois de décembre. Elle est soumise au régime du réel normal (déclaration mensuelle CA3). Le taux de TVA à retenir est le taux normal.
La balance indique fin novembre :
Compte 44567 « Crédit de TVA à reporter » : 8 660 €
Vous êtes associé(e) aux opérations relatives à la TVA. Vous téléchargerez l'imprimé fiscal CA3 sur le site www.impots.gouv.fr, rubrique « Professionnels ».

1. **Expliquer les conséquences du choix des prestataires de services en matière de TVA pour Bama.**
2. **Calculer le montant de la TVA nette du mois de décembre. Justifier le raisonnement pour chaque donnée.**
3. **Renseigner l'imprimé fiscal CA3 pour le mois de décembre.**
4. **Proposer les écritures comptables relatives à la TVA nette de décembre.**

Document Données du mois de décembre

Toutes les écritures comptables relatives aux opérations d'achats et de ventes ont été correctement enregistrées dans les journaux de l'entreprise.

- **Achats HT**
  - En Belgique : 22 577 € (marchandises)
  - En Russie : 18 700 € (marchandises). Les opérations de dédouanement ont été correctement enregistrées en comptabilité.
  - En France :
    - 44 000 € (marchandises)
    - 12 500 € (services divers). Les prestataires de services ont tous opté pour la TVA sur les débits.
    - 28 000 € (machine-outil)
  - En Allemagne : 41 000 € (machine-outil)
- **Ventes HT**
  - En France : 324 676 €
  - Aux États-Unis : 12 320 €
  - En Espagne : 6 700 €

2 Calcul de la TVA nette – Imprimé fiscal CA3 – Enregistrements comptables – Gestion du crédit de TVA

La SARL Arac, dont l'activité est la vente de marchandises en France et à l'étranger, vous demande d'effectuer sa déclaration de TVA du mois de septembre. Les marchés situés à l'étranger sont porteurs ; ils permettent à l'entreprise de se développer. Plusieurs fournisseurs sont situés en Chine. L'entreprise est soumise au régime du réel normal (déclaration mensuelle CA3). Le taux de TVA à retenir est le taux normal.
La balance indique fin août :
Compte 44551 « TVA à décaisser » : 18 760 €
Vous êtes associé(e) aux opérations relatives à la TVA. Vous téléchargerez l'imprimé fiscal CA3 sur le site www.impots.gouv.fr, rubrique « Professionnels ».

1. **Calculer le montant de la TVA nette du mois de septembre. Justifier le raisonnement pour chaque donnée.**
2. **Renseigner l'imprimé fiscal CA3 pour le mois de septembre.**
3. **Proposer les écritures comptables relatives à la TVA nette de septembre.**

Vous constatez l'existence d'un crédit de TVA fin septembre. Le dirigeant de la SARL Arac vous indique que cette situation devrait se reproduire pendant plusieurs mois en raison des ventes à l'étranger prévues pour le dernier trimestre de l'année civile.

4. **Proposer une gestion pertinente du crédit de TVA de septembre et de ceux probables de chaque mois jusqu'à décembre.**

Document 1 Les achats et les ventes du mois de septembre N

Toutes les écritures comptables relatives aux opérations d'achats et de ventes ont été correctement enregistrées dans les journaux de l'entreprise.

• **Achats HT**
– En Belgique et en Espagne : 53 217 € (marchandises)
– En Chine : 187 530 € (marchandises). Les opérations de dédouanement ont été correctement enregistrées en comptabilité.
– En France :
  - 95 600 € (marchandises)
  - 5 200 € (fournitures diverses)
  - 38 070 € (services divers). Les prestataires de services ont tous opté pour la TVA sur les débits.
  - 3 654 € (services divers). Les prestataires de services n'ont pas opté pour la TVA sur les débits. L'entreprise a réglé en septembre 2 828,40 € au titre de ces achats de services (crédit du compte « Banque »).

• **Ventes HT**
– En France : 171 346 €
– En Suisse : 56 354 €
– En Italie : 80 120 €

Document 2 Les opérations relatives aux biens immobilisés

• En septembre, un véhicule de transport de personnes (4 places) a été cédé à un négociant en biens d'occasion assujetti à la TVA pour 10 000 € HT. Ce véhicule a été acquis en mars N-2 pour 22 680 € TTC.

• Acquisition en septembre d'un matériel industriel auprès d'un fournisseur situé en France. La facture précise les éléments suivants :
– prix catalogue : 37 000 € ; une remise de 10 % est accordée ;
– frais de transport : 1 000 € ;
– frais de mise en service (installation, essais divers): 1 700 €.

3 Gérer la déclaration de TVA

La SA Sanau fabrique des chaussures de qualité. Son activité est internationale, notamment vers l'Italie en raison de sa proximité géographique. Le responsable comptable vous demande d'effectuer la déclaration de TVA du mois de mai. Elle est soumise au régime du réel normal (déclaration mensuelle CA3). Le taux de TVA à retenir est le taux normal, sauf indication contraire. La déclaration de TVA du mois d'avril indique un crédit de 8555 €.
Vous téléchargerez, sur le site www.impots.gouv.fr, rubrique « Professionnels », l'imprimé fiscal CA3.

1. **Proposer les écritures comptables lors de la cession des actifs immobilisés.**
2. **Calculer le montant de la TVA nette du mois de mai. Justifier le raisonnement pour chaque donnée.**
3. **Renseigner l'imprimé fiscal CA3 pour le mois de mai.**
4. **Proposer les écritures comptables relatives à la TVA nette de mai.**

Le comptable de l'entreprise informe le dirigeant que, lors de la cession du bâtiment, une option en matière de TVA est possible. Le dirigeant se demande en quoi consiste cette option et quelles seraient ses conséquences pour l'entreprise. Il souhaite que vous l'éclairiez à ce sujet.

5. **Répondre à l'interrogation du dirigeant de l'entreprise sous la forme d'une note structurée.**

Document 1 Les achats et les ventes du mois de mai N

Toutes les écritures comptables relatives aux opérations d'achats et de ventes ont été correctement enregistrées dans les journaux de l'entreprise.

- **Achats HT**
– En Italie : 27 600 € (matières premières)
– En France :
  - 289 328 € (matières premières)
  - 19 000 € (prestations de services facturées et réglées en mai). Les prestataires concernés n'ont pas opté pour la TVA sur les débits.
  - 28 755 € (prestations de services facturées en mai, réglées en juin). Les prestataires concernés ont opté pour la TVA sur les débits.
  - 3 200 € (prestations de services facturées en mai, soumises au taux de TVA de 10 %). Les prestataires concernés ont opté pour la TVA sur les débits.
  - 165 € (simple assemblage de fleurs coupées qui bénéficient du taux de 10 % destinées à décorer le hall d'entrée de l'entreprise)
  - 700 € (cadeaux destinés à des clients étrangers, valeur unitaire du cadeau : 70 €)

- **Ventes HT**
– En France : 371 917 €
– En Norvège (hors UE) : 31 400 €
– En Italie : 187 345 €
– En Espagne : 38 305 €
Les partenaires membres de l'Union européenne ont fourni leur numéro de TVA.

Document 2 Les opérations d'investissement et de cession d'actifs

Au cours du mois de mai N, l'entreprise a procédé à plusieurs acquisitions et cessions de biens durables. Les écritures de cessions n'ont pas été enregistrées.
– Un véhicule de tourisme, enregistré au débit du compte 2182 en N-3 (taux de TVA en vigueur : 20 %) pour 23 460 €, a été cédé à un négociant en biens d'occasion. Ce dernier est assujetti à la TVA. Prix de cession HT : 8 200 €.
– Un meuble destiné au stockage des produits, détenu depuis N-6, a été vendu à une entreprise 975 € HT.
– Un petit bâtiment acquis en N-7 a été cédé à un particulier pour 110 000 €. Aucune option concernant la TVA sur cette cession n'a été formulée par l'entreprise. Le montant enregistré au débit du compte 2131 en N-7 est de 85 500 € (taux de TVA en N-7 : 20 %).
– Un photocopieur et un outil industriel ont été acquis pour une valeur globale de 68 200 €.
– L'entreprise a fabriqué une machine pour équiper ses ateliers. Le coût de production (prélèvement sur les stocks de matières premières, coût des salariés de l'entreprise pour le temps passé à la fabrication de la machine) est égal à 37 500 €.

4 Analyser le cadre A d'une déclaration de TVA

Le cabinet d'expertise qui vous accueille en stage souhaite vous tester en matière de TVA.
À cet effet, il vous est demandé d'analyser le document ci-après.

Analyser le document. Proposer une explication pour le montant de 8 000 € (ligne 2).

Document **Extrait de la déclaration de TVA**

A	MONTANT DES OPÉRATIONS RÉALISÉES						
	OPÉRATIONS TAXÉES (HT.)				**OPÉRATIONS NON TAXÉES**		
A1	Ventes, prestations de services	0979	169 011	E1	Exportations hors UE	0032	25 270
A2	Autres opérations imposables	0981	8 000	E2	Autres opérations non imposables	0033	
A3	Achats de prestations de services intracommunautaires (article 283-2 du code général des impôts)	0044		E3	Ventes à distance taxables dans un autre État membre au profit des personnes non assujetties	0047	
A4	Importations (autres que les produits pétroliers)	0056	19 000	E4	Importations (autres que les produits pétroliers)	0052	
A5	Sorties de régime fiscal suspensif (autres que les produits pétroliers)	0051		E5	Sorties de régime fiscal suspensif (autres que les produits pétroliers)	0053	
B1	Mises à la consommation de produits pétroliers	0048		E6	Importations placées sous régime fiscal suspensif (autres que les produits pétroliers)	0054	
B2	Acquisitions intracommunautaires	0031	37 800	F1	Acquisitions intracommunautaires	0055	
B3	Livraisons d'électricité, de gaz naturel, de chaleur ou de froid imposables en France	0030		F2	Livraisons intracommunautaires à destination d'une personne assujettie	0034	13 120
B4	Achats de biens ou de prestations de services réalisés auprès d'un assujetti non établi en France (article 283-1 du code général des impôts)	0040		F3	Livraisons d'électricité, de gaz naturel, de chaleur ou de froid non imposables en France	0029	
B5	Régularisations (important : cf. notice)	0036		F4	Mises à la consommation de produits pétroliers	0049	
				F5	Importations de produits pétroliers placées sous régime fiscal suspensif	0050	
				F6	Achats en franchise	0037	
				F7	Ventes de biens ou prestations de services réalisées par un assujetti non établi en France (article 283-1 du code général des impôts)	0043	
				F8	Régularisations (important : cf. notice)	0039	

Chapitre 5

TVA : franchise de TVA et régime du réel simplifié d'imposition

Activité	Composantes d'activité	Compétences	P7	Vers Pix
3.2. Traitement des opérations relatives à la TVA	**3.2.2.** Établissement, contrôle et transmission de la déclaration de TVA **3.2.3.** Enregistrement comptable de la déclaration de TVA **3.2.4.** Conseils en matière de régime et d'options de TVA	– Établir, contrôler les déclarations régulières de TVA – Effectuer l'enregistrement comptable de la déclaration de TVA et les paiements correspondants – Formuler des conseils en matière de régime de TVA	Extraction de données du PGI nécessaire au traitement de la TVA avec un tableur et enregistrement des écritures	**1.3.** Traiter des données **3.1.** Développer des documents textuels

Situation professionnelle

M. Renaud a créé en 2021 son entreprise individuelle de distribution de produits biologiques, Prim'Bio. Le développement de son activité auprès d'une clientèle de restaurateurs ainsi que des opportunités de commercialisation de nouveaux produits ont généré une croissance du chiffre d'affaires.
Cette évolution positive amène M. Renaud à changer de régime fiscal. Ses nouvelles obligations comptables et fiscales, notamment en matière de TVA, le conduisent à faire appel au cabinet d'expertise comptable ExpertPlus. L'expert-comptable lui propose la mise en place d'une organisation comptable afin de faciliter la tenue de la comptabilité et le suivi des déclarations fiscales.

Mission

Stagiaire dans le cabinet d'expertise comptable ExpertPlus, vous êtes associé(e) au suivi du dossier de l'entreprise Prim'Bio, et plus particulièrement aux tâches relatives à la gestion de la TVA. Afin de vous familiariser avec ce dossier, vous prenez connaissance de l'historique de cette entreprise.

Travail à faire

I Le régime de la franchise en base de TVA

M. Renaud, qui a créé l'EIRL Prim'Bio, s'interroge sur ses obligations en matière de TVA.

1. Indiquer le régime fiscal dont relève l'entreprise en matière de TVA pour l'exercice 2021. Justifier votre réponse.

2. Préciser les caractéristiques de ce régime de TVA.

3. Indiquer la mention que doit faire figurer M. Renaud sur ses factures. Préciser quelle est son utilité.

4. Indiquer si M. Renaud doit obligatoirement renoncer au régime de la franchise à la fin de l'année 2021.

5. Présenter sous forme de mail la réponse argumentée que le collaborateur vous charge de rédiger.

Annexe 1
Annexe 2
Fiche ressource 1

II La détermination de la TVA due au titre de l'exercice 2022

Prim'Bio clôture son exercice comptable au 31/12/2022. Sur les conseils de l'expert-comptable M. Arto, l'entreprise est assujettie à la TVA au titre du réel simplifié d'imposition depuis le 01/01/2022.
M. Renaud souhaite obtenir des renseignements sur ses obligations comptables et fiscales en matière de TVA.

6. Préciser les particularités du régime du réel simplifié d'imposition en matière de TVA, par comparaison au régime du réel normal.

7. Identifier, dans l'extrait de la balance des comptes, le compte de TVA spécifique au régime du réel simplifié d'imposition.

8. Préciser le montant total des acomptes versés par l'EIRL Prim'Bio au titre de l'exercice 2022.

P7 **9.** Justifier le choix de subdiviser le compte de TVA collectée lors du paramétrage du plan de comptes de l'entreprise sur le PGI. Vérifier le solde respectif des deux comptes de TVA collectée.

P7 **10.** Procéder à la détermination de la TVA due et du solde de TVA restant à payer au titre de l'exercice 2022, sur tableur.

Annexe 3
Annexe 4
Annexe 5
Fiche ressource 2

III La déclaration CA12 et sa comptabilisation au titre de l'exercice 2022

Courant avril 2023, le collaborateur du cabinet procède à l'établissement de la déclaration CA12 au titre de l'exercice 2022 pour l'EIRL Prim'Bio et à son enregistrement comptable.

Annexe 5
Annexe 6
Fiche ressource 2

11. **Préciser la date limite à laquelle doivent être effectués la télédéclaration et le télépaiement.**

12. **Justifier les sommes mentionnées sur chacune des lignes des cadres I, II et III de l'imprimé CA12 généré par le PGI.**

13. **Procéder à l'enregistrement comptable dans les journaux appropriés de la télédéclaration et du télépaiement.**

14. **Expliquer dans quel contexte l'entreprise doit renseigner les lignes « a » ou « b » du cadre « VI – Demande de remboursement » de la déclaration CA12.**

IV Le calcul et la déclaration des acomptes versés en 2023

Vous êtes maintenant associé(e) au travail sur le calcul et le suivi des acomptes de TVA à verser en 2023. Vous procédez à la préparation sur imprimé papier des téléprocédures liées aux acomptes de TVA.

Annexe 6
Annexe 7
Annexe 8
Fiche ressource 2
Fiche ressource 3

15. **Vérifier la base de calcul de ces acomptes qui figure ligne 57 du cadre « V – Récapitulation » de l'imprimé CA12 de 2022.**

P7 **16.** **Calculer, sur tableur, le montant prévisionnel de chacun des acomptes à verser en 2023.**

17. **Proposer une réduction du montant du premier acompte compte tenu de la TVA réellement due au titre du premier semestre 2023. D'après l'investissement réalisé au cours du premier semestre, quelle autre solution aurait pu être envisagée pour améliorer la trésorerie de l'entreprise ?**

P7 **18.** **Télécharger et renseigner l'imprimé 3514 « Avis d'acompte – Régime simplifié » pour le premier acompte 2023 compte tenu de la modulation calculée précédemment.**

19. **Préciser pour quelle raison le montant du deuxième acompte n'a pu être modulé à la baisse.**

P7 **20.** **Télécharger et renseigner l'imprimé 3514 « Avis d'acompte – Régime simplifié » pour le deuxième acompte 2023.**

21. **Enregistrer, pour chacun de ces acomptes, les écritures nécessaires dans les journaux appropriés.**

Données de la situation

Annexe 1 Données à la création de l'entreprise Prim'Bio

En 2021, M. Renaud, salarié de la grande distribution, crée son entreprise.

Projet professionnel	Créer une entreprise de distribution de produits biologiques : Prim'Bio.
Statut juridique	EIRL
Clientèle visée	Ménages
Fournisseurs	Par l'intermédiaire de la chambre d'agriculture, M. Renaud a pris contact avec un réseau de producteurs biologiques locaux qui cherchent à diversifier la commercialisation de leurs produits.
Chiffre d'affaires	La CCI a évalué le chiffre d'affaires prévisionnel à 70 000 €. L'exercice comptable 2021 dégage finalement un chiffre d'affaires de 89 800 €.

Annexe 2 Projets d'évolution de l'entreprise Prim'Bio

M. Renaud a pour objectif de diversifier sa clientèle en s'adressant aux restaurateurs de sa commune. Pour ce faire, il lui faut envisager l'acquisition d'une nouvelle chambre froide.

Il demande conseil à son ami, M. Arto.

De	renaudbio@sfr.fr
À	expertplus@orange.fr
Date	12/12/2021
Objet	Conseil sur l'évolution de mon entreprise

Monsieur,

Je vous remercie pour les conseils que vous avez pu me donner pour créer mon entreprise.

Aujourd'hui, après un an d'exploitation, mes ventes ont évolué très favorablement pour atteindre environ 90 000 € pour 2021.

Jusqu'à présent, je n'ai pas eu à me soucier de la TVA, mais voilà qu'à deux reprises, la spécificité de mon régime au regard de la TVA semble être un inconvénient majeur pour le développement de mon entreprise.

En effet, j'ai été contacté par des restaurateurs sensibles à la qualité des produits qui souhaitaient s'approvisionner en fruits et légumes. Je n'ai pas pu conclure de ventes avec eux au prétexte que je ne facture pas de TVA.

De plus, pour faire face à l'augmentation d'activité, je souhaiterais acquérir une chambre froide, mais le fournisseur m'annonce un prix TTC de 3 108 € et m'indique que, dans ma situation actuelle, je ne peux pas récupérer le montant de la TVA facturée (soit 518 €).

Pouvez-vous m'expliquer ma situation actuelle au regard de la TVA et s'il existe une solution pour pouvoir accéder au marché des restaurateurs et faciliter mes investissements ?

Merci pour vos conseils.

Cordialement,

Florian Renaud

Annexe 3 **Évolution de l'entreprise Prim'Bio**

Depuis le 01/01/2022, M. Renaud, exploitant de l'EIRL Prim'Bio, relève du régime du réel simplifié. En effet, compte tenu de l'évolution de son chiffre d'affaires et de son assujettissement à la TVA, le cabinet ExpertPlus lui a conseillé d'opter pour une imposition au réel simplifié dès l'exercice comptable 2022. Il a élargi sa clientèle aux professionnels en livrant quelques restaurants de sa commune. De plus, sa gamme de produits s'est enrichie puisqu'il propose aussi à la vente du vin biologique et des confiseries.

Annexe 4 **Organisation mise en place par le cabinet ExpertPlus**

Suite à un entretien avec M. Renaud, l'expert-comptable a établi une lettre de mission qui précise, notamment, que le cabinet s'occupera à compter du 01/01/22 :
- de la tenue totale de la comptabilité ;
- du secrétariat juridique ;
- de l'établissement des déclarations fiscales ;
- de l'établissement des comptes annuels ;
- de la paie et du social ;
- de l'attestation sur la cohérence et la vraisemblance des comptes.

Le cabinet ExpertPlus a organisé l'enregistrement comptable des différentes opérations réalisées par l'EIRL Prim'Bio de la façon suivante :
- un journal des achats (AC) pour l'enregistrement des achats de biens et services ainsi que pour l'acquisition des immobilisations ;
- un journal des ventes (VE) pour l'enregistrement de toutes les ventes effectuées à crédit, par l'intermédiaire d'un compte client individualisé par un compte de tiers ;
- un journal de banque (BA) pour l'enregistrement de toutes les opérations (recettes/dépenses) effectuées par l'intermédiaire du compte en banque professionnel ;
- un journal de caisse (CA) pour toutes les opérations de recettes/dépenses effectuées par l'intermédiaire de la caisse, y compris toutes les ventes au comptant de l'entreprise ;
- un journal d'opérations diverses (OD) pour toutes les autres opérations (bulletins de paie, charges sociales, déclarations de TVA, opérations d'inventaire...).

Au niveau de la TVA, afin de générer automatiquement l'imprimé CA12, les comptes utilisés permettent une ventilation de la TVA exigible par taux de TVA ainsi que l'identification de la TVA déductible sur biens et services et sur investissement. De même, les comptes de ventes sont ventilés par taux de TVA.

Annexe 5 **Extrait de la balance globale des comptes au 31/12/2022**

N^os^ de compte	Intitulé des comptes	Solde débiteur	Solde créditeur
[...]	[...]	[...]	[...]
4456200	TVA sur immobilisations	980,02	
4456600	TVA sur autres biens et services	8 776,25	
4457155	TVA collectée 5,5 %		7 480,42
4457120	TVA collectée 20 %		5 500,01
4458100	Acomptes – Régime simplifié d'imposition	1 672,00	
[...]	[...]	[...]	[...]
7071000	Ventes de fruits et légumes		136 007,64
7072010	Ventes de vin		22 200,05
7072020	Ventes de confiseries		5 300,00
[...]	[...]	[...]	[...]

Remarque : du fait du changement de régime en matière de TVA, passage de la franchise en base au réel simplifié, le montant des acomptes dus au titre de l'exercice 2022 a fait l'objet d'une évaluation par l'expert-comptable.

Annexe 6 Déclaration CA12 au titre de l'exercice 2022

DIRECTION GÉNÉRALE DES FINANCES PUBLIQUES

cerfa

N°11417*19
FORMULAIRE OBLIGATOIRE
en vertu des dispositions
des articles 242 sexies
et 242 septies A
de l'annexe II au CGI

Liberté • Égalité • Fraternité
RÉPUBLIQUE FRANÇAISE

N°3517-S-SD

RÉGIME SIMPLIFIÉ

TAXE SUR LA VALEUR AJOUTÉE ET TAXES ASSIMILÉES

CA12 *(1)*
~~CA 12 E (2)~~

DÉCLARATION RELATIVE À L'EXERCICE OU À LA PERIODE DU ..01 / ..01 / 2022. AU ..31 / .12. / 2022.

Horaires d'ouverture sur www.impots.gouv.fr, rubrique « Contact »

Cette déclaration doit obligatoirement être renvoyée **au plus tard le 3 mai 2023** (clôture au 31/12/2022) ou **dans les trois mois de la clôture de l'exercice** (clôture en cours d'année) (CGI, ann II, art. 242 septies A)

Identification du destinataire	Nom ou dénomination	EIRL PRIM'BIO
	Adresse	2 rue de la Plage 06410 BIOT

Rayer les indications imprimées par ordinateur qui ne correspondent plus à la situation exacte de l'entreprise, ***rectifiez-les en rouge****.*

SIE	Numéro de dossier	Clé	Période	CM	OPT	Code service	Régime

N° d'identification de l'établissement (SIRET) |_|_|_|_|_|_|_|_|_|_| |_|_|_|_|_|

N° de TVA intracommunautaire |_|_| |_|_| |_|_|_|_|_|_|_|_|_|_|

(1) Si vous clôturez votre exercice en cours d'année, rayez la mention CA 12 (en haut à droite).

(2) Si vous clôturez votre exercice le 31 décembre, rayez la mention CA 12 E (en haut à droite).

Si vous n'avez à remplir aucune ligne de ce formulaire (déclaration « néant »), veuillez cocher la case à droite 0010 ☐

MODALITÉS DE DÉCLARATION ET DE PAIEMENT

ATTENTION : ne portez pas de centimes d'euro (l'arrondissement s'effectue à l'unité la plus proche : les fractions d'euro inférieures à 0,50 sont négligées, celles supérieures ou égales à 0,50 sont comptées pour 1).

PAIEMENT, DATE, SIGNATURE

Date : .....03/05/2023... Signature : Renaud

Téléphone : ....

Paiement par virement bancaire : ☒

Paiement par imputation * : ☐

* (joindre l'imprimé n° 3516 disponible sur www.impots.gouv.fr ou auprès de votre service des impôts).

RÉSERVÉ À L'ADMINISTRATION

Somme :	**Date :**	
	N° PEC	|_|_|_|_|_|_|_|
	N° d'opération	|_|_|_|_|_|_|_|

Pénalités	
Taux 5 %	9005
Taux %	9006
Taux %	9007

Date de réception

CADRE RÉSERVÉ À LA CORRESPONDANCE

N'hésitez pas à prendre contact avec votre service des impôts, s'il vous manque une indication pour remplir cette déclaration. Vous pouvez également vous reporter à la notice, si vous souhaitez des informations sur la TVA intracommunautaire, le coefficient de taxation ou l'euro.

MINISTÈRE DE L'ACTION
ET DES COMPTES PUBLICS

– 1 –

Annexe 6 Suite

	I – TVA BRUTE						
	OPÉRATIONS NON IMPOSABLES		**Base hors taxe**		**OPÉRATIONS NON IMPOSABLES**		**Base hors taxe**
01	Achats en franchise	0037	....	4B	Ventes de biens ou prestations de services réalisées par un assujetti non établi en France (article 283-1 du code général des impôts)	0043	....
02	Exportations hors UE	0032	....				
03	Autres opérations non imposables	0033	....				
3A	Ventes à distance taxables dans un autre État membre au profit de personnes non assujetties – Ventes BtoC	0047	....	4D	Livraisons d'électricité, de gaz naturel, de chaleur ou de froid non imposables en France	0029	....
04	Livraisons intracommunautaires à destination d'une personne assujettie – Ventes BtoB	0034	....				

	OPÉRATIONS IMPOSABLES		***Base hors taxe***	***Taxe due***
	– réalisées en France métropolitaine			
5A	Taux normal 20 %	0207	27 500	5 500
06	Taux réduit 5,5 %	0105	136 008	7 480
6C	Taux réduit 10 %	0151	....	....
	– réalisées dans les DOM			
07	Taux normal 8,5 %	0201	....	....
08	Taux réduit 2,1 %	0100	....	....
8B	....		....	....
	– à un autre taux (France métropolitaine ou DOM)			
09	Opérations imposables à un taux particulier	0950	....	....
10	Anciens taux	0900	....	....
	– autres opérations			
AA	Livraisons d'électricité, de gaz naturel, de chaleur ou de froid imposables en France	0030	....	....
AB	Achats de biens ou de prestations de services réalisés auprès d'un assujetti non établi en France (article 283-1 du code général des impôts)	0040	....	....
AC	Achats de prestations de services intracommunautaires (article 283-2 du code général des impôts)	0044	....	....
11	Cessions d'immobilisations	0970	....	....
12	Livraisons à soi-même	0980	....	....
13	Autres opérations imposables	0981	....	....
14	Acquisitions intracommunautaires	0031	....	....
15	*Dont* TVA sur immobilisations 0982 |____|			
16	***TOTAL DE LA TAXE DUE (ligne 5A à 14)***			12 980
	Autre TVA DUE			
17	Remboursements provisionnels obtenus en cours d'année ou d'exercice	0983		....
18	TVA antérieurement déduite à reverser	0600		....
AD	Sommes à ajouter	0602		....
19	***TOTAL DE LA TVA BRUTE DUE (lignes 16 + 17 + 18 + AD)***			12 980

	II – TVA DÉDUCTIBLE		
	AUTRES BIENS ET SERVICES		***Taxe déductible***
20	Déductions sur factures (1)	0702	8 776
21	Déductions forfaitaires (1)	0704	....
22	***TOTAL (lignes 20 + 21)***		8 776
	IMMOBILISATIONS		
23	TVA déductible sur immobilisations (1)	0703	980
	AUTRE TVA À DÉDUIRE		
24	Crédit antérieur non imputé et non remboursé	0058	....
25	Omissions ou compléments de déductions	0059	....
25A	(1) Compte-tenu, le cas échéant, du coefficient de déduction .... %		
AE	Sommes à imputer	0603	....
26	***TOTAL DE LA TVA DÉDUCTIBLE (lignes 22 + 23 + 24 + 25 + AE)***		9 756
27	Dont TVA non perçue récupérable par les assujettis disposant d'un établissement stable dans les DOM (articles 295-1-5° et 295 A du code général des impôts)	0709	....

Si vous réalisez des opérations intracommunautaires, pensez à la déclaration d'échanges de biens (livraisons de biens) ou à la déclaration européenne de services (prestations de services) à souscrire auprès de la Direction Générale des Douanes et des Droits indirects (cf. notice de la déclaration CA12).

– 2 –

Annexe 6 Suite

	III – TVA NETTE		
	RÉSULTAT DE LA LIQUIDATION		*Taxe*
28	TVA due : (Ligne 19 – ligne 26) ou		3 224
29	CRÉDIT : (Ligne 26 – ligne 19)	0705	
	IMPUTATIONS/RÉGULARISATIONS		

	Col. 1 : Montant **effectivement payé**	Col. 2 : Montant **restant à payer**
Acompte 1	968	
Acompte 2	704	
	Tot. 1 1 672	Tot. 2

30	Acomptes payés et / ou restant dus (Tot. 1 + Tot. 2)	0018	1 672
	RÉSULTAT NET		
33	**SOLDE À PAYER** si ligne 28 – (lignes 29 + 30) ≥ 0 ou		1 552
34	**EXCÉDENT DE VERSEMENT :** si ligne 30 – ligne 28 ≥ 0		
35	**SOLDE EXCÉDENTAIRE :** (lignes 29 + 34) ou (lignes 29 + 30)	0020	

	IV – DÉCOMPTE DES TAXES ASSIMILÉES				
	Nature des taxes				Taxe brute
36	Taxe sur les retransmissions sportives au taux de 5 % (CGI, art. 302 bis ZE)	Base imposable		4215	
37	Taxe sur le chiffre d'affaires des exploitants agricoles (CGI, art. 302 bis MB)			4220	
39	Taxe sur l'édition des ouvrages de librairie (CGI, art 1609 undecies et suiv.) au taux de 0,2 %	Base imposable		3510	
40	Taxe sur les appareils de reproduction ou d'impression (CGI, art 1609 undecies et suiv.) au taux de 3,25 %	Base imposable		3520	
41	Taxe sur les huiles alimentaires FIPSA (CGI, art 1609 vicies) [ne concerne pas les DOM]			3240	
	Taxe sur la diffusion en vidéo physique et en ligne de contenus audiovisuels (CGI, art. 1609 sexdecies B)				
42	– au taux de 2 %	Base imposable		4229	
43	– au taux de 10 %			4228	
44	Taxe sur les actes des huissiers de justice (CGI, art. 302 bis Y) (14,89 € par acte)	Nombre d'actes		4206	
45	Taxe sur les embarquements ou débarquements de passagers en Corse (CGI, art 1599 vicies) (4,57 € par passager)	Nombre de passagers		4204	
46	Taxe pour le développement de la formation professionnelle dans les métiers de la réparation de l'automobile, du cycle et du motocycle (CGI, art 1609 sexvicies) au taux de 0,75 %	Base imposable		4217	
47	Taxe sur certaines dépenses de publicité au taux de 1 % (CGI, art 302 bis MA)	Base imposable		4213	
4A	Contribution perçue au profit de l'INPES (CGI, art. 1609 octovicies)			4222	
4B	Contribution à l'audiovisuel public (ex-redevance audiovisuelle) (CGI, art 1605 et suiv.) [cf. fiche de calcul sur le site www.impots.gouv.fr]			4219	
4C	Contribution à l'audiovisuel public (ex-redevance audiovisuelle) due par les loueurs d'appareils (CGI, art. 1605 et suiv.)			4221	
4D	Taxe sur la publicité diffusée par voie de radiodiffusion sonore et de télévision (CGI, art. 302 bis KD)			4214	
4E	Taxe sur la publicité télévisée (CGI, art. 302 bis KA)			4201	
4F	Taxe sur les excédents de provision des entreprises d'assurance de dommages (CGI, art. 235 ter X)			4238	
	Contribution sur les activités privées de sécurité (CGI, art. 1609 quintricies)				
4I	– au taux de 0,4 %	Base imposable		4288	
4J	– au taux de 0,6 %			4289	
4K	Contribution due par les gestionnaires des réseaux publics d'électricité (CGCT, art. L 2224-31 I bis)			4236	
4L	Taxe sur les ordres annulés dans le cadre d'opérations à haute fréquence (CGI, art. 235 ter ZD bis)			4239	
4M	Prélèvement sur les films pornographiques ou d'incitation à la violence et sur les représentations théâtrales à caractère pornographique au taux de 33 % (CGI, art. 1605 sexies)	Base imposable		4245	
60 A	Redevance sanitaire d'abattage (CGI, art. 302 bis N à 302 bis R)			4253	
60 B	Redevance sanitaire de découpage (CGI, art. 302 bis S à 302 bis W)			4254	
61	Redevance sanitaire pour le contrôle de certaines substances et de leurs résidus (CGI, art. 302 bis WC)			4247	
62	Redevance sanitaire de première mise sur le marché des produits de la pêche ou de l'aquaculture (CGI, art. 302 bis WA)			4248	
63	Redevance sanitaire de transformation des produits de la pêche ou de l'aquaculture (0.5 € par tonne) (CGI, art. 302 bis WB)	Nombre de tonnes		4249	
64	Redevance pour agrément des établissements du secteur de l'alimentation	Nombre		4250	

– 3 –

Annexe 6 Suite

V - RÉCAPITULATION

49	Solde excédentaire (report de la ligne 35)		………………	54	TVA (report de la ligne 33)	1 552
50	Remboursement demandé au cadre VI, page 4	8002	………………	55	Taxes assimilées (total lignes 36 à 85)	………………
51	Crédit à reporter (cette somme est à reporter ligne 24 de la prochaine déclaration CA 12 / CA 12 E)	8003	………………		ATTENTION ! UNE SITUATION DE TVA CRÉDITRICE (LIGNE 49 SERVIE) NE DISPENSE PAS DU PAIEMENT DES TAXES ASSIMILÉES DÉCLARÉES LIGNE 55	
52	Crédit imputé sur les prochains acomptes	8004	………………			
	Acomptes (cochez les cases correspondant aux acomptes déduits l. 30). Précisez l'année.					
	☒ Juillet 2022 ☒ Décembre 2022			56	**TOTAL À PAYER** *(lignes 54 + 55)* (N'oubliez pas de joindre le règlement correspondant)	1 552

BASE DE CALCUL DES ACOMPTES DUS AU TITRE DE L'EXERCICE SUIVANT

57	TVA [ligne 16 – (lignes 11 + 12 + 15 + 22)]	4 204

VI – DEMANDE DE REMBOURSEMENT

Crédit remboursable dégagé à la clôture de l'année ou de l'exercice (ligne 29) si celui-ci est ≥ 150 €	a	
Excédent de versement dégagé (ligne 34)	b	
Maximum remboursable (a + b)	c	
Remboursement demandé	d	
Crédit reportable (c – d) ou (c – d + ligne 29 si le crédit dégagé ligne 29 est < 150 €)	e	

Le soussigné (nom, prénom, qualité) :

demande le remboursement de la somme de (en chiffres) ☐ À ……………………, Le ……………………

– à créditer au compte désigné ☐ Cocher selon le choix Signature :

– à imputer sur une échéance future (joindre l'imprimé n° 3516) ☐

CADRE RÉSERVÉ À L'ADMINISTRATION

L'Inspecteur (1) **Le contrôleur (1)** des finances publiques soussigné émet un avis : – Favorable – Défavorable (1) au remboursement de la somme

De ……………………

Observations (2) : ……………………

……………………

Code rejet / Adm partielle |_|_|

Type de rejet |_| Type de contrôle |_|

N° ALPAGE |_|_|_| |_|_|_|_|_|_|_|

À ……………………, Le ……………………
Signature et cachet d'authenticité :

Le directeur soussigné autorise le remboursement

de la somme de ……………………

au profit de ……………………

La présentation d'une caution – a été exigée (1) – n'a pas été exigée (1)

À ……………………, Le ……………………
Signature et cachet d'authenticité :

Décisions prises par délégation			
Nature op.	Numéro op.	Date	Nom – signature

Le comptable soussigné certifie que l'entreprise demanderesse :

(1)
– ne figure à aucun titre comme reliquataire dans les écritures du service des impôts des entreprises ;
– est redevable de la somme de ……………………
– au titre de ……………………

Observations (3) ……………………

N° d'enregistrement MEDOC |_|_|_|_|_| |_|_|_|_|_|_|_|

À ……………………, Le ……………………
Signature et cachet d'authenticité :

(1) Rayer la mention qui ne convient pas.
(2) Indiquer, notamment, les raisons pour lesquelles il paraît opportun d'exiger une caution.
Préciser, le cas échéant, les motifs de rejet total ou partiel du remboursement demandé.
(3) Indiquer, notamment, les raisons pour lesquelles il paraît opportun d'exiger une caution.
Préciser, le cas échéant, qu'un avis de compensation n° 3382 est établi.

Depuis le 1er octobre 2014, vous avez l'obligation de télédéclarer et télépayer la TVA par transfert de fichier ou Internet.
La somme due est prélevée automatiquement, au plus tôt à la date d'échéance.
Les demandes de remboursement de crédit de TVA doivent également être télétransmises.
Pour plus d'informations, vous pouvez vous connecter sur le site www.impots.gouv.fr, rubrique « Professionnels » ou contacter votre service.

Les dispositions des articles 39 et 40 de la loi n° 78-17 du 6 janvier 1978 modifiée relative à l'informatique, aux fichiers et aux libertés, modifiée par la loi n° 2004-801 du 6 août 2004, garantissent les droits des personnes physiques à l'égard des traitements des données à caractère personnel.

– 6 –

Annexe 7 Extrait de la balance des comptes de TVA au 30/06/2023

L'EIRL Prim'Bio a remplacé sa chambre froide dont la capacité de stockage était devenue insuffisante.

Nos de compte	Intitulé des comptes	Solde débiteur	Solde créditeur
[…]	[…]	[…]	[…]
4456200	TVA sur immobilisations	1 202,20	
4456600	TVA sur autres biens et services	4 899,70	
4457155	TVA collectée 5,5 %		4 114,12
4457120	TVA collectée 20 %		3 187,83
4458100	Acomptes – Régime simplifié d'imposition		
[…]	[…]	[…]	[…]

Annexe 8 Extrait partiel des comptes de TVA du 01/07/2023 au 30/11/2023

Le comptable a extrait les informations suivantes des journaux des ventes, des achats et de trésorerie uniquement pour les mois de juillet à novembre 2023 :

Nos de compte	Intitulé des comptes	Solde débiteur	Solde créditeur
[…]	[…]	[…]	[…]
4456200	TVA sur immobilisations	0,00	
4456600	TVA sur autres biens et services	2 820,35	
4457155	TVA collectée 5,5 %		3 633,46
4457120	TVA collectée 20 %		2 740,00
[…]	[…]	[…]	[…]

Fiche ressource 1

Le régime de la franchise en base de TVA

La franchise en base de TVA permet aux entreprises d'être dispensées de toute déclaration et de tout paiement de TVA. Les seuils du régime micro ne sont plus alignés sur ceux de la franchise en base de TVA, cependant les entreprises bénéficiant de la franchise relèvent du régime micro.

Redevables concernés	Les assujettis, exploitants individuels, quelle que soit leur forme juridique, dont le chiffre d'affaires ne dépasse pas un certain seuil, peuvent bénéficier, de plein droit, d'une franchise en base de TVA
Limites du chiffre d'affaires	La franchise en base de TVA est applicable pour un **chiffre d'affaires HT de l'année précédente** inférieur au seuil suivant [1] : **– CA HT N-1 ≤ 85 800 € pour les ventes de biens ;** **– CA HT N-1 ≤ 34 400 € pour les prestations de services.** (1) Seuils applicables à compter du 01/01/2020 (seuils actualisés tous les 3 ans).
Conséquences de la franchise en base	**Ces assujettis ne peuvent pas :** **– mentionner la TVA sur leurs factures de ventes ;** **– récupérer (donc déduire) la TVA sur leurs achats.** Par contre **ils doivent** : – **indiquer sur leurs factures de ventes**, la mention « **TVA non applicable, article 293 B du code général des impôts** ». Conséquence : puisque la TVA ne figure pas sur les factures émises, elle n'ouvre pas droit à déduction chez le client. – tenir un **registre annuel** présentant le détail de leurs **achats** ainsi qu'un **livre journal** présentant le détail de leurs recettes professionnelles.
Conséquences du dépassement des limites	La franchise cesse de s'appliquer si le chiffre d'affaires HT de l'année en cours dépasse les seuils suivants : – CA HT > 94 300 € pour les ventes de biens ; – CA HT > 36 500 € pour les prestations de services. Ces assujettis deviennent redevables de la TVA pour les opérations effectuées à compter du premier jour du mois du dépassement. En contre partie ces entreprises peuvent exercer leur droit à déduction.
Option pour le paiement de la TVA	**Modalités :** Les entreprises sous franchise peuvent opter pour le paiement de la TVA. L'option, prend effet le premier jour du mois au cours duquel elle est déclarée et couvre obligatoirement une période de deux années civiles. (Exemple : une option exercée en 2022 produit ses effets en 2022 et en 2023.) **Conséquences :** Assujettissement aux obligations relatives à la TVA (selon le choix exercé par le redevable, celles du régime réel simplifié d'imposition ou du régime réel normal) **Intérêt :** L'obligation de facturer et de déclarer la TVA, permet de récupérer la TVA facturée par les fournisseurs et, en particulier, la TVA grevant le prix d'acquisition des investissements. **N.B. :** L'assujettissement à la TVA n'entraîne pas l'exclusion du régime micro.

Fiche ressource 2

Le régime du réel simplifié d'imposition (RSI)

Dans les deux régimes réels d'imposition (réel normal ou réel simplifié), le montant de la TVA due au titre d'un exercice est identique. Cependant, chacun des régimes a des conséquences sur le plan des obligations fiscales, sur la comptabilisation et sur les modalités de déclaration de TVA. Le RSI permet un allègement des formalités et des modalités de déclaration.

I Le champ d'application du RSI

Les entreprises peuvent bénéficier du RSI si elles respectent deux conditions :

Limites du chiffre d'affaires	**Chiffre d'affaires HT de l'année précédente :** **– 85 800 € < CA HT des ventes de biens ≤ 818 000 € [1]** **– 34 400 € < CA HT des prestations de services ≤ 247 000 € [1]**
Limite de la TVA exigible	**TVA exigible au titre de l'année précédente ≤ 15 000 €** Sinon, le contribuable est placé sous le régime du réel normal.

(1) Si dépassement de ces seuils, RSI maintenu en N et N+1.
Si CA HT > 901 000 € ou 279 000 €, le RN s'applique dès l'exercice N.

II Les caractéristiques du RSI

Le régime réel simplifié d'imposition se caractérise par les éléments suivants :
- aucune déclaration à souscrire en cours d'année ;
- une déclaration annuelle (CA12) qui détermine le montant de la TVA due au titre de l'exercice comptable écoulé ;
- le versement spontané de deux acomptes semestriels qui s'imputeront sur le montant de la TVA due déterminé lors de la déclaration annuelle.

III La détermination de la TVA due au titre de l'exercice écoulé (CA12)

La déclaration CA12 est établie avant le deuxième jour ouvré suivant le 1er mai.

Elle permet de déterminer la TVA due au titre de l'exercice et, compte tenu des acomptes versés, le montant de la régularisation annuelle.

Cette déclaration fait donc apparaître :

TVA collectée au cours de l'exercice N
– TVA déductible sur autres biens et services de l'exercice N
– TVA déductible sur immobilisations de l'exercice N
= TVA due ou crédit de TVA
– Acomptes versés au cours de l'exercice N
= Solde à payer si TVA due > total des acomptes
Ou = Excédent de versement si TVA due < total des acomptes
⇒ Remboursement immédiat
Ou = Solde excédentaire si crédit de TVA
⇒ Remboursement si crédit > 150 € ou report sur les acomptes de TVA à venir

IV Les acomptes semestriels

Deux acomptes semestriels sont versés en juillet et en décembre, et sont respectivement égaux à 55 % et 40 % de la taxe due au titre de l'exercice précédent avant déduction de la TVA relative aux biens constituant des immobilisations (formulaire 3514-SD).

Période	Montant de l'acompte	Date de versement
1er semestre N	55 % de la base de l'année **N-1** **55 % (TVA collectée de N-1 – TVA déductible sur ABS de N-1)**	**Entre le 15 et le 24 juillet N**
2d semestre N	**40 %** de la base de l'année **N-1** **40 % (TVA collectée de N-1 – TVA déductible sur ABS de N-1)**	**Entre le 15 et le 24 décembre N**

Remarque : la TVA collectée sur les cessions d'immobilisations et autoliquidée sur les acquisitions intracommunautaires d'immobilisations n'est pas prise en compte pour le calcul du montant des acomptes.

V L'échéancier

Les opérations relatives à la TVA pour les redevables relevant du RSI sont les suivantes :

Dates	Opérations
2e jour ouvré suivant le 1er mai N	Déclaration CA12 de l'exercice N-1 ⇒ Calcul de la base des acomptes à verser en N
Juillet N	Versement du premier acompte de 55 %
Décembre N	Versement du second acompte de 40 %
2e jour ouvré suivant le 1er mai N+1	Déclaration CA12 de l'exercice N ⇒ Calcul de la base des acomptes à verser en N+1

VI La comptabilisation

• L'entreprise doit constater en cours d'année le montant des deux acomptes semestriels dus ainsi que leur paiement.

	Comptes débités	Comptes crédités
Au 30/06/N et au 30/11/N	44581 Acompte régime simplifié	44551 TVA à décaisser
À la date de paiement	44551 TVA à décaisser	512 Banque

Dans la pratique, les entreprises ne constatent qu'une seule écriture sans utiliser le compte 44551.

• L'entreprise doit constater la déclaration annuelle CA12 en soldant les comptes de TVA afin de faire apparaître soit le solde à payer, soit le solde excédentaire au 31/12/N, ce qui représente la position de l'entreprise vis-à-vis du Trésor public pour l'exercice concerné.

	Comptes débités	Comptes crédités
Au 31/12/N	44571 TVA collectée 4452 TVA due intracommunautaire	44562 TVA sur immobilisations 44566 TVA déductible sur ABS 44581 Acompte – Régime simplifié
	44567 Crédit de TVA à reporter ou 44551 TVA à décaisser	
À la date de paiement	44551 TVA à décaisser	512 Banque

Exemple

La SARL Duroc, grossiste en cosmétique, domiciliée dans les Bouches-du-Rhône, est assujettie à la TVA au taux normal dans le cadre du régime du réel simplifié.

Elle réalise toute son activité en France.

1. Données relatives à la TVA pour l'exercice 2021

Détermination de la TVA due au titre de 2021 (date limite de déclaration : 03/05/2022)

TVA collectée	68 450
– TVA déductible sur autres biens et services	– 8 950
– TVA déductible sur immobilisations	– 4 200
= TVA due	55 300
– Acomptes versés en 2021	– 48 370
= Solde à payer	6 930

2. Détermination des acomptes à payer en 2022

• 21/07/2022 : date limite de versement du premier acompte semestriel

Acompte = 55 % × (TVA collectée de 2021 – TVA déductible sur ABS de 2021)
55 % × (68 450 – 8 950) = 32 725 €

Comptabilisation du premier acompte

30/06/2022	OD	44581 44551	Acompte RSI TVA	32 725	 32 725
21/07/2022	BQ	44551 51200	Télérèglement acompte	32 725	 32 725

• 21/12/2022 : date limite de versement du second acompte semestriel

Acompte = 40 % × (TVA collectée de 2021 – TVA déductible sur ABS de 2021)
40 % × (68 450 – 8 950) = 23 800 €

Comptabilisation du second acompte

30/11/2022	OD	44581 44551	Acompte RSI TVA	23 800	 23 800
21/12/2022	BQ	44551 51200	Télérèglement acompte	23 800	 23 800

3. Liquidation de la TVA au titre de l'exercice 2022 (établissement de la déclaration CA12)

Liquidation à effectuer sur l'imprimé CA12 (date limite de déclaration : 03/05/2023)

TVA collectée	62 140
– TVA déductible sur autres biens et services	– 7 560
– TVA déductible sur immobilisations	– 3 800
= TVA due	50 780
– Acomptes versés en 2022 : 32 725 + 23 800	– 56 525
= Excédent de versement	– 5 745

Cet excédent de versement peut faire l'objet d'une demande de remboursement sur la déclaration CA12.

Comptabilisation liquidation TVA 2022

31/12/2022	OD	44571 44583 44566 44562 44581	 CA12 2022 RSI TVA	62 140 5 745	 7 560 3 800 56 525

VII L'option pour le régime du réel normal

Les entreprises relevant de plein droit du régime simplifié d'imposition peuvent opter pour le régime du réel normal.

Fiche ressource 3

La réduction des acomptes

Le contribuable peut moduler à la baisse le montant de ses acomptes afin d'éviter un écart trop important entre la TVA réellement due et le montant des acomptes versés (formilaire 3514-SD).

Sanctions : le contribuable assume la responsabilité de la modulation des acomptes.

Si un acompte est anormalement modulé, son montant sera majoré de 10 %.

Plusieurs cas de modulation sont à envisager :

- Modulation **en fonction de la TVA due au titre de l'exercice**

– Le contribuable peut se **dispenser de verser** un acompte s'il estime que le montant d'acompte déjà versé couvre la TVA réellement due au titre de l'année en cours.
– Le contribuable peut **diminuer le montant** d'un acompte s'il estime que le montant versé couvrira le solde de la TVA réellement due au titre de l'année en cours.

- **Modulation en fonction de la TVA réellement due au titre du semestre**

Le contribuable peut **diminuer le montant** de l'acompte si le montant de la TVA réellement due au titre du semestre, après déduction de la TVA sur immobilisations, est inférieur d'au moins 10 % au montant de l'acompte correspondant.

> Exemple
>
> | | |
> |---|---|
> | Montant de l'acompte fixe du premier semestre : | 7 195 |
> | TVA réellement due au titre du semestre : | |
> | TVA collectée | 11 800 |
> | – TVA déductible sur autres biens et services | – 4 300 |
> | – TVA déductible sur immobilisations | – 1 400 |
> | = TVA réellement due | 6 100 |
>
> Le montant de la TVA réellement due (6 100 €) est inférieur de plus de 10 % au montant de l'acompte fixe : 7 195 – (10 % × 7 195) = 6 475,50 €.
> L'entreprise peut verser un acompte modulé à la baisse de 6 100 €.

- **Remboursement de la TVA sur immobilisations**

– Le contribuable peut demander, au titre du semestre, le **remboursement de la TVA déductible sur immobilisations** si son montant est supérieur à 760 €. La demande de remboursement sera accompagnée de la facture portant mention de la TVA déductible. Le contribuable devra cependant verser le montant de l'acompte semestriel.
– Le contribuable qui a modulé son acompte à la baisse en fonction de la TVA réellement due du semestre peut obtenir le remboursement du « crédit » semestriel éventuel s'il a pour origine de la TVA sur immobilisations et si son montant est supérieur à 760 €.

> Exemple 1
>
> | | |
> |---|---|
> | Montant de l'acompte fixe du premier semestre : | 7 195 |
> | TVA réellement due au titre du semestre : | |
> | TVA collectée | 11 800 |
> | – TVA déductible sur autres biens et services | – 4 300 |
> | – TVA déductible sur immobilisations | – 1 400 |
> | = TVA réellement due | 6 100 |
>
> L'entreprise peut demander le remboursement de la TVA sur immobilisations, soit 1 400 €, car son montant est supérieur à 760 €.
>
> Elle versera le montant de l'acompte fixe, soit 7 195 €.
>
> La demande de remboursement, formulée sur un imprimé 3519, doit être accompagnée des factures faisant apparaître la TVA déductible sur immobilisations.

Exemple 2

Montant de l'acompte fixe du premier semestre :	10 000
TVA réellement due au titre du semestre :	
TVA collectée	10 000
– TVA déductible sur autres biens et services	– 9 000
– TVA déductible sur immobilisations	– 1 500
= Crédit de TVA	– 500

Deux solutions s'offrent à l'entreprise :
– l'acompte peut être modulé à zéro, mais le crédit de TVA de 500 € ne peut être ni remboursé (inférieur à 760 €) ni reporté ;
– demander le remboursement intégral de la TVA déductible sur immobilisations, soit 1 500 €, car son montant est supérieur à 760 €, et moduler l'acompte à la somme de 1 000 € (10 000 – 9 000).

L'entreprise choisira entre les différentes options de réduction d'acompte et/ou de remboursement de TVA sur immobilisations en fonction de ses besoins de trésorerie.

Application

1 La SARL Micro+

La SARL Micro+, créée par M. Martin il y a 15 ans, s'est installée dans la galerie marchande d'un grand centre commercial de Roubaix. Elle a pour activité le négoce, la réparation et la maintenance de matériel informatique. Depuis trois ans, elle commercialise également des livres spécialisés dans les systèmes d'exploitation.

Afin de simplifier l'organisation comptable, le cabinet d'expertise comptable en charge de la tenue des comptes et des déclarations fiscales de la SARL lui a conseillé d'opter pour la TVA sur les débits concernant ses prestations de services.

L'organisation du plan des comptes a été étudiée en fonction du PGI utilisé afin de permettre la génération des imprimés fiscaux, notamment la déclaration CA12.

Vous êtes chargé(e) de contrôler l'imprimé CA12 généré par le PGI au titre de l'exercice N et de préparer l'échéancier de TVA lié à l'exercice N + 1.

1. **Justifier les sommes mentionnées sur chacune des lignes des cadres I, II et III de l'imprimé CA12 généré par le PGI (annexe 3).**
2. **Enregistrer l'écriture liée à l'imprimé CA12 pour l'exercice N en tenant compte de la demande effectuée par l'entreprise au cadre VI (annexes 2 et 3).**
3. **Présenter l'échéancier relatif à la TVA pour l'exercice N + 1 en précisant les dates limites de versement compte tenu de la structure juridique et de la localisation de la société Micro+ (annexe 3).**
4. **À l'aide de l'annexe 1, vérifier si la SARL a la possibilité de réduire chacun des acomptes de TVA à verser en N + 1 afin d'optimiser sa trésorerie.**

Annexe 1 **Éléments tirés de la comptabilité de la SARL Micro+ pour N + 1**

Informations tirées du PGI pour la période du 01/01/N + 1 au 30/06/N + 1		Informations tirées du PGI pour la période du 01/07/N + 1 au 30/11/N + 1	
Comptes	**Soldes**	**Comptes**	**Soldes**
4452020	3 564,10	4452020	2 970,00
4456210	680,00	4456210	–
4456610	54 112,88	4456610	48 974,20
4456620	3 564,10	4456620	2 970,00
4457120	58 948,87	4457120	54 124,05
4457155	615,84	4457155	681,41

Annexe 2 **Extrait de la balance des comptes de la SA Micro+ au 31/12/N avant enregistrement de l'écriture liée à la déclaration CA12 au titre de N**

Nos de compte	Intitulé des comptes	Solde débiteur	Solde créditeur
[...]	[...]	[...]	[...]
4452020	TVA due intracommunautaire à 20 %		6 450,40
4455100	TVA à décaisser		
4456210	TVA déductible sur immobilisations	4316,00	
4456610	TVA déductible sur ABS	105 490,57	
4456620	TVA déductible sur acquisitions intracommunautaires	6 450,40	
4456700	Crédit de TVA à reporter		
4457120	TVA collectée à 20 % sur ventes et prestations		114 108,90
4457155	TVA collectée à 5,5 % sur ventes de livres		1 101,44
4457920	TVA collectée à 20 % sur cessions d'immobilisations		2 480,00
4458100	Acompte – Régime simplifié d'imposition	9 006,00	
4458300	Remboursement de TVA demandé		
[...]	[...]	[...]	[...]
6072020	Acquisitions intracommunautaires à 20 %	32 252,00	
6580000	Charges diverses de gestion courante (écarts d'arrondis)		
7071055	Ventes de livres à 5,5 %		20 026,22
7071020	Ventes de matériel informatique à 20 %		471 903,40
7072020	Livraisons intracommunautaires de matériel informatique		96 820,00
7061020	Ventes de prestations à 20 %		98 641,10
7752000	Produits des cessions d'éléments d'actif		12 400,00
7580000	Produits divers de gestion courante (écarts d'arrondis)		
[...]	[...]	[...]	[...]

Annexe 3 Extrait de la déclaration CA12 pour l'exercice N

I – TVA BRUTE

	OPÉRATIONS NON IMPOSABLES		Base hors taxe
01	Achats en franchise	0037	
02	Exportations hors UE	0032	
03	Autres opérations non imposables	0033	
3A	Ventes à distance taxables dans un autre État membre au profit de personnes non assujetties – Ventes BtoC	0047	
04	Livraisons intracommunautaires à destination d'une personne assujettie – Ventes BtoB	0034	
4B	Ventes de biens ou prestations de services réalisées par un assujetti non établi en France (article 283-1 du code général des impôts)	0043	
4D	Livraisons d'électricité, de gaz naturel, de chaleur ou de froid non imposables en France	0029	

	OPÉRATIONS IMPOSABLES		Base hors taxe	Taxe due
	– réalisées en France métropolitaine			
5A	Taux normal 20 %	0207	570 545	114 109
06	Taux réduit 5,5 %	0105	20 026	1 101
6C	Taux réduit 10 %	0151		
	– réalisées dans les DOM			
07	Taux normal 8,5 %	0201		
08	Taux réduit 2,1 %	0100		
8B				
	– à un autre taux (France métropolitaine ou DOM)			
09	Opérations imposables à un taux particulier	0950		
10	Anciens taux	0900		
	– autres opérations			
AA	Livraisons d'électricité, de gaz naturel, de chaleur ou de froid imposables en France	0030		
AB	Achats de biens ou de prestations de services réalisés auprès d'un assujetti non établi en France (article 283-1 du code général des impôts)	0040		
AC	Achats de prestations de services intracommunautaires (article 283-2 du code général des impôts)	0044		
11	Cessions d'immobilisations	0970	12 400	2 480
12	Livraisons à soi-même	0980		
13	Autres opérations imposables	0981		
14	Acquisitions intracommunautaires	0031	32 252	6 450
15	*Dont* TVA sur immobilisations	0982		
16	***TOTAL DE LA TAXE DUE (ligne 5A à 14)***			124 140
	Autre TVA DUE			
17	Remboursements provisionnels obtenus en cours d'année ou d'exercice	0983		
18	TVA antérieurement déduite à reverser	0600		
AD	Sommes à ajouter	0602		
19	***TOTAL DE LA TVA BRUTE DUE (lignes 16 + 17 + 18 + AD)***			124 140

II – TVA DÉDUCTIBLE

	AUTRES BIENS ET SERVICES		Taxe déductible
20	Déductions sur factures (1)	0702	111 941
21	Déductions forfaitaires (1)	0704	
22	***TOTAL (lignes 20 + 21)***		111 941
	IMMOBILISATIONS		
23	TVA déductible sur immobilisations (1)	0703	4 316
	AUTRE TVA À DÉDUIRE		
24	Crédit antérieur non imputé et non remboursé	0058	
25	Omissions ou compléments de déductions	0059	
25A	(1) Compte-tenu, le cas échéant, du coefficient de déduction .... %		
AE	Sommes à imputer	0603	
26	***TOTAL DE LA TVA DÉDUCTIBLE (lignes 22 + 23 + 24 + 25 + AE)***		116 257
27	Dont TVA non perçue récupérable par les assujettis disposant d'un établissement stable dans les DOM (articles 295-1-5° et 295 A du code général des impôts)	0709	

Si vous réalisez des opérations intracommunautaires, pensez à la déclaration d'échanges de biens (livraisons de biens) ou à la déclaration européenne de services (prestations de services) à souscrire auprès de la Direction Générale des Douanes et des Droits indirects (cf. notice de la déclaration CA12).

– 2 –

Annexe 3 Suite

III – TVA NETTE			
RÉSULTAT DE LA LIQUIDATION			Taxe
28	TVA due : (Ligne 19 – ligne 26) ou		7 883
29	CRÉDIT : (Ligne 26 – ligne 19)	0705	
IMPUTATIONS/RÉGULARISATIONS			
	Col. 1 : Montant effectivement payé	Col. 2 : Montant restant à payer	
Acompte 1	5 214		
Acompte 2	3 792		
	Tot. 1 9 006	Tot. 2	
30	Acomptes payés et / ou restant dus (Tot. 1 + Tot. 2)	0018	9 006
RÉSULTAT NET			
33	**SOLDE À PAYER** si ligne 28 – (lignes 29 + 30) ≥ 0 ou		
34	**EXCÉDENT DE VERSEMENT :** si ligne 30 – ligne 28 ≥ 0		1 123
35	**SOLDE EXCÉDENTAIRE :** (lignes 29 + 34) ou (lignes 29 + 30)	0020	1 123

V - RÉCAPITULATION						
49	Solde excédentaire (report de la ligne 35)		1 123	54	TVA (report de la ligne 33)	
50	Remboursement demandé au cadre VI, page 4	8002	1 123	55	Taxes assimilées (total lignes 36 à 85)	
51	Crédit à reporter (cette somme est à reporter ligne 24 de la prochaine déclaration CA 12 / CA 12 E)	8003			ATTENTION ! UNE SITUATION DE TVA CRÉDITRICE (LIGNE 49 SERVIE) NE DISPENSE PAS DU PAIEMENT DES TAXES ASSIMILÉES DÉCLARÉES LIGNE 55	
52	Crédit imputé sur les prochains acomptes	8004				
Acomptes (cochez les cases correspondant aux acomptes déduits l. 30). Précisez l'année.						
	☒ Juillet N		☒ Décembre N	56	**TOTAL À PAYER** *(lignes 54 + 55)* (N'oubliez pas de joindre le règlement correspondant)	
BASE DE CALCUL DES ACOMPTES DUS AU TITRE DE L'EXERCICE SUIVANT						
57	TVA [ligne 16 – (lignes 11 + 12 + 15 + 22)]					9 719

VI – DEMANDE DE REMBOURSEMENT		
Crédit remboursable dégagé à la clôture de l'année ou de l'exercice (ligne 29) si celui-ci est ≥ 150 €	a	
Excédent de versement dégagé (ligne 34)	b	1 123
Maximum remboursable (a + b)	c	1 123
Remboursement demandé	d	1 123
Crédit reportable (c – d) ou (c – d + ligne 29 si le crédit dégagé ligne 29 est < 150 €)	e	

Le soussigné (nom, prénom, qualité) : Martin Yvan, Gérant majoritaire

demande le remboursement de la somme de (en chiffres) 1 123 À Roubaix, Le 3 mai N+1

– à créditer au compte désigné ☐ Cocher selon le choix

– à imputer sur une échéance future (joindre l'imprimé n° 3516) ☐

Signature :

Chapitre

6

L'impôt sur les revenus de l'entreprise : champ d'application

Activité	Composante d'activité	Compétence	P7	Vers Pix
3.3. Traitement des opérations relatives aux impôts directs	**3.3.1.** Caractérisation de la situation fiscale de l'entreprise	Définir le champ d'application de l'impôt sur les revenus de l'entreprise	– La conduite de veille régulière et documentée à l'aide des outils numériques – La mise en œuvre des conditions de la traçabilité des documents et des mises à jour	**1.1.** Mener une recherche et une veille d'information **1.3.** Traiter des données

Situation professionnelle

M. Tardieu, ex-champion de windsurf, décide de se reconvertir et crée à Fos-sur-Mer (Bouches-du-Rhône), le 1er avril 2017, l'entreprise individuelle WindWin, dont l'activité est la fabrication et l'entretien de planches de surf (windsurf, kitesurf, paddle). Les prévisions de ventes pour le premier exercice le conduisent à choisir le régime du micro-entrepreneur. Sa clientèle se compose principalement de particuliers, de revendeurs, de clubs sportifs et d'hôtels situés sur les côtes atlantique et méditerranéenne.
En janvier 2019, M. Tardieu transforme son entreprise individuelle en entreprise individuelle à responsabilité limitée (EIRL), dont il souhaite profiter des avantages. Il évalue les biens professionnels à affecter au patrimoine de cette EIRL et ouvre un compte bancaire exclusivement dédié à son activité professionnelle.
L'évolution rapide du chiffre d'affaires l'oblige à quitter le régime de la micro-entreprise et d'appliquer le régime du réel simplifié. Pour faire face à cet accroissement d'activité, il embauche deux salariés courant 2019 et se consacre plus particulièrement à la prospection sur le marché intérieur et à l'étranger (pays du Bassin méditerranéen). Son épouse intègre également l'entreprise avec le statut de salariée et se charge des tâches administratives.
La même année, M. Tardieu décide d'investir dans de nouveaux locaux, ce qui lui permet de diversifier sa gamme de produits en commercialisant des accessoires tels que voiles, gilets, lunettes, vêtements…
Depuis 2019, il fait appel aux services du cabinet d'expertise comptable ExpertPlus, situé à Martigues. La lettre de mission précise que le cabinet a en charge : la tenue comptable des divers journaux, l'élaboration de la paie, les différentes déclarations fiscales et sociales, l'élaboration de la liasse fiscale.
Sur les conseils de son expert-comptable, M. Tardieu n'a exercé aucune option en matière fiscale.

Mission

Vous êtes stagiaire dans le cabinet ExpertPlus. Votre tuteur, M. Firmin, souhaite vous associer au suivi du dossier de l'EIRL WindWin. Il vous demande d'analyser son régime fiscal et d'en déterminer les conséquences.

Travail à faire

I Le champ d'application des BIC

Annexes 1 et 2
Fiche ressource 1
Fiche ressource 2

1. Identifier les éléments caractéristiques de l'entreprise :
- sa forme juridique depuis le 1er janvier 2019 ;
- son activité ;
- son siège social.

2. Justifier le choix de la forme juridique d'entreprise retenue par M. Tardieu à compter du 1er janvier 2019. Si M. Tardieu devait créer son entreprise en 2022, quelle forme juridique choisirait-il ?

3. À quel impôt direct les bénéfices réalisés dans le cadre de cette activité seront-ils soumis ? Justifier le fait que ces bénéfices relèvent du champ d'application des BIC.

4. Quel est l'autre revenu catégoriel à intégrer dans le revenu global imposable du foyer fiscal de M. Tardieu ?

5. Qui sera redevable de l'impôt calculé sur ce revenu global ?

II Les régimes d'imposition

Annexe 3
Fiche ressource 3

6. Pourquoi l'entreprise soumise au régime réel simplifié depuis le 01/01/2019 relève-t-elle, en 2022, du régime du réel normal ?

7. Préciser les conséquences comptables et fiscales du passage du régime du micro-entrepreneur à un régime réel.

III La détermination du résultat fiscal

Annexe 4
Fiche ressource 3
Fiche ressource 4

8. Déterminer le résultat fiscal imposable à l'IR dans la catégorie des BIC pour l'exercice comptable 2022.

9. Quelle sera la date limite de déclaration de ce résultat ?

10. Préciser les documents à fournir pour cette déclaration.

IV L'évolution de la forme juridique

M. Ruiz, un ami de M. Tardieu, fort de son expertise sportive de haut niveau dans le domaine du surf, souhaite investir dans le capital de l'entreprise WindWin. M. Tardieu envisage l'éventualité de s'associer avec lui.

Annexe 5
Fiche ressource 1

11. Citer les formes juridiques possibles si M. Tardieu s'associe avec M. Ruiz.

12. Présenter et justifier les conséquences de ce changement juridique sur l'imposition des résultats de l'entreprise WindWin.

13. Vérifier les taux de l'impôt sur les sociétés sur le site www.service-public.fr.

V La réalisation d'une veille informationnelle

P7 **14.** Vérifier si les sites Internet des organismes publics et privés qui sont mentionnés proposent de souscrire à des flux RSS.

Fiche ressource 5

P7 **15.** Citer l'outil permettant de recevoir en temps réel les informations de toutes les sources souscrites en flux RSS en un seul endroit. En donner un exemple.

Fiche ressource 7 (du chapitre 1)

Données de la situation

Annexe 1 **Les caractéristiques d'une EIRL : statut juridique, options fiscales**

L'EIRL (entreprise individuelle à responsabilité limitée) reprend les caractéristiques de l'entreprise individuelle mais s'en distingue sur deux points :
– l'étendue de la responsabilité ;
– la possibilité d'opter, dans certains cas, pour l'impôt sur les sociétés.

1. Informations juridiques
L'EIRL permet à tout entrepreneur individuel, créateur ou qui exerce déjà une activité commerciale, artisanale, libérale ou agricole, quel que soit son chiffre d'affaires, de protéger ses biens personnels des risques liés à son activité professionnelle, notamment en cas de faillite, en affectant à son activité professionnelle un patrimoine (le « patrimoine affecté »). Les créanciers professionnels de l'entrepreneur individuel ne peuvent poursuivre que le patrimoine affecté. Dans tous les cas, la résidence principale d'un entrepreneur individuel est insaisissable. L'insaisissabilité n'est toutefois pas opposable à l'administration fiscale en cas de fraude ou de manquements graves aux obligations fiscales, sociales ou comptables.

2. Informations fiscales
Le régime fiscal de l'EIRL permet à l'entrepreneur de choisir entre le régime de l'impôt sur le revenu et celui de l'impôt sur les sociétés :
– le régime de l'impôt sur le revenu (IR) est le régime de droit commun : le bénéfice fiscal réalisé par l'EIRL est imposable selon les règles applicables à la catégorie des revenus correspondant à la nature de l'activité exercée (commerciale, non commerciale ou agricole). Les EIRL à l'impôt sur le revenu sont traitées comme des entreprises individuelles classiques. L'entrepreneur est imposé à l'IR dans la catégorie des bénéfices industriels et commerciaux (BIC) s'il est commerçant ou artisan, des bénéfices non commerciaux (BNC) s'il est professionnel libéral ;
– le régime de l'impôt sur les sociétés (IS) s'applique sur option de l'exploitant, sauf si ce dernier est micro-entrepreneur. Il est possible de renoncer à cette option dans les 5 ans qui suivent son exercice. Ainsi, dans l'hypothèse où une EIRL dont l'exercice coïncide avec l'année civile a exercé son option au titre d'un exercice N, la renonciation à cette option devra intervenir au plus tard début N+5. Le bénéfice fiscal réalisé par l'EIRL est alors taxé à l'impôt sur les sociétés au taux réduit de 15 % et au taux normal de 25 % en fonction du seuil de bénéfice fiscal réalisé par l'EIRL en 2022.

Annexe 2 Nouveau statut de l'entrepreneur individuel

La loi « Indépendants » a créé un statut unique et protecteur pour tous les entrepreneurs individuels. De ce fait, le statut de l'EIRL devrait cesser progressivement et ses principaux avantages seront repris dans ce nouveau statut de l'entreprise individuelle (EI).

Plan Indépendants : synthèse des mesures

Thème	Dispositions
Statut de l'entreprise individuelle	Protection du patrimoine personnel Possibilité d'opter pour l'IS Suppression de l'EIRL Allongement du délai d'option pour le régime micro-entreprise Facilitation du passage en société
Protection sociale de l'indépendant	Modulation en temps réel des cotisations sociales Baisse du prix de l'adhésion à l'assurance volontaire Ouverture du statut de conjoint collaborateur au concubin
Reconversion et formation de l'indépendant	Doublement du crédit d'impôt formation Assouplissement des conditions d'octroi de l'allocation aux travailleurs Indépendants qui cessent une activité non viable économiquement.
Transmission de l'entreprise individuelle	Rehaussement des plafonds d'exonération des plus-values (Art. 238 du CGI) Déduction des dépréciations/amortissements du fonds de commerce
Information des entrepreneurs	Création d'un site internet unique pour les entrepreneurs

Annexe 3 Évolution du chiffre d'affaires hors taxes de l'EIRL WindWin

	2017	2018	2019	2020	2021	2022
Ventes de biens en France	34 400	74 500	134 680	232 000	528 900	567 800
Ventes de biens à l'étranger	0	6 800	45 500	78 900	235 000	246 100
Prestations de services	12 560	23 180	56 800	95 000	210 600	232 000
Chiffre d'affaires total	**46 960**	**104 480**	**236 980**	**405 900**	**974 500**	**1 045 900**

Annexe 4 Éléments de détermination du résultat fiscal pour l'exercice 2022

Résultat comptable apparaissant au compte de résultat et au bilan de l'EIRL WindWin : 51 302 €

Charges non déductibles : 45 796 €

Produits non imposables : 5 279 €

Annexe 5 Lien de veille fiscale

Actualité sur les taux de l'impôt sur les sociétés

Le « Précis de fiscalité » du ministère des Finances permet de consulter l'actualité sur les taux d'impôt sur les sociétés (livre VIII, paragraphes 3867 et suivants). Il est disponible en ligne à cette adresse : https://www.service-public.fr/professionnels-entreprises/vosdroits/F23575

Fiche ressource 1

L'imposition des résultats : principes généraux

Les bénéfices réalisés par une entreprise sont des revenus qui sont soumis à l'impôt.

Selon son statut juridique, l'entreprise sera assujettie au régime de l'impôt sur le revenu ou au régime de l'impôt sur les sociétés.

I Les deux régimes d'imposition des bénéfices

	LE RÉGIME DE L'IMPÔT SUR LE REVENU (IR)	LE RÉGIME DE L'IMPÔT SUR LES SOCIÉTÉS (IS)
ENTREPRISES CONCERNÉES	Ce régime concerne essentiellement les entreprises individuelles (EI) mais aussi : – les EIRL, EARL et EURL dont l'associé unique est une personne physique ; – la SARL de famille, sur option.	Ce régime concerne les sociétés commerciales suivantes : – les SA, SARL, SAS ; – l'EURL dont l'associé est une personne morale ou sur option ; – l'EIRL, sur option ; – L'EI sur option.
CARACTÉRISTIQUES	• L'entreprise n'ayant ni la personnalité juridique ni la personnalité fiscale, l'exploitant est donc redevable de l'impôt sur le revenu. • Le bénéfice imposable de l'entreprise est calculé puis déclaré par l'exploitant dans la catégorie des BIC. L'IR est calculé par l'administration fiscale à partir d'un barème progressif qui prend en compte la situation familiale du contribuable. C'est le revenu global imposable, qui intègre tous les revenus de tous les membres du foyer fiscal.	• L'entreprise ayant la personnalité juridique et fiscale, elle est donc redevable de l'impôt sur les sociétés. • L'entreprise calcule le bénéfice imposable ainsi que le montant de l'impôt dont elle est redevable. • Pour 2022, le taux d'imposition est de 25 % et sous certaines conditions un taux réduit de 15 % peut s'appliquer jusqu'à hauteur de 38 120 € de bénéfice fiscal.
	• En comptabilité, l'entreprise ne supporte aucune charge d'impôt sur les bénéfices.	• L'impôt est comptabilisé en classe 6 au débit du compte 695 « Impôts sur les bénéfices ». Le compte de résultat fait donc apparaître un résultat net après impôts. Une partie de ce résultat est distribuée aux associés sous forme de dividendes. Les associés seront eux-mêmes soumis à l'IS ou à l'IR sur les dividendes encaissés.

II La composition du revenu global imposable au régime de l'impôt sur le revenu (IR)

L'assiette imposable à l'IR est le revenu net global (RNG) annuel d'un foyer fiscal [1]. Ce revenu net global est composé des revenus nets des principales catégories suivantes :

Bénéfices industriels et commerciaux **BIC** + Traitements et salaires **TS** + Revenus mobiliers **RM** + Revenus fonciers **RF** + Bénéfices non commerciaux **BNC** + Bénéfices agricoles **BA**

=

Revenu net global (**RNG**) du foyer fiscal imposable à l'impôt sur le revenu (**IR**)

[1] Le foyer fiscal comprend le contribuable, son conjoint s'il est marié ou lié par un PACS, ainsi que les enfants à charge.

Le foyer fiscal déclare l'ensemble des revenus perçus au titre d'une ou plusieurs des catégories suivantes.

REVENUS CATÉGORIELS	DÉFINITIONS
Bénéfices industriels et commerciaux (BIC)	Revenus tirés d'une activité industrielle, commerciale ou artisanale
Traitements et salaires (TS)	Revenus tirés d'une activité salariée (contrat de travail et lien de subordination)
Bénéfices non commerciaux (BNC)	Revenus tirés d'une activité libérale
Bénéfices agricoles (BA)	Revenus tirés des exploitations agricoles
Revenus fonciers (RF)	Revenus tirés de la location d'un bien immobilier (bâti ou non) par un propriétaire
Revenus de capitaux mobiliers (RCM)	Intérêts des placements à revenus fixes (obligations) et à revenus variables (actions)

III L'imposition des bénéfices : synthèse

Principaux modes d'imposition des entreprises en fonction de leur forme juridique et de leur activité

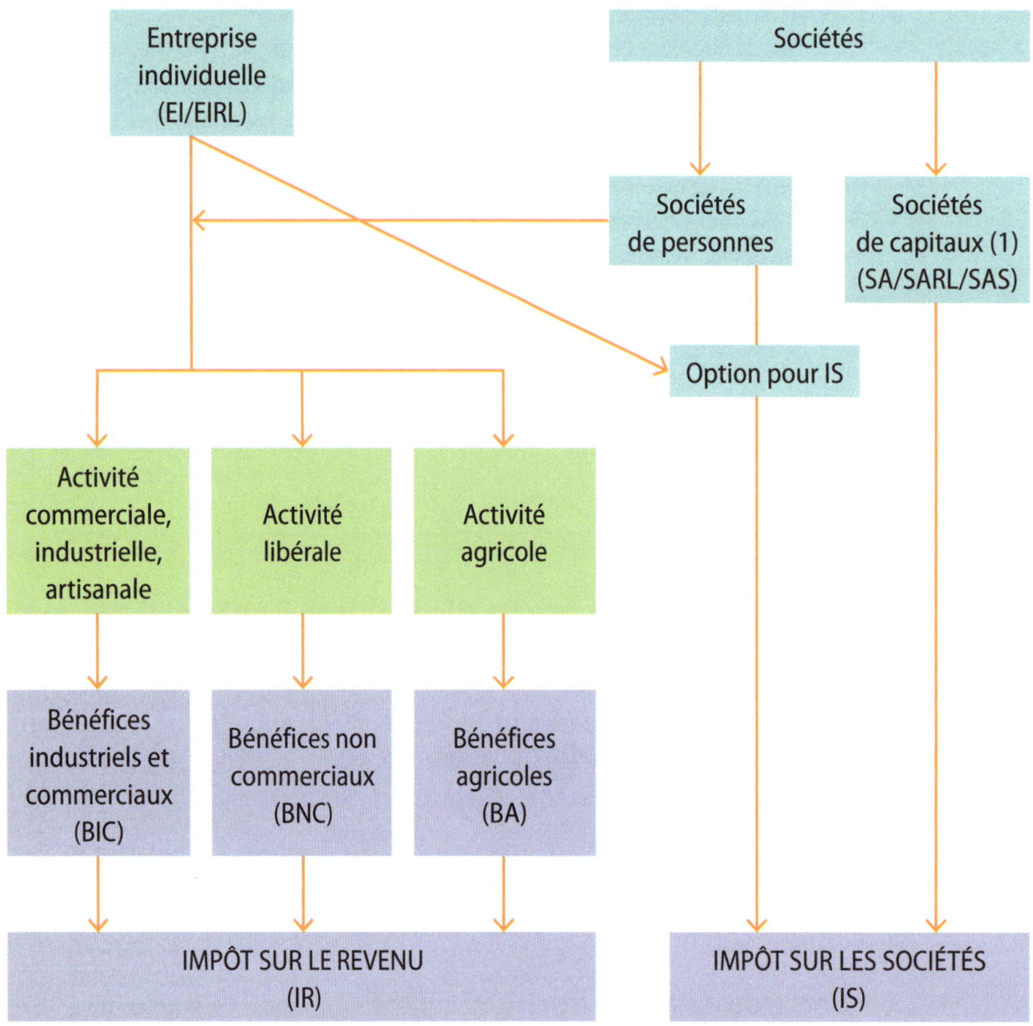

(1) Ces sociétés peuvent, sous certaines conditions, opter pour l'IR à la place d'une imposition des bénéfices à l'IS.

Fiche ressource 2

Les champs d'application des BIC

La catégorie des bénéfices industriels et commerciaux (BIC) concerne les bénéfices réalisés par l'entreprise individuelle et les sociétés non soumises à l'IS.

I Les personnes imposables

Les BIC sont réalisés par les personnes physiques qui exercent une profession commerciale, industrielle ou artisanale à titre habituel, pour leur propre compte et dans un but lucratif.

II Les activités imposables

1. Les activités imposables par nature

Aux termes de l'article 34 du CGI, cette catégorie suppose l'exercice habituel d'une profession industrielle, commerciale ou artisanale.

Sont notamment considérées comme des opérations imposables par nature :
– la revente de biens en l'état ou après transformation ;
– les activités de services, transports ;
– la location de biens meubles ;
– la fourniture de logement et de nourriture (hôtellerie, restauration…) ;
– les opérations de commission, de courtage et de banque ;
– les industries de transformation et extractives…

Les professions artisanales sont celles des contribuables qui exercent pour leur propre compte une activité manuelle et qui tirent principalement leurs profits de la rémunération de leur propre travail.

2. Les activités imposables par disposition expresse de la loi

Ces activités sont énumérées à l'article 35 du CGI.

Il s'agit essentiellement des activités :
– de marchand de biens et de lotisseurs : achat/vente d'immeubles, de fonds de commerce, de parts de sociétés immobilières, de construction d'immeubles… ;
– de location en meublé…

3. Les activités accessoires aux activités industrielles et commerciales

Lorsqu'une entreprise industrielle ou commerciale étend son activité à des opérations relevant des bénéfices agricoles ou non commerciaux, le régime des BIC s'applique aux résultats de ces activités accessoires. L'activité industrielle ou commerciale doit toutefois être prépondérante par rapport aux autres activités.

III La territorialité

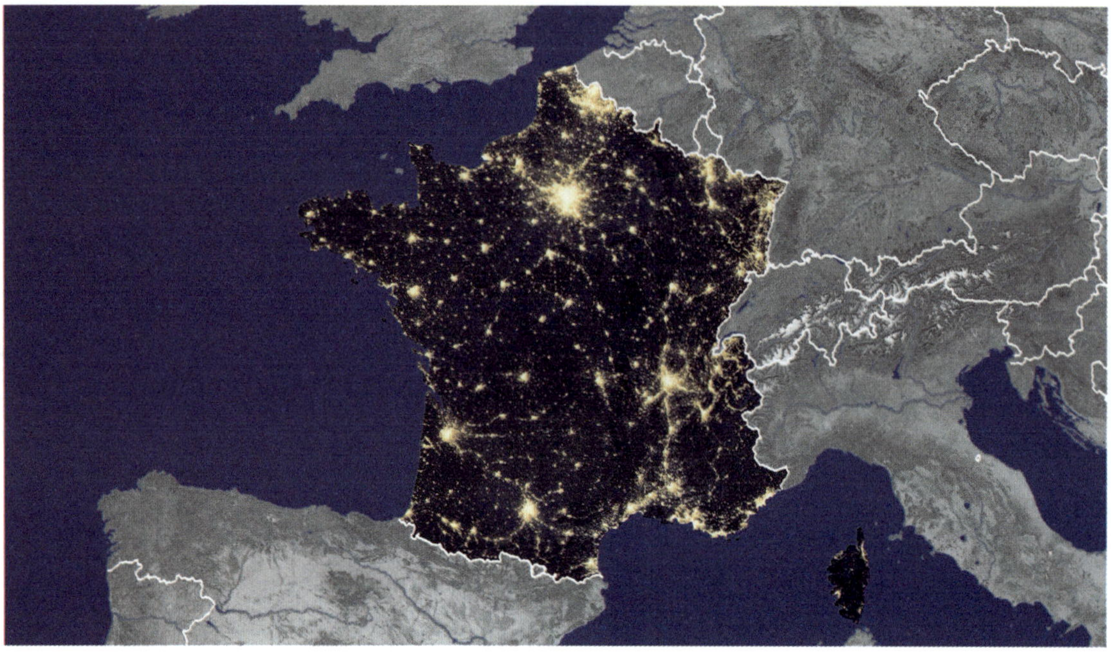

On doit retenir les bénéfices des exploitations industrielles et commerciales situées en France.

En ce qui concerne les exploitations situées hors de France, si l'exploitant a son domicile fiscal :
– hors de France, il n'est pas imposable en France ;
– en France, il est imposable même s'il s'agit d'exploitations situées hors de France (sauf convention internationale).

IV La périodicité d'imposition

L'impôt sur le revenu est calculé et déclaré par année civile mais l'exercice comptable de l'entreprise pour lequel est déterminé le bénéfice fiscal soumis aux BIC peut ne pas correspondre à cette période. Aussi, les résultats de l'exercice comptable sont imposés aux BIC au titre de l'année au cours de laquelle l'exercice comptable est clôturé.

> Exemple
>
> Le résultat fiscal dégagé par une entreprise individuelle soumise aux BIC pour un exercice comptable du 01/04/N-1 au 30/03/N sera soumis à l'IR dans la catégorie des BIC au titre de l'année N avec les autres revenus catégoriels de l'année civile N (TS, RF…).

Fiche ressource 3

Les principales caractéristiques des différents régimes d'imposition

Le champ d'application d'un régime fiscal dépend de la nature de l'activité exercée et du montant du chiffre d'affaires annuel.

En règle générale, pour caractériser l'application d'un régime fiscal pour une année N, il faut retenir le CA HT de l'année N-1 (sauf dans le régime micro où le dépassement des seuils doit être vérifié sur deux exercices consécutifs, N-1 et N-2 avant de passer à un régime réel).

Les seuils de chiffres d'affaires sont actualisés tous les 3 ans. Ceux donnés ci-dessous représentent la situation des entreprises pour les exercices 2020, 2021 et 2022.

Veille fiscale sur : https://www.service-public.fr/professionnels-entreprises/vosdroits/F32919

	MICRO ENTREPRISE (BIC (1)	RÉEL SIMPLIFIÉ	RÉEL NORMAL
Activités : ventes de biens *Vente de marchandises, objets, fournitures et denrées à emporter ou à consommer sur place ou de fourniture de logement comme les hôtels (sauf location de locaux meublés assimilée à des services)*	CA HT ≤ 176 200 € (2)	CA HT ≤ 818 000 € (2)	CA HT > 818 000 € (2)
Activités : ventes de services ainsi que la location de locaux meublés	CA HT ≤ 72 600 € (2)	CA HT ≤ 247 000 € (2)	CA HT > 247 000 € (2)
Détermination du résultat fiscal	Le bénéfice est évalué par l'Administration par application d'un pourcentage d'abattement forfaitaire appliqué au chiffre d'affaires, ce qui rend impossible la constatation d'un déficit.	Identique au régime du réel normal	Le résultat fiscal est déterminé à partir du résultat comptable corrigé des déductions et réintégrations fiscales.
Obligations comptables et déclaratives	– La tenue d'une comptabilité n'est pas obligatoire (dispense de bilan et compte de résultat). – L'entreprise doit tenir un registre présentant le détail des achats et des ventes. – Aucune déclaration de résultats n'est à produire.	Identique au régime du réel normal mais les tableaux comptables et fiscaux sont allégés.	– La tenue de la comptabilité doit être régulière, sincère et s'appuyer sur des pièces justificatives. – La déclaration du résultat du dernier exercice se fait chaque année, au plus tard le 2e jour ouvré qui suit le 1er mai (3).
Documents à fournir	Seul le chiffre d'affaires est à mentionner sur la déclaration des revenus n° 2042 C PRO.	Liasse fiscale : formulaires nos 2033-A à G + déclaration des résultats n° 2031 + n° 2042 C PRO	Liasse fiscale : formulaires nos 2050 à 2059 G + déclaration des résultats n° 2031 + n° 2042 C PRO
Chaque entreprise soumise de plein droit à un régime particulier peut opter pour un régime supérieur.			

(1) Seules les entreprises individuelles peuvent bénéficier de ce régime en fonction de leur CA HT (EI, EIRL, EURL).
(2) Si l'entreprise effectue deux types d'opérations (ventes de biens et prestations de services), il faut apprécier :
– d'une part, le CA HT global des deux activités et le comparer aux seuils applicables aux entreprises de ventes ;
– d'autre part, le CA HT propre aux prestations de services et le comparer aux seuils applicables aux entreprises de services.
Ainsi, lorsqu'une entreprise réalise des ventes de biens et de services, le régime simplifié sera applicable si le chiffre d'affaires total hors taxes ne dépasse pas 818 000 € **et** si le chiffre d'affaires hors taxes des prestations de services ne dépasse pas 247 000 €.
(3) Pour les entreprises qui réalisent un dépôt des résultats en mode EDI ou en mode EFI, l'administration fiscale accorde un délai supplémentaire de 15 jours calendaires au-delà du délai légal, soit le 18 mai pour 2022 et le 19 mai pour 2023.

Fiche ressource 4

Les principes de détermination du résultat fiscal

La détermination du résultat fiscal des entreprises soumises à un régime réel d'imposition (simplifié ou normal) s'effectue à partir du résultat comptable.

Lorsque les règles comptables divergent des règles fiscales fixées par le Code général des impôts, l'entreprise doit déterminer le résultat fiscal à partir du résultat comptable en y apportant certaines corrections.

- Les *déductions* consistent à retrancher du résultat comptable :
– certains produits qui ne sont pas imposables du point de vue fiscal ;
– certains éléments qui bénéficient d'un régime fiscal spécial (plus-values à long terme, évaluations des créances et dettes libellées en devises autres que l'euro…).
- Les *réintégrations* consistent à ajouter au résultat comptable :
– certaines charges qui ne sont pas déductibles du point de vue fiscal ;
– certains éléments qui bénéficient d'un régime fiscal spécial (plus-values à court terme, évaluations des créances et dettes libellées en devises autres que l'euro…).

Exemple

Exemple simplifié de détermination d'un résultat fiscal dans le cadre d'un régime réel (simplifié ou normal).

La détermination du résultat comptable (compte de résultat) : les règles du PCG

Total des charges	50	Total des produits	150
Résultat comptable (bénéfice)	**100**		

La détermination du résultat fiscal (tableau extracomptable) : l'application des règles du CGI

TABLEAU DE DÉTERMINATION DU RÉSULTAT FISCAL DE L'EXERCICE N		
Éléments	**Déductions**	**Réintégrations**
Bénéfice comptable 100 (En cas de perte comptable, cette dernière sera à déduire.)		**100**
Produits non imposables (à détailler)	30	
Charges non déductibles (à détailler)		70
Totaux	**30**	**170**
Résultat fiscal (bénéfice) (ou déficit si Total des déductions > Total des réintégrations)	**140**	

Fiche ressource 5

Exemples d'organismes d'information, de veille fiscale et services en ligne dédiés aux professionnels

	ORGANISMES	LIENS INTERNET	CARACTÉRISTIQUES
ORGANISMES PRIVÉS	Revue fiduciaire	http://corporate.grouperf.com	Toute l'actualité et l'information fiscale, sociale, juridique et comptable pour les entreprises et leurs conseils… *Informations accessibles par abonnement*
	Éditions Francis Lefebvre	www.efl.fr	Éditeur juridique spécialisé en droit des entreprises : droit fiscal, droit social, comptabilité… *Informations accessibles par abonnement*
	NetPME	www.netpme.fr	Portail de services et d'informations pratiques à destination des créateurs et dirigeants de TPE-PME. Modèles de contrats, outils de pilotage, guides… *Informations générales gratuites, guides pratiques payants*
ORGANISMES PUBLICS	Site des formalités d'entreprises	https://formalites.entreprises.gouv.fr	Ce site centralise l'ensemble des formalités administratives que doivent accomplir les professionnels pour immatriculer, modifier ou cesser leur entreprise ou encore déposer leurs comptes. Au 1er janvier 2023 ce site remplacera les centres de formalités des entreprises (CFE).
	Site de la Direction générale des Finances publiques	www.impots.gouv.fr	Informations fiscales des particuliers, professionnels et documentations diverses (notamment la recherche de formulaires). *Informations libres et espaces sécurisés pour les contribuables particuliers et professionnels (déclarations/paiements)*
	Site officiel de l'administration française	www.service-public.fr	De très nombreuses informations actualisées pour les particuliers, les professionnels et les associations. Possibilité d'obtenir tous les formulaires (imprimés officiels) en ligne. *Informations libres*
	Portail de l'Économie et des Finances	www.economie.gouv.fr/cedef	Site généraliste sur l'actualité économique et des finances. Le CEDEF (Centre de documentation économie-finances) est le centre de documentation des ministères économiques et financiers dédié au public externe. Il propose des prestations documentaires. *Informations libres*
	Centre d'information et d'orientation de référence	www.entreprendre.service-public.fr	Ressources fiables, actualisées, personnalisées et gratuites sur les outils pour créer, conduire et développer l'activité économique.
	Outil de pilotage et de gestion du quotidien	www.portailpro.gouv.fr	Ce site permet d'effectuer simplement l'ensemble des démarches fiscales (impôts), douanières, et sociales (Urssaf)

Applications

1 Détermination d'un régime d'imposition

Vous êtes stagiaire dans un cabinet d'expertise comptable et votre maître de stage M. Sambou souhaite évaluer vos connaissances. Vous disposez d'un tableau qui récapitule, pour différentes entreprises, les chiffres d'affaires annuels liés à diverses activités :
- l'entreprise individuelle Saveur d'été commercialise des produits alimentaires régionaux ;
- la SARL Garage de Provence a pour activité la vente et l'entretien de véhicules ;
- la SA Micro Info commercialise et assure la maintenance de matériels et réseaux informatiques ;
- la SAS Fleur de cuir fabrique des objets de maroquinerie ;
- l'EIRL SOS Plomberie est spécialisée dans la vente et l'installation de systèmes de chauffage.

Déterminer le régime d'imposition applicable à chacune de ces entreprise pour l'exercice 2022 en considérant que le chiffre d'affaires 2020 était sensiblement identique à celui de 2021.

Document **Tableau récapitulatif**

	Chiffres d'affaires 2021				
	Saveur d'été	Garage de Provence	Micro Info	Fleur de cuir	SOS Plomberie
Ventes de biens	53 400 €	650 000 €	320 000 €	78 000 €	380 000 €
Prestations de services	–	210 000 €	195 000 €	–	310 000 €

2 Principe général de détermination d'un résultat fiscal

Vous effectuez un stage dans un cabinet d'expertise comptable et prenez connaissance d'informations comptables et fiscales de certaines entreprises clientes pour l'exercice N. Votre maître de stage vous demande d'effectuer le calcul du résultat fiscal de ces entreprises soumises à un régime réel d'imposition.

1. **Calculer le résultat fiscal de chacune des entreprises.**
2. **La détermination de ces résultats fiscaux aurait-elle été identique si ces entreprises avaient été soumises au régime du micro-entrepreneur ?**

Document **Informations nécessaires au calcul du résultat fiscal**

	SA Pierre	SARL Henri	EIRL Robert	SAS Louis
Solde du compte de résultat	25 000 € (compte 120)	180 000 € (compte 129)	18 000 € (compte 120)	21 000 € (compte 129)
Total des charges non déductibles	12 000 €	68 000 €	5 300 €	45 000 €
Total des produits non imposables	6 000 €	44 000 €	34 000 €	6 800 €

3 Analyse du régime d'imposition d'une TPE

Mme Dumas souhaite créer sa microentreprise dans le domaine de la création et de la vente de bijoux artisanaux. Elle s'interroge sur les avantages du statut de micro-entrepreneur communément appelé auto-entrepreneur. L'analyse prévisionnelle fait apparaître une évaluation du chiffre d'affaires de 27 000 €. Elle vous consulte afin de répondre à ses interrogations.

1. **Quelles sont les démarches nécessaires à la création de cette microentreprise ?**
2. **De quel régime d'imposition l'activité de Mme Dumas relèvera-t-elle ?**
3. **Déterminer le montant du résultat fiscal prévisionnel.**
4. **Préciser les obligations comptables et déclaratives propres à ce régime.**
5. **Quels sont les avantages du statut de micro-entrepreneur ?**

Document 1 Le régime de la microentreprise

C'est un régime spécifique mis en place depuis le 1er janvier 2009 pour les entreprises individuelles artisanales, commerciales ou libérales qui relèvent du régime fiscal de la microentreprise. Il offre des formalités de création d'entreprises allégées ainsi qu'un mode de calcul et de paiement simplifié des cotisations et contributions sociales et de l'impôt sur le revenu. *Le régime fiscal de la microentreprise est caractérisé par les éléments suivants :*

– une franchise en base de TVA est possible si le chiffre d'affaires ne dépasse pas certaines limites (94 300 € pour les entreprises de ventes de marchandises à emporter ou à consommer sur place et 36 500 € pour les prestations de services et professions libérales). Dans ce cas, l'entreprise ne facture pas de TVA et ne la récupère pas. Dès que ces seuils sont dépassés, l'entreprise est soumise à la TVA.

– un abattement forfaitaire lors du calcul du résultat de l'entreprise (le taux d'abattement est de 71 % pour les entreprises exerçant une activité d'achat-revente ou de fourniture de logement, de 50 % pour les prestations de services commerciaux et de 34 % pour les prestations de services non commerciaux) ;

– des obligations comptables et déclaratives simplifiées ;

– pas de déficit possible : l'exploitant individuel ne peut pas l'imputer sur son revenu global.

Document 2 Quelles sont les conditions pour créer une microentreprise ?

Si vous êtes sûr, dans un premier temps, de vouloir travailler seul (pas d'associés ni de salariés) et si vous envisagez de ne pas dépasser un CA annuel maximum de 72 600 € pour des prestations de services ou de 176 200 € pour la vente de biens, vous pouvez envisager la création d'une micro-entreprise avec le statut de micro-entrepreneur. Il existe plusieurs solutions pour créer une auto-entreprise avec le statut de micro-entrepreneur : soit sur le nouveau site https://formalites.entreprises.gouv.fr, soit réaliser sa déclaration directement en ligne sur le site www.portail-autoentrepreneur.fr. L'INSEE générera un numéro SIRET (Système Informatique pour le Répertoire des Entreprises sur le Territoire). Il s'agit d'un identifiant d'établissement formé de 14 chiffres composé du SIREN (Système Informatique pour le répertoire des entreprises : 9 chiffres) et du NIC (Numéro Interne de Classement : 5 chiffres).

En fonction de son activité, le créateur devra s'immatriculer au registre du commerce et des sociétés (RCS) si son activité est commerciale ou au répertoire des métiers (RM) si son activité est artisanale. Même si la déclaration d'activité est simplifiée, le micro-entrepreneur doit respecter les obligations liées à son activité : qualification professionnelle, assurance professionnelle, respect des normes techniques et de réglementation générale.

Pour bénéficier du régime d'imposition, il faut respecter des seuils de chiffre d'affaires mentionnés en fiche ressource 3 dans la colonne MICRO-BIC.

Document 3 **Quels sont les avantages du régime du micro-entrepreneur ?**

Le micro-entrepreneur bénéficie :
– d'une dispense des frais liés aux formalités d'immatriculation ;
– du régime microsocial simplifié. C'est une modalité de règlement simplifié des cotisations et contributions sociales qui consiste en un paiement mensuel ou trimestriel dont le montant est calculé en appliquant un taux forfaitaire au chiffre d'affaires réalisé [...] ;
– d'une option pour le versement libératoire de l'impôt sur le revenu à condition que le revenu global du foyer fiscal ne dépasse pas un certain seuil.

Le versement libératoire de l'impôt sur le revenu est calculé en appliquant au chiffre d'affaires, ou aux recettes, un taux spécifique (1 % pour les ventes, 1,70 % pour les prestations BIC et 2,20 % pour les prestations BNC et les activités libérales). [...]

4 Activités imposables

Stagiaire dans un cabinet d'expertise comptable, vous êtes sollicité(e) afin de déterminer le régime d'imposition de différentes activités exercées par des clients du cabinet.

1. **Indiquer si les activités décrites relèvent du régime d'imposition de l'IR ou de l'IS.**
2. **Préciser, pour celles relevant du régime de l'IR, s'il s'agit de bénéfices industriels ou commerciaux ou d'un autre revenu catégoriel.**
3. **Justifier vos réponses.**

Document **Les différentes activités exercées par des clients du cabinet**

1. Mme Color est propriétaire exploitant d'un salon de coiffure à Nice.
2. La SARL TransRhône, située à Marseille, assure le transport par route de containers en France et en Europe.
3. M. Marc, après avoir longtemps exercé son métier d'infirmier en hôpital, décide de s'installer à son compte. Il ouvre un cabinet de soins et se déplacera aussi au domicile des patients.
4. M. Plans, associé unique d'une EARL, est éleveur de moutons dans la plaine de la Crau.
5. La SARL Palette, située à Aix-en-Provence, réalise des travaux de peinture (intérieur et extérieur), de pose de papiers peints et de revêtements de sol.
6. M. Franc, ouvrier professionnel plomberie, est employé par une collectivité locale. Le week-end, il travaille à son compte et effectue des petits travaux de plomberie chez des particuliers.
7. M. Navaho est ébéniste. Il propose la rénovation de meubles anciens, la création de meubles ainsi que la conception, la réalisation et l'installation de meubles de cuisine.
8. Mme Bale est propriétaire exploitant d'un commerce de linge de maison.
9. M. Pack commercialise des emballages en verre pour lesquels il s'approvisionne essentiellement en Allemagne.
10. M. Imberto est propriétaire à Cavaillon de l'hôtel-restaurant Au bec fin, qu'il exploite avec son épouse.

Chapitre 7

BIC : le régime fiscal des produits

Activité	Composante d'activité	Compétence	P7	Vers Pix
3.3. Traitement des opérations relatives aux impôts directs	**3.3.2.** Détermination du résultat fiscal (BIC)	Identifier et évaluer les réintégrations et déductions extracomptables nécessaires pour déterminer le résultat fiscal imposable dans le cas des BIC	– L'exploitation des données de façon automatisée et reproductible – La traçabilité des opérations	**1.3.** Traiter des données

Situation professionnelle

L'EIRL WindWin clôture son sixième exercice comptable au 31 décembre 2022.
Au cours du premier trimestre 2023, le cabinet d'expertise comptable ExpertPlus a terminé les travaux d'inventaire et les écritures qui en découlent.

L'exercice 2022 dégage un bénéfice comptable définitif de 51 302,00 €.
Le cabinet ExpertPlus procède maintenant à la détermination du résultat fiscal de l'exercice.

Mission

Dans le cadre des travaux de détermination du résultat fiscal, votre tuteur, M. Firmin, vous associe, dans un premier temps, à l'analyse des comptes de produits afin d'identifier et d'évaluer les retraitements extra-comptables nécessaires (réintégrations et déductions).

Vous disposez de données extraites du PGI de l'entreprise et d'une documentation fiscale.

Dès que vous constaterez la nécessité d'effectuer un retraitement fiscal, vous compléterez le tableau préparatoire de détermination du résultat fiscal fourni en fin d'ouvrage et éventuellement reproduit sur tableur.

Travail à faire

I L'organisation du travail

Votre tuteur, M. Firmin, vous demande de faire une analyse fiscale des comptes de produits.

1. En quoi consiste ce travail ? Quel est l'objectif visé ?
2. À partir de quel(s) document(s) comptable(s) pouvez-vous réaliser ce travail ?
3. Quelle information comptable servira de base au calcul du résultat fiscal ?

Fiche ressource 1

II L'analyse des ventes

Afin de préparer votre travail, vous collectez diverses données du système d'information comptable afin de repérer des éléments à retraiter.
À la lecture du grand-livre des ventes, vous constatez que le compte 70111 présente une écriture d'OD.

4. Quelle écriture comptable a été enregistrée à l'inventaire ? De quel type de régularisation s'agit-il ?
5. Indiquer la raison pour laquelle l'entreprise a dû enregistrer cette écriture de régularisation en comptabilité. Quel principe comptable a-t-elle respecté ?
6. Préciser le régime fiscal applicable à cette opération pour la détermination du résultat imposable de l'entreprise.

Annexe 1
Annexe 2
Fiche ressource 2

III Les revenus d'immeubles

L'entreprise WindWin possède un immeuble dont une partie est mise en location non liée à l'activité.

7. Dans quel cas les loyers perçus doivent-ils faire l'objet d'un retraitement en revenus fonciers ?
8. Analyser et préciser le régime fiscal applicable à cette opération pour la détermination du résultat imposable de l'entreprise.

Annexe 1
Annexe 3
Fiches ressources 2 et 4

IV Les revenus des titres

Les excédents de trésorerie liés à l'activité professionnelle de l'EIRL WindWin ont permis l'acquisition de titres de la SARL Sports Extrêmes, soumise à l'IS, un revendeur important des produits de WindWin. Ces titres ont été comptabilisés dans le compte 50310 «VMP Sports Extrêmes» et ont généré le versement de dividendes.

9. Indiquer le régime fiscal applicable à ces dividendes perçus et préciser dans quelle catégorie de revenus ils seront à déclarer.
10. Préciser l'imprimé fiscal sur lequel ce retraitement sera effectué.

Annexe 1
Annexe 4
Fiches ressources 3 et 4

V Les gains de change

L'EIRL compte parmi ses clients un revendeur marocain de planches, Vagues et Planches, situé à Rabat, avec qui elle entretient des relations commerciales régulières. WindWin émet ses factures en dirhams (MAD), conformément aux accords commerciaux avec ce client.

11. Dans quel cas une entreprise est-elle amenée à constater des gains ou des pertes de change en comptabilité ?

12. Justifier par le calcul la différence de change liée à l'encaissement de la facture n° 302 du client Vagues et Planches. Expliquer qu'il s'agit d'un gain de change et qu'il est définitif.

13. Indiquer le traitement fiscal de ce gain de change.

14. Préciser la raison pour laquelle l'entreprise a mouvementé le compte 4771 au 31/12/2022 afin d'enregistrer la différence de change liée à la facture n° 487 du client Vagues et Planches.

15. Justifier par le calcul la différence latente de change constatée au 31/12/2022 et indiquer son traitement fiscal.

Annexe 1
Annexe 5
Fiche ressource 3

VI La subvention d'équipement

L'EIRL WindWin a investi, courant 2020, dans une machine industrielle pour laquelle l'agence de bassin lui a octroyé une subvention d'équipement.

16. Qu'est-ce qu'une subvention ? Préciser les trois grands types de subventions répertoriés par le PCG.

17. Indiquer les deux modalités d'imposition possibles d'une subvention d'équipement. Des divergences entre les règles comptables et fiscales sont-elles constatées ?

18. Retrouver par le calcul la quote-part de la subvention d'équipement virée au résultat au 31/12/2022.

19. Préciser le régime fiscal applicable à cette quote-part.

20. Retrouver par le calcul la somme inscrite en « à-nouveau » dans le compte 13915 « Subventions d'équipement inscrites au compte de résultat ».

Annexe 1
Annexe 6
Fiche ressources 2 et 5

VII Synthèse

Vous venez de terminer l'analyse fiscale des produits de l'entreprise WindWin.

P7 **21.** Contrôler que vous avez correctement mentionné tous les retraitements fiscaux relatifs aux produits sur le tableau préparatoire (feuille Excel) de détermination du résultat fiscal de l'EIRL WindWin pour l'exercice 2022.

NB : ce tableau sera à compléter par le retraitement des charges (chapitres 8 et 9) et des plus ou moins-values (chapitre 10) afin de calculer le résultat fiscal définitif de l'EIRL WindWin.

Données de la situation

Annexe 1 Extrait du plan des comptes de l'EIRL WindWin

Extrait du plan de comptes général de l'entreprise

N° DE COMPTE	INTITULÉ DES COMPTES
13150	Subventions d'équipement – Collectivités publiques
13915	Subventions d'équipement inscrites au compte de résultat
21541	Matériel industriel antipollution
47710	Différences de conversion – Passif
50310	VMP Sports Extrêmes
70111	Ventes de planches de surf en France
70121	Ventes de paddles en France
70131	Ventes de kitesurfs en France
70112	Ventes de planches de surf en UE
70122	Ventes de paddles en UE
70132	Ventes de kitesurfs en UE
70113	Ventes de planches de surf à l'étranger
70123	Ventes de paddles à l'étranger
70133	Ventes de kitesurfs à l'étranger
70701	Ventes d'accessoires en France
70702	Ventes d'accessoires en UE
70703	Ventes d'accessoires à l'étranger
70600	Prestations de services
75200	Revenus des immeubles non affectés à des activités professionnelles
75600	Gains de change sur créances et dettes commerciales
76400	Revenus des valeurs mobilières de placement
77700	Quote-part des subventions d'investissement virée au résultat de l'exercice

Extrait du plan de comptes de tiers

COMPTE COLLECTIF	NUMÉRO TIERS	INTITULÉ DES COMPTES
41100	VAG	Client Vagues et Planches

Annexe 2 Extrait du grand-livre des ventes de l'EIRL WindWin

70111 – VENTES DE PLANCHES DE SURF EN FRANCE						
Date	Journal	N° de pièce	Libellé	Débit	Crédit	Solde
[...]	[...]	[...]	[...]		[...]	[...]
29/12/2022	VT	525	Facture client Robin		600,00	– 162 880,00
[...]	[...]	[...]			[...]	[...]
31/12/2022	OD	528	Facture client Maurice à établir		780,00	– 168 920,00

Annexe 3 Suivi des revenus des immeubles

Extrait du grand-livre

75200 – REVENUS DES IMMEUBLES NON AFFECTÉS À DES ACTIVITÉS PROFESSIONNELLES						
Date	Journal	N° de pièce	Libellé	Débit	Crédit	Solde
05/01/2022	BQ	56	Virement loyer de janvier		500,00	– 500,00
[...]	[...]	[...]	[...]		[...]	[...]
05/12/2022	BQ	1213	Virement loyer de décembre		500,00	– 6 000,00

Informations complémentaires

Dans l'immeuble acquis en 2020 et inscrit à l'actif du bilan, l'entreprise a affecté :
– le rez-de-chaussée à la commercialisation des produits ;
– le premier étage à la location à un particulier à titre de logement principal. Le loyer est encaissé le 5 de chaque mois par virement bancaire.

Le montant annuel des loyers perçus est marginal, il ne dépasse pas 5 % de l'ensemble des produits de l'exercice. L'EIRL opte pour laisser ces produits dans le résultat professionnel (BIC).

Annexe 4 Extrait du grand-livre relatif aux revenus des titres

76400 – REVENUS DES VMP						
Date	Journal	N° de pièce	Libellé	Débit	Crédit	Solde
10/09/2022	BQ	882	Virement dividendes Sports Extrêmes		1 440,00	– 1 440,00

Annexe 5 Opérations commerciales avec le client Vagues et Planches

Extrait du grand-livre

411VAG – CLIENT VAGUES ET PLANCHES						
Date	Journal	N° de pièce	Libellé	Débit	Crédit	Solde
08/03/2022	VT	302	Ventes kitesurfs	8 500,00		8 500,00
30/04/2022	BQ	412	Virement / facture n° 302		8 500,00	0,00
12/12/2022	VT	487	Ventes paddles	3 700,00		3 700,00
31/12/2022	OD	532	Différence de conversion	32,98		3 732,98

75600 – GAINS DE CHANGE SUR CRÉANCES ET DETTES COMMERCIALES						
Date	Journal	N° de pièce	Libellé	Débit	Crédit	Solde
30/04/2022	BQ	412	Virement client Vagues et Planches		83,95	– 83,95

47710 – DIFFÉRENCES DE CONVERSION – PASSIF						
Date	Journal	N° de pièce	Libellé	Débit	Crédit	Solde
31/12/2022	OD	532	Différence de conversion		32,98	– 32,98

•••

•••

Cours du dirham marocain (MAD)

Date	Pour 1 €
08/03/2022	11,2481 MAD
30/04/2022	11,1381 MAD
12/12/2022	11,1825 MAD
31/12/2022	11,0837 MAD

Annexe 6 Extrait du grand-livre relatif à la subvention d'équipement

21541 – MATÉRIEL INDUSTRIEL ANTIPOLLUTION						
Date	Journal	N° de pièce	Libellé	Débit	Crédit	Solde
01/01/2022	AN	1	À-nouveau	42 000,00		42 000,00

13150 – SUBVENTIONS D'ÉQUIPEMENT – COLLECTIVITÉS PUBLIQUES						
Date	Journal	N° de pièce	Libellé	Débit	Crédit	Solde
01/01/2022	AN	1	À-nouveau		12 600,00	– 12 600,00

13915 – SUBVENTIONS D'ÉQUIPEMENT INSCRITES AU COMPTE DE RÉSULTAT						
Date	Journal	N° de pièce	Libellé	Débit	Crédit	Solde
01/01/2022	AN	1	À-nouveau	1 837,50		1 837,50
31/12/2022	OD	782	Quote-part virée au résultat	1 260,00		3 097,50

77700 – QUOTE-PART DES SUBVENTIONS D'INVESTISSEMENT VIRÉE AU RÉSULTAT DE L'EXERCICE						
Date	Journal	N° de pièce	Libellé	Débit	Crédit	Solde
31/12/2022	OD	782	Quote-part subvention de bassin		1 260,00	– 1 260,00

Informations complémentaires

Lors de l'exercice 2020, M. Tardieu a investi dans une machine qui permet le recyclage de certains déchets liés à la fabrication des planches. L'agence de bassin (collectivité publique) lui a octroyé une subvention d'équipement pour installation antipollution le 17 juin 2020. Le coût d'achat de ce matériel est de 42 000 € HT et la subvention octroyée s'élève à 12 600 €. L'entreprise a décidé d'opter pour l'étalement de l'imposition de cette subvention.

– Date d'acquisition du matériel : 11/07/2020
– Date de mise en service du matériel : 16/07/2020
– Amortissement fiscal : linéaire avec une durée d'usage de 10 ans
– Amortissement économique : linéaire avec une durée réelle d'utilisation de 10 ans

Fiche ressource 1

Du résultat comptable au résultat fiscal

Le résultat comptable est calculé en application des règles comptables.

Le respect des règles fiscales conduit à déterminer un résultat fiscal après analyse des charges et des produits comptables.

Ainsi, le travail se déroule en deux étapes :
– l'analyse fiscale des produits afin de déduire les produits non imposables ;
– l'analyse fiscale des charges afin de réintégrer les charges non déductibles.

Passage du résultat comptable au résultat fiscal

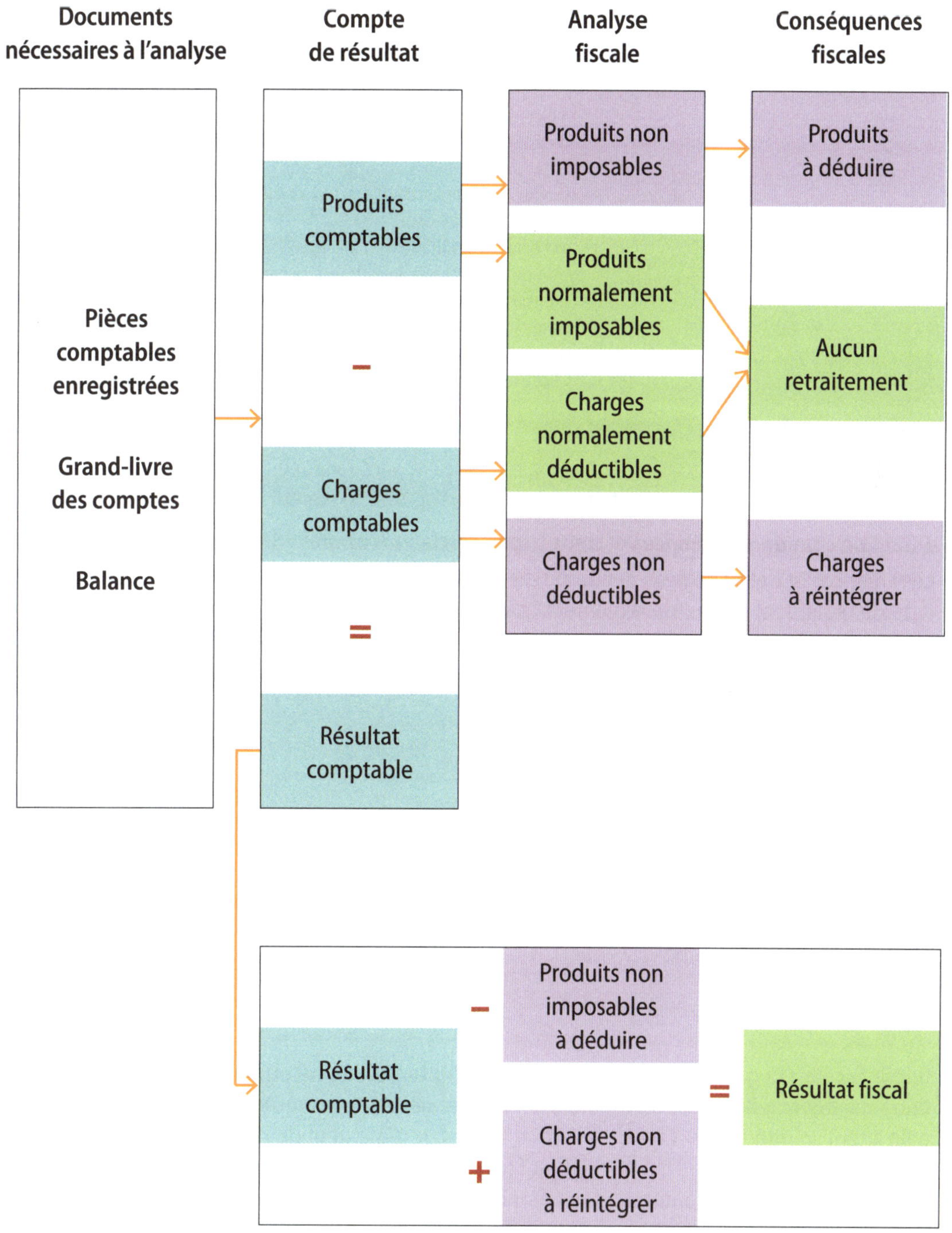

Fiche ressource 2

L'analyse fiscale des produits d'exploitation

Les règles fiscales de rattachement des charges et des produits sont calquées sur ce principe comptable. Ainsi, en principe, tous les produits d'exploitation font généralement partie du bénéfice imposable de l'entreprise. Ces produits comptables représentent donc des « produits normalement imposables » au niveau fiscal.

Exemple

		Régime fiscal
Comptes 70	**Les ventes** (imposables sous déduction de toutes réductions accordées)	• Les ventes de biens sont rattachées à l'exercice au cours duquel **la livraison a lieu**. • Les prestations de services sont rattachées à celui au cours duquel **le service est exécuté**.
Comptes 71	**La production stockée**	La constatation comptable de la production stockée (Méthode PEPS ou CUMP) génère un produit normalement imposable.
Comptes 72	**La production immobilisée**	Elle permet de rattacher le coût de revient des livraisons à soi-même réalisées pendant l'exercice.
Comptes 74	**Les subventions d'exploitation**	Ces aides permettent soit de compenser l'insuffisance de certains produits d'exploitation, soit de faire face à des charges d'exploitation.
Comptes 75	**Les autres produits de gestion courante**	Ces éléments font généralement partie du résultat imposable de l'entreprise dans la catégorie des BIC et ne nécessitent donc aucun retraitement fiscal. Cependant, on pourra relever certains cas particuliers : • compte 7511 : Redevances pour concessions, brevets, licences, marques, procédés, logiciels. Ce produit peut : – soit bénéficier, sur option, d'un régime d'imposition au taux réduit de 10% sous condition que le brevet, invention, procédé soit certifié par l'INPI. – soit représenter un produit normalement imposable. Ce régime est abordé page suivante dans la FR3 • compte 752 « Revenus des immeubles non affectés à des activités professionnelles » (*cf.* fiche ressource 4).

Complément sur les gains de change

Les créances et dettes libellées en monnaie étrangère sont évaluées et comptabilisées en euros à la date de facturation au cours de change du jour de l'opération (valeur nominale).

- **Gain de change sur créances et dettes commerciales (compte 756)**

Les créances et dettes réglées pendant l'exercice comptable sont évaluées au cours de change de la date de règlement (valeur de règlement). Le gain de change définitif constaté au compte 756 représente un produit normalement imposable.

	À la date de l'opération	À la date de règlement	Gain de change définitif
Créances	Valeur nominale (VN)	Valeur de règlement (VR)	VR – VN
Dettes			VN – VR

- **Gain latent de change (compte 477)**

Règle comptable : les créances et dettes non réglées pendant l'exercice sont évaluées en euros à la date d'inventaire au dernier cours de change. Le gain de change latent sera constaté au compte 477 (principe d'image fidèle), il ne constitue pas un produit comptable.

	À la date de l'opération	À la date d'inventaire	Gain de change latent
Créances	Valeur nominale (VN)	Valeur actuelle (VA)	VA – VN
Dettes			VN – VA

Règle fiscale : le gain latent doit être pris en compte pour la détermination du résultat imposable. Cette divergence des règles comptables et fiscales nécessite un retraitement extra comptable de ce gain latent : réintégration. Lors de l'exercice suivant, le règlement de la dette ou de la créance génèrera un gain ou une perte de change définitif (compte 756 ou 656). Le compte d'attente (477) sera donc soldé et la réintégration antérieure sera donc à déduire du résultat fiscal de l'exercice de règlement.

Fiche ressource 3

L'analyse fiscale des produits financiers et de la propriété industrielle

I L'analyse fiscale des produits financiers

1. Les revenus mobiliers (comptes 761, 762, 764)

Seuls les revenus provenant de portefeuilles titres de sociétés soumises à l'IS seront étudiés ici. Deux cas sont à envisager (*cf.* fiche ressource 4) :

– les produits de titres inscrits à l'actif du bilan, liés ou non à l'activité professionnelle de l'entreprise, sont imposables dans la catégorie des revenus de capitaux mobiliers (RCM), donc à retraiter : à déduire du résultat fiscal soumis aux BIC. Ce mécanisme permet à l'exploitant individuel de bénéficier des abattements prévus en matière de revenus de titres ;

– les produits de titres inscrits à l'actif du bilan, et non liés à l'activité professionnelle de l'entreprise, peuvent rester imposables dans la catégorie des BIC s'ils représentent moins de 5 % de l'ensemble des produits de l'exercice (ou 10 % si la condition des 5 % a été respectée l'exercice précédent).

2. Les produits de créances, dépôts et cautionnements (comptes 762, 763)

Si ces produits sont générés par des éléments qui figurent à l'actif du bilan, ils sont normalement imposables au fur et à mesure de l'exécution de l'opération. Les règles comptables et fiscales sont identiques, notamment par l'application du principe d'indépendance des exercices.

3. Les gains de change financiers (compte 766)

Ces gains de change sont liés à des opérations financières (emprunts/prêts). Les règles comptables et fiscales sont identiques aux gains de change définitifs et latents exposés dans la fiche ressource 2 concernant l'analyse fiscale des produits d'exploitation : complément sur les gains de change.

4. Les produits nets sur cessions de valeurs mobilières de placement (compte 767)

Ces produits sont assimilés à des plus-values à court ou à long terme (*cf.* chapitre 10).

II Les produits de la propriété industrielle

Un régime de faveur est applicable sur option depuis le 1er janvier 2019 sur les brevets, inventions brevetables, procédés de fabrication industriels et logiciels protégés par le droit d'auteur. Ce dispositif (appelé approche « nexus ») comporte 3 étapes :

- **1re étape :** Calculer un résultat net de cession ou de concession. Il s'agit ici de déduire des produits de concession (compte 7511) ou des produits de cession (compte 775), toutes les dépenses de recherches et de développement (R&D) qui se rattachent aux éléments cédés ou concédés.
- **2e étape :** Appliquer à ce résultat net un ratio (appelé ratio nexus non étudié ici) et qui correspond au rapport entre les dépenses de R&D imputables au bien (brevet, licence, logiciel) et les dépenses totales de R&D.
- **3e étape :** Le résultat obtenu après application du ratio est un résultat net imposable soumis à un taux réduit d'imposition de 10 % pour toutes les entreprises soumises à un régime réel d'imposition (IR ou IS).

Exemple : Au cours de l'exercice 2022 une entreprise, soumise à un régime réel d'imposition, concède une licence d'exploitation d'un brevet dont elle est titulaire. Elle tire de cette concession des redevances de 10 000 €. Lors du même exercice l'entreprise engage au titre du brevet, des dépenses de R&D de 4 000 €. Le résultat net de la concession correspond donc à : 10 000 – 4 000 = 6 000.
Si le ratio « nexus » pour l'exercice 2022 est par exemple de 96 %, le résultat net imposable au taux réduit de 10 % sera de (6 000 × 96 %) = ***5 760. Cette somme sera à déduire du résultat fiscal imposable à l'IR dans la catégorie des BIC (ou à l'IS) afin d'être soumise au taux réduit d'IR ou d'IS de 10 %. Ce régime ne relève plus du régime des plus-values à long terme.***
Remarque : Si le résultat net de la cession ou concession est négatif, il s'impute sur le résultat net du même actif (licence, brevet…) au titre des exercices suivants.
Remarque : la détermination du résultat net imposable est un calcul relativement complexe qui ne sera pas traité dans cet ouvrage.

Fiche ressource 4

Les produits et les charges générés par des biens inscrits au bilan mais non utilisés pour l'exercice de l'activité professionnelle

En principe, un exploitant individuel engage la totalité de son patrimoine vis-à-vis de ses créanciers. Cependant, il est libre d'inscrire les biens à l'actif du bilan de son entreprise ou de les conserver dans son patrimoine privé, que ces biens concernent ou non l'activité professionnelle.
Au niveau fiscal, les produits et les charges générés par des opérations liées à des biens inscrits à l'actif mais étrangers à l'activité professionnelle doivent être exclus du résultat fiscal, comme s'ils n'étaient pas inscrits au bilan de l'entreprise.
Ces produits sont donc à déduire du résultat fiscal et ces charges sont à réintégrer (*cf.* shéma ci-dessous).

Analyse fiscale des revenus du patrimoine inscrit à l'actif

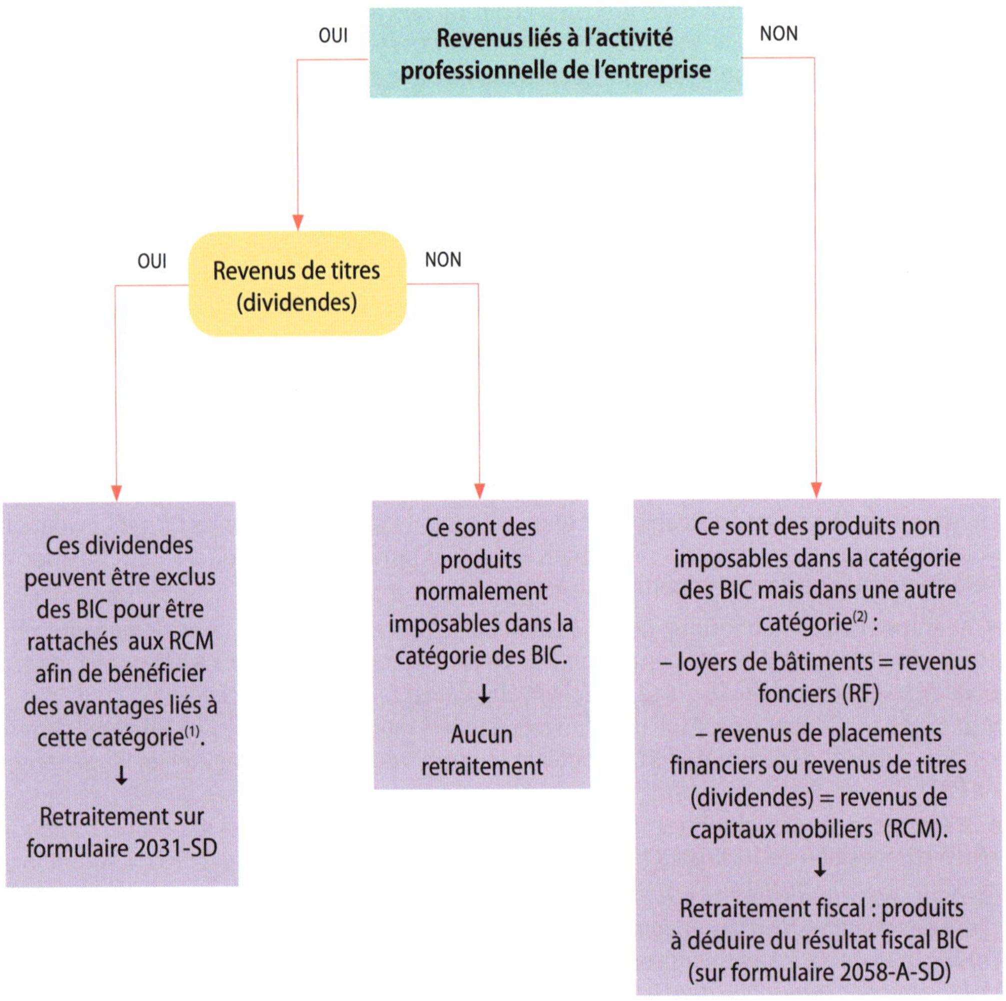

Remarques :
– (1) Les RCM seront étudiés en 2e année dans les chapitres consacrés à l'impôt sur le revenu des personnes physiques.
– (2) Pour les revenus non liés à l'activité professionnelle et d'un montant marginal par rapport à l'ensemble des produits de l'entreprise (revenus < 5 % de l'ensemble des produits), **l'entreprise peut opter** pour maintenir ces produits dans la catégorie des BIC et donc n'effectuer aucun retraitement fiscal.

Fiche ressource 5

L'analyse fiscale de certains produits exceptionnels

Les produits exceptionnels font généralement partis du résultat imposable mais il existe certaines particularités développées ci-dessous.

I Les subventions d'équilibre (compte 7715)

Elles sont accordées par l'État, les collectivités locales ou des tiers. Ces aides permettent à l'entreprise de compenser tout ou partie de la perte globale qu'elle aurait constatée si cette subvention ne lui avait pas été accordée. Elles sont imposables dans les résultats de l'exercice au cours duquel elles sont acquises (« produits normalement imposables »).

II Les subventions d'équipement (compte 777)

Elles sont accordées par l'État, les collectivités publiques ou des groupements professionnels agréés. Elles permettent à l'entreprise soit de financer ses opérations d'investissement à long terme, soit d'acquérir ou de créer des immobilisations amortissables ou non amortissables déterminées (nature et prix de l'immobilisation).

Deux cas de reprise d'une subvention d'équipement dans le résultat fiscal sont possibles :

<table>
<tr>
<td rowspan="3">Le principe
L'intégralité de la subvention est imposable dès l'exercice de son attribution par l'inscription de son montant au crédit du compte 777 « Quote-part des subventions d'investissement virée au résultat de l'exercice ». Cette reprise constitue donc un « produit normalement imposable ».</td>
<td colspan="3">L'option
L'entreprise peut opter pour l'étalement de l'imposition de cette subvention.
Il convient ici de distinguer les immobilisations amortissables et les immobilisations non amortissables.</td>
</tr>
<tr>
<td rowspan="2">Subvention d'immobilisations amortissables
L'étalement de la reprise se fait au même rythme que l'amortissement fiscal de l'immobilisation subventionnée par le jeu d'écritures 1391 « Subventions d'équipement inscrites au compte de résultat » à 777 « Quote-part des subventions d'investissement virée au résultat de l'exercice » (« produit normalement imposable »).</td>
<td colspan="2">Subvention d'immobilisations non amortissables
(terrains, fonds de commerce…)
L'étalement de la reprise est lié à l'existence ou non d'une clause d'inaliénabilité.
Cette clause impose à l'entreprise une durée de détention du bien pendant laquelle aucune cession n'est possible.</td>
</tr>
<tr>
<td>Si la subvention est accordée sous condition d'une clause d'inaliénabilité
La reprise doit se faire sur la durée de cette clause par fractions égales. Cette reprise constitue donc un « produit normalement imposable ».</td>
<td>Si la subvention est accordée sans clause d'inaliénabilité
La subvention est rapportée au résultat comptable sur 10 ans par fractions égales dès l'exercice d'attribution.
Attention ! L'imposition fiscale est décalée d'un an et commence donc l'année suivant celle de l'attribution.</td>
</tr>
</table>

III Le produit de cession de brevets et de droits de la propriété intellectuelle (compte 775) (voir FR3 page 107)

Ce produit de cession (comme celui de concession : compte 7511) bénéficie depuis le 1/1/2019 d'un régime de faveur et il est désormais exclu du régime des plus values à long terme (PVLT).

Exemple

L'entreprise Montmajour souhaite investir dans un matériel industriel pour un coût d'acquisition de 20 000 € HT (pas de valeur résiduelle estimée en fin de plan). Le 21 mars N, le conseil général des Bouches-du-Rhône lui attribue une subvention égale à 25 % du montant du matériel. Cet investissement, soumis à la TVA au taux normal, a lieu le 10 avril N, avec mise en service immédiate.

Le matériel sera amorti de la façon suivante :
– durée réelle d'utilisation (amortissement économique) : linéaire sur 5 ans ;
– durée d'usage (amortissement fiscal) : linéaire sur 5 ans.

La subvention est effectivement virée sur le compte bancaire de Montmajour le 15 avril N. L'entreprise décide d'étaler l'imposition de cette subvention.

Le montant de la subvention s'élève donc à : 20 000 × 25 % = 5 000 €.

Exercice	Amortissement fiscal		Subvention imposable	
N	20 000 × (20 % × 261/360)	2 900	5 000 × (20 % × 261/360)*	725
N+1	20 000 × 20 %	4 000	5 000 × 20 %	1 000
N+2	20 000 × 20 %	4 000	5 000 × 20 %	1 000
N+3	20 000 × 20 %	4 000	5 000 × 20 %	1 000
N+4	20 000 × 20 %	4 000	5 000 × 20 %	1 000
N+5	20 000 × (20 % × 99/360)	1 100	5 000 × (20 % × 99/360)	275
Totaux		**20 000**		**5 000**

* Ou 2 900 × 25 % ou 2 900 × 5 000/20 000.

IV Synthèse sur le régime fiscal des subventions

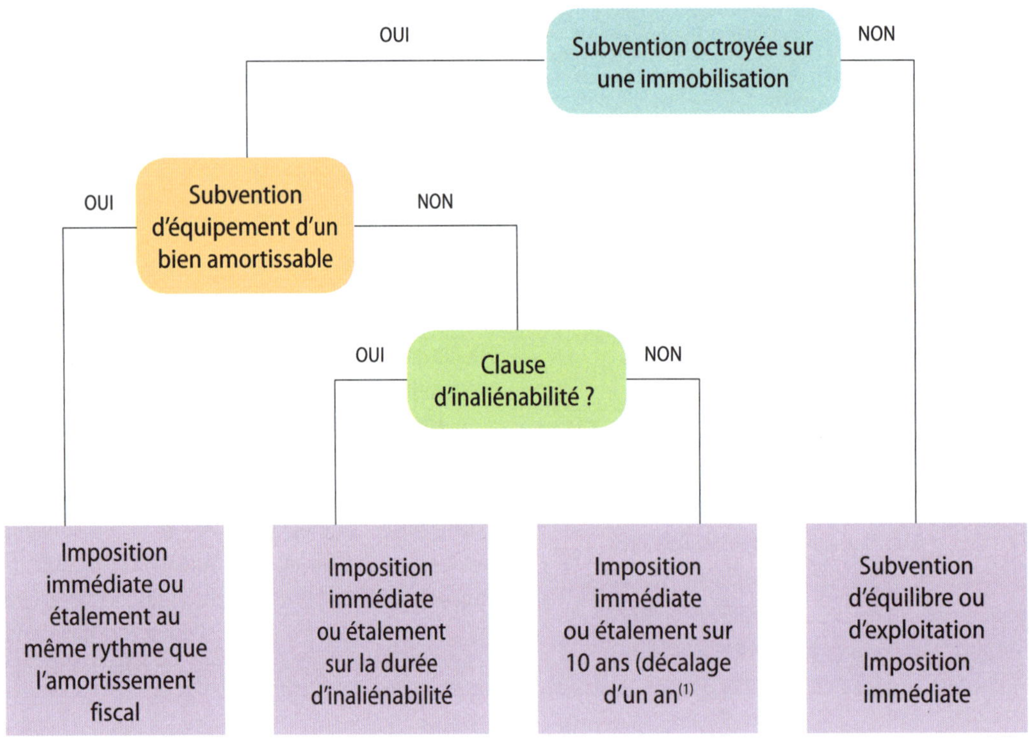

(1) Seul cas de divergence entre les règles comptables et fiscales.

V Les produits de cessions d'éléments d'actif (compte 775)

Ces produits sont soumis au régime des plus-values professionnelles (*cf.* chapitre 10).

Applications

1 Traitement fiscal des gains de change

Vous effectuez une période de stage dans la SA BatiSud, qui a pour activité la fourniture de granulats, de travaux publics, de travaux de terrassement et de démolition, et de location d'engins avec chauffeur.
Vous êtes associé(e) aux opérations comptables de fin d'exercice et aux travaux fiscaux de détermination du résultat fiscal. Vous contrôlez les comptes de tiers et deux factures attirent votre attention.

1. **Identifier, pour chacune des deux factures, la nature de l'opération.**
2. **Indiquer le type de régularisation comptable à effectuer le 31/12/N et procéder aux calculs qui en découlent.**
3. **Préciser les retraitements nécessaires pour la détermination du résultat fiscal.**

Document 1 **Facture d'achat**

SAM CHIN COLD WATER MACHINES LTD
349, Kwai Fuk Road, Wah Fung Ind. Bldg, Stag 2,2/F, Block "K"
Kwai Chung, Hong Kong
Cable : Codwatines Fax : (852) 4200391 Tel : 4211560, 4250736

SOLD TO :
BatiSud
ZAC DE Pichaury
13290 AIX-LES-MILLES

INVOICE NO : 4556
Date : 08/12/ N

INVOICE

DESCRIPTION
One HOPPER DRYPER MODEL, THD, 100 ART HKD 5.100
1 BACK HING FOR THD 50 HOPPER DRYER AT
HKD 30,00
PACKIN WOODEN CAS 5,000
LOCAL DELIVERY TERMINAL CHARGE ANC INSURANCE
HKD 2,400
AS PER PROFORMA INVOICE E95 CLT E201 SEP 18, N

FOB HONG KONG PLUS INSURANCE HK$ 58 430,00

SAY HONG KONG DOLLARS FIFTY THOUSAND FOUR HUNDRED THIRTY ONLY

SHIPMENT
VESSEL VILLE DE PLUTON
VOYAGE NO. 9519W
SAILING ON 10/12/ N
FROM HONG KONG TO MARSEILLE

Immobilisation - Matériel industriel

SHIPPING MARK
BatiSud
MARSEILLE
NO. 1-10

PACKING TOTAL ONE (1) WOODEN CASES ONLY
IRREVOCABLE DOCUMENTARY CREDIT NO. : 920/403.184

PAYMENT AT MATURITY 31/01/ N+1 SAM CHIN COLD WATER MACHINE LTD.

Manager

Document 2 Facture de vente

BatiSud
ZAC de Pichaury
13290 AIX-LES-MILLES
N° TVA FR 31480898435
N° SIRET 48089843500029

BERTOLA FILS
Chemin du Stand 1
1304 COSSONAY-VILLE
SUISSE

FACTURE

Réf. commande : PS247

N° client	Conditions de paiement	Date	N° facture
21566	45 jours	21/11	11056

Nombre	Unité	Nature de la livraison	Prix unitaire	Montant
15	m³	Gravier pour béton	58,60	879,00
10	tonne	Schiste rouge de terrils de 5 à 15 mm	20,30	203,00
250	6 m	Fer à béton torsadé 12 mm	8,12	2 030,00
		Livraison forfait		220,00

Exonération de TVA, article 262 ter-I du CGI

Conditions générales de vente au verso

	Total à payer
Francs suisses	3 332,00 CHF

Document 3 Extrait de la balance des comptes au 31/12/N avant inventaire

N° de compte	Intitulé de compte	Solde débiteur	Solde créditeur
[...]	[...]	[...]	[...]
404 SAM	Fournisseur SAM		5 675,57
[...]	[...]	[...]	[...]
411 BER	Client BERTOLA	2 675,21	

Document 4 Cours des devises

	Cours au 08/12/N	Cours au 31/12/N
Pour 1 HKD	0,09713453 €	0,09119927 €
Pour 1 €	10,2950 HKD	10,9650 HKD

	Cours au 21/11/N	Cours au 31/12/N
Pour 1 CHF	0,802884 €	0,826535 €
Pour 1 €	1,24551 CHF	1,20987 CHF

2 Traitement fiscal des subventions

La SA BPC Emballages fabrique tous types d'emballages en carton et papier alimentaire ou non. Consciente de la nécessité de limiter ses déchets polluants, elle envisage la rénovation de son installation d'épuration des eaux. De plus, elle souhaite implanter une autre unité de production dans une petite commune des Landes. Vous êtes stagiaire au service qui assure le suivi des immobilisations.

1. **Calculer, pour la subvention relative à la presse, le montant de la quote-part de la subvention d'investissement virée au compte de résultat au 31/12/N.**
2. **Préciser le régime fiscal applicable à cette quote-part.**
3. **Préciser, pour la subvention relative au terrain, le montant de la quote-part virée au résultat au 31/12/N et son régime fiscal.**
4. **Répondre à la question précédente dans l'hypothèse où une clause d'inaliénabilité de 6 ans est imposée par la collectivité locale.**

Document 1 Acquisition d'une presse hydraulique

Le 12 mars N, BPC Emballages dépose un dossier de demande d'aide de financement auprès de l'Agence de l'eau dans le cadre de la lutte contre la pollution industrielle des eaux. Une subvention de 30 % lui est octroyée et la notification lui parvient le 18 juin N pour l'achat d'une presse hydraulique à déchets auprès de la société R&O.

Le coût d'acquisition HT de la presse s'élève à 12 900 €.

Le matériel est installé et mis en service le 1er juillet N. Il fait l'objet d'un amortissement économique sur 8 ans en linéaire et entre dans le champ d'application de l'amortissement dégressif, coefficient 2,25.

Le versement de la subvention intervient le 20 juillet N.

Document 2 Extrait du plan d'amortissement de la presse

Exercice	Amortissement fiscal	Amortissement économique	Amortissement dérogatoire	
			Dotation	Reprise
N	12 900 × 28,125 % × 6/12 = 1 814,06	12 900 × 12,5 % × 180/360 = 806,25	1 007,81	

Document 3 Acquisition du terrain

BPC Emballages a aussi obtenu une subvention du conseil général et de la commune pour l'acquisition d'un terrain sur lequel elle compte implanter sa nouvelle usine de production.

La notification lui parvient le 16 octobre N. Elle acquiert le terrain le 17 novembre N pour un montant HT de 75 000 €.

La subvention, d'un montant de 15 000 €, est virée sur le compte de l'entreprise le 20 décembre N. Celle-ci opte pour son étalement.

Aucune clause ne figure sur la notification.

3 Traitement fiscal des produits pour la détermination du résultat imposable

Vous êtes candidat(e) à un poste de stagiaire dans un cabinet d'expertise comptable et votre futur tuteur souhaite tester vos connaissances. Il vous remet certains documents concernant le dossier d'un client du cabinet. Il s'agit de l'entreprise individuelle F&L Provence, située à Nice, qui a pour activité la commercialisation de fruits et légumes en gros et divers produits (caviar, foie gras...) à des restaurants, collectivités, détaillants... Son résultat comptable définitif est un bénéfice de 86 840 €. Vous êtes chargé(e) du traitement fiscal de certaines opérations réalisées durant l'exercice N.

- **Présentez, sous la forme d'un tableau, le calcul du résultat fiscal provisoire de cette entreprise au 31/12/N en justifiant le traitement fiscal réservé à chaque compte présenté dans l'extrait de la balance.**

Document 1 Extrait de la balance des comptes de l'entreprise au 31/12/N

N° de compte	Intitulé de compte	Solde débiteur	Solde créditeur
[...]			
477200	Diminution des dettes (1)*		255,40
[...]			
707100	Ventes de fruits et légumes		545 893,00
707200	Ventes d'autres produits alimentaires		58 441,00
708500	Ports facturés (2)*		15 452,00
722000	Production immobilisée corporelle (3)*		18 649,00
[...]			
752000	Revenus des immeubles non affectés à des activités professionnelles (4)*		840,00
[...]			
764000	Revenus des valeurs mobilières de placement (5)*		486,00
777000	Quote-part des subventions d'investissement virée au résultat de l'exercice (6)*		187,00
[...]			

* *Cf.* document 2.

Document 2 Annotations de votre tuteur

Les factures de vente sont émises dès la livraison des biens ou l'exécution des services.
(1) Il s'agit d'une différence de conversion sur une facture d'achat, libellée en zlotys (PLN), à un fournisseur polonais.
(2) Tous les transports facturés ont bien été exécutés.
(3) Il s'agit de la construction d'un petit local de stockage de produits fragiles et chers (truffes, foie gras, caviar...) terminé le 25/09/N.
(4) L'entreprise est propriétaire d'un petit garage inscrit au bilan et qu'elle loue à un particulier. Les sommes encaissées étant modiques, l'entreprise souhaite bénéficier de la tolérance administrative.
(5) Ces dividendes proviennent du placement de la trésorerie de l'activité professionnelle.
« L'administration considère que les produits de placement de la trésorerie de l'activité professionnelle, quelle que soit leur forme (dépôt, compte courant, placement sous forme de produits financiers, achats de titres), sont exclus du bénéfice professionnel imposable. »
(6) Le conseil général des Alpes-Maritimes a octroyé une subvention d'équipement pour l'acquisition d'une machine à emballer certains produits destinés à l'exportation. L'entreprise a opté pour l'étalement de l'imposition de cette subvention.

Chapitre

8

BIC : le régime fiscal des charges décaissées

Activité	Composante d'activité	Compétence	P7	Vers Pix
3.3. Traitement des opérations relatives aux impôts directs	**3.3.2.** Détermination du résultat fiscal (BIC)	Déterminer le résultat fiscal imposable dans la catégorie des BIC en identifiant et évaluant les réintégrations et déductions extracomptables nécessaires	– L'exploitation des données de façon automatisée et reproductible – La traçabilité des opérations	**1.3.** Traiter des données

Situation professionnelle

L'EIRL WindWin clôture ses comptes au 31 décembre 2022. Le compte de résultat fait apparaître un bénéfice comptable définitif de 51 302,00 €.
Mme Tardieu, secrétaire administrative de WindWin, a mensuellement transmis toutes les pièces justificatives liées aux charges de l'exercice 2022 au collaborateur du cabinet d'expertise comptable ExpertPlus.
Sur les conseils de son expert-comptable, M. Tardieu a adhéré, début 2019, à l'organisme de gestion agréé (OGA) Arles grand sud.

Mission

Dans le cadre des travaux de détermination du résultat fiscal, M. Firmin vous demande de poursuivre votre travail par l'analyse de certains comptes de charges décaissées afin d'identifier et d'évaluer les éventuels retraitements extracomptables (réintégrations et déductions) nécessaires.

À partir du paragraphe III du travail à faire ci-après, dès que vous constaterez la nécessité d'effectuer un retraitement fiscal (déduction ou réintégration), vous complèterez le tableau préparatoire commencé au chapitre 7 afin de poursuivre la détermination du résultat fiscal de l'EIRL WindWin pour l'exercice 2022.

Vous disposez de données extraites du PGI de l'entreprise et d'une documentation fiscale.

Travail à faire

I L'organisation du travail

Vous poursuivez votre mission de détermination du résultat fiscal de l'EIRL WindWin pour l'exercice 2022.

1. Rappeler la nature des tâches déjà effectuées au chapitre précédent.

2. En quoi consiste la mission qui vous est maintenant confiée ?

II Les principes de déductibilité des charges

Avant de commencer l'analyse détaillée des charges de l'entreprise WindWin, votre tuteur, M. Firmin, souhaite vérifier que vous êtes capable de mettre en œuvre les règles générales de déductibilité des charges. Il vous soumet quatre opérations à analyser sans lien avec WindWin.
Vous prenez connaissance de la documentation fiscale qui précise les règles générales de déductibilité.

3. Indiquer et justifier, pour chacune de ces opérations, si les conditions générales de déductibilité sont remplies.

▶ Annexe 2
▶ Fiche ressource 1

III L'analyse des charges de services extérieurs

Vous êtes chargé(e) d'analyser, dans un premier temps, certaines charges de services extérieurs afin de déterminer leur régime fiscal.
Vous disposez d'un extrait du grand-livre des comptes de charges au 31 décembre 2022.

4. Dans le cadre d'une location ou d'un crédit-bail d'un véhicule particulier, quels sont les éléments à prendre en compte afin de déterminer le régime fiscal applicable à la charge locative ?

▶ Annexe 1
▶ Annexe 3
▶ Fiches ressources 2 et 3

5. Calculer le montant de l'annuité d'amortissement théorique du véhicule Citroën C5T et le montant de l'annuité théorique fiscalement déductible. En déduire la fraction du loyer non déductible à réintégrer.

6. Indiquer le montant du loyer fiscalement déductible.

7. Identifier les types de contrats d'assurance souscrits par l'entreprise.

8. Préciser et justifier le régime fiscal applicable à chacune des primes d'assurance.

▶ Annexe 1
▶ Annexe 4
▶ Fiches ressources 1 et 3

9. Identifier les catégories de dépenses mentionnées dans le compte 62300. Préciser et justifier le régime fiscal applicable à chacune des catégories de dépenses.

10. Justifier l'enregistrement HT ou TTC des sommes liées aux cadeaux à la clientèle.

11. Identifier la nature fiscale de la charge enregistrée dans le compte 62500. Préciser le régime fiscal de cette charge.

▶ Annexe 1
▶ Annexe 5
▶ Fiche ressource 2

IV L'analyse des impôts, taxes et versements assimilés

La comptabilisation des impôts et taxes de l'EIRL WindWin se fait conformément à certaines règles appliquées par le cabinet d'expertise comptable : des subdivisions du compte de charges 63 ainsi que le compte de l'exploitant 108 sont débités en fonction de la déductibilité fiscale ou non des impôts à enregistrer.

12. À l'aide d'un tableau, identifier les catégories d'impôts dont sont redevables le foyer Tardieu et l'entreprise WindWin. Préciser leur comptabilisation et leur régime fiscal. Quel constat peut-on faire ?

▸ Annexe 1
▸ Annexe 6
▸ Fiches ressources 2, 3 et 5

Exemple de tableau

Impôt, taxe ou contribution	Compte débité lors de la comptabilisation			Régime fiscal		
	Charges	108	Aucun	Impôt normalement déductible	Impôt non déductible	Retraitement
Impôt sur le revenu			✓		✓	Aucun retraitement

V L'analyse des charges de personnel

Depuis 2018, WindWin emploie 3 salariés à temps plein, affectés à des tâches différentes :

– M. Gallon : tâches polyvalentes (manutention/vente/entretien...) ;

– M. Martin : production et SAV des planches avec M. Tardieu ;

– Mme Tardieu, épouse de l'exploitant : tâches administratives et de ventes.

Le cabinet d'expertise comptable enregistre en charges la rémunération du travail de l'exploitant.

13. Identifier, dans les éléments de charges de personnel :
- **les différentes catégories de rémunérations ;**
- **les différentes catégories de cotisations.**

14. Préciser les conditions pour qu'un salaire soit qualifié d'« acte normal de gestion ».

15. Préciser et justifier le régime fiscal applicable à chaque catégorie de charges de personnel (rémunérations ou cotisations).

▸ Annexe 1
▸ Annexe 7
▸ Fiche ressource 1
▸ Fiche ressource 4

VI Les pertes de change

L'EIRL travaille régulièrement avec le fournisseur anglais Navy Blue, reconnu mondialement pour la qualité de ses produits. Ce fournisseur ne souhaite pas prendre de risques de change et a imposé, dans les accords commerciaux avec WindWin, que ses factures émises soient libellées en livres sterling.

16. Justifier par le calcul le montant de la différence de change constatée lors du règlement de la facture n° 204 au fournisseur Navy Blue.

17. Expliquer pourquoi cette différence de change a été constatée dans le compte 65600. Indiquer le régime fiscal de cette charge.

18. Justifier par le calcul le montant de l'écart de conversion actif constaté au 31/12/2022 sur le montant de la facture n° 241.

19. Expliquer pourquoi cette différence de change a été constatée dans le compte 47610. Indiquer le régime fiscal de cet écart de conversion.

20. Quel principe comptable a imposé à l'entreprise la comptabilisation d'une provision pour perte de change ? Préciser le régime fiscal applicable à cette provision.

21. Le règlement de la facture n° 241 au fournisseur Navy Blue a eu lieu courant 2023.
– Que va devenir la provision pour perte de change au niveau comptable ?
– Quel sera, logiquement, le régime fiscal applicable à la reprise de cette provision lors du calcul du résultat fiscal de l'exercice 2023 ?

▶ Annexe 1
▶ Annexe 8
▶ Fiche ressource 5

VII L'analyse des charges exceptionnelles

Quelques erreurs d'assiette et des difficultés de trésorerie ont généré des pénalités et un rappel d'impôts.
Par ailleurs, M. Tardieu a commis une infraction au code de la route en livrant des planches à un client.

22. Indiquer et justifier le régime fiscal applicable à chacune des opérations comptabilisées en charges exceptionnelles.

23. Quel est l'avantage fiscal dont pourra bénéficier M. Tardieu suite au don effectué à l'association Plein air ?

24. Vérifier que le don effectué par l'EIRL ouvre droit en totalité à cet avantage.

25. Calculer le montant de cet avantage fiscal et indiquer sur quel impôt il sera imputé.

▶ Annexe 1
▶ Annexe 9
▶ Fiche ressource 5

VIII Synthèse

Vous venez de terminer l'analyse fiscale des charges décaissées (comptes 60 à 67) de l'entreprise WindWin pour l'exercice 2022.

P7 **26. Contrôlez que vous avez correctement mentionnés tous les retraitements fiscaux relatifs aux charges décaissées sur le tableau préparatoire de détermination du résultat fiscal de l'EIRL WindWin pour l'exercice 2022.**

NB : ce tableau sera à compléter par le retraitement des charges calculées et des plus- ou moins-values traitées dans les chapitres 9 et 10 afin de calculer le résultat fiscal définitif.

27. L'EIRL doit-elle renseigner le cadre E de du formulaire n° 2031 ? Pourquoi ?

▶ Annexe 5
▶ Fiche ressource 6

Données de la situation

Annexe 1 **Extrait du plan des comptes de l'EIRL WindWin**

N° de compte	Intitulé des comptes
10800	Compte de l'exploitant
15150	Provisions pour pertes de change
42101	Gallon – Rémunérations dues
42102	Martin – Rémunérations dues
42103	Mme Tardieu – Rémunérations dues
44720	Contribution économique territoriale
47610	Différences de conversion – Actif
60703	Achats d'accessoires à l'étranger
61351	Locations mobilières (véhicule particulier)
61500	Entretiens et réparations
61600	Primes d'assurance
62300	Publicité, publications, relations publiques
62500	Déplacements, missions, réceptions et représentations
62700	Services bancaires
63120	Taxe d'apprentissage
63350	Versement libératoire ouvrant droit à l'exonération de la taxe d'apprentissage
63511	Contribution économique territoriale
63540	Droits d'enregistrement et de timbre
63700	Autres impôts, taxes et versements assimilés
64100	Rémunérations du personnel
64400	Rémunération du travail de l'exploitant
64500	Charges de Sécurité sociale et de prévoyance
64600	Cotisations sociales personnelles de l'exploitant
65600	Pertes de change sur créances et dettes commerciales
66100	Charges d'intérêt
67120	Pénalités, amendes fiscales et pénales
67130	Dons, libéralités
67170	Rappel d'impôts
68650	Dotations aux provisions financières

Extrait du plan de comptes de tiers

Compte collectif	Compte de tiers	Intitulé des comptes
40100	NAV	Fournisseur Navy Blue

Annexe 2 Exemples de frais généraux à analyser

1. Loyer d'un entrepôt de stockage de produits commercialisés par l'entreprise pour un montant de 5 870 € HT, comptabilisé à l'aide de la facture n° 878 en classe 6.

2. Achat d'un matériel de bureau pour la secrétaire comptable (facture n° 282) pour un montant HT de 382 €, enregistré en classe 6.

3. Achat d'un logiciel de jeu par un exploitant individuel et installé sur son ordinateur personnel (facture n° 68). Cette facture a été comptabilisée en classe 6 pour un montant TTC de 80 €.

4. Repas d'affaires avec un client lors d'une foire d'exposition. La comptabilisation a été effectuée en classe 6 pour un montant HT de 75 € mais la facture a été égarée.

5. Paiement par chèque, tiré sur le compte de l'entreprise, d'un séjour en famille aux sports d'hiver. La dépense comptabilisée dans le compte 108 « Compte de l'exploitant » s'élève à 600 € TTC.

Exemple de tableau à compléter :

N° opération	Diminution actif net	Gestion normale	Pièce et comptabilisation	Justification
1	✓	✓	✓	Opération de diminution de l'actif net (classe 6) réalisée dans l'intérêt de l'exploitation correctement comptabilisée avec pièce justificative

Annexe 3 Charges de location

61351 – LOCATIONS MOBILIÈRES (VÉHICULE PARTICULIER)						
Date	**Journal**	**N° de pièce**	**Libellé**	**Débit**	**Crédit**	**Solde**
01/04/2022	BQ	185	Loyer Locavep avril	500,00		500,00
[…]				[…]		[…]
03/12/2022	BQ	1280	Loyer Locavep décembre	500,00		4 500,00

Informations complémentaires

- L'entreprise WindWin a loué un véhicule particulier Citroën C5T à compter du 1er avril 2022.
- Le contrat de location de l'entreprise Locavep (bailleur) précise :
  - Durée du contrat : 2 ans
  - Loyer mensuel : 500 € TTC
  - Base amortissable : 28 000 € TTC
  - Amortissement : 5 ans en linéaire
  - Taux d'émission de dioxyde de carbone : 130 g/km

Annexe 4 Primes d'assurance

61600 – PRIMES D'ASSURANCE						
Date	**Journal**	**N° de pièce**	**Libellé**	**Débit**	**Crédit**	**Solde**
06/01/2022	BQ	28	Prime multirisque pour 2021	1 200,00		1 200,00
09/01/2022	BQ	39	Prime assurance-vie pour 2021	720,00		1 920,00

Informations complémentaires

L'entreprise WindWin a signé, depuis plusieurs années, deux types de contrats d'assurance avec la compagnie Azur France :
– un contrat multirisque qui couvre les éléments d'actif de l'entreprise (incendie, dégâts des eaux, responsabilité civile) ;
– un contrat d'assurance-vie sur la tête de M. Tardieu au profit de l'entreprise pour couvrir la perte d'exploitation liée à sa disparition ou son invalidité. M. Tardieu est considéré comme un « homme clé » car il possède et maîtrise l'art de la fabrication des planches vendues par son entreprise.

Annexe 5 Cadeaux à la clientèle et frais de réception et de représentation

62300 – PUBLICITÉ, PUBLICATIONS, RELATIONS PUBLIQUES						
Date	**Journal**	**N° de pièce**	**Libellé**	**Débit**	**Crédit**	**Solde**
10/04/2022	BQ	222	Parrainage club de voile	1 000,00		1 000,00
15/05/2022	AC	351	200 clés USB	1 600,00		1 600,00
13/11/2022	AC	732	200 calendriers muraux	960,00		3 560,00

Informations complémentaires

- L'EIRL offre régulièrement à ses clients des cadeaux publicitaires (sur lesquels figurent le logo de l'entreprise, son adresse mail, son numéro de téléphone…), à l'occasion de semaines promotionnelles ou des fêtes de fin d'année.
- Le club de voile de Fos-sur-Mer est sponsorisé par l'EIRL WindWin, qui lui verse une somme d'argent pour l'organisation de manifestations sportives où apparaît le nom de l'entreprise (affiches, annonces de presse, radio).

62500 – DÉPLACEMENTS, MISSIONS, RÉCEPTIONS ET REPRÉSENTATIONS						
Date	**Journal**	**N° de pièce**	**Libellé**	**Débit**	**Crédit**	**Solde**
10/06/2022	AC	418	Location yacht Calanques bleues	1 200,00		1 200,00

À l'occasion de la visite en France de son client marocain Vagues et Planches, M. Tardieu a décidé d'organiser une journée en mer dans les calanques de Marseille. Pour favoriser les liens commerciaux, l'EIRL a loué un petit yacht à la SARL Calanques bleues.

Annexe 6 Impôts, taxes et versements assimilés

- **IR du foyer de M. Tardieu :** l'impôt sur le revenu du foyer fiscal est payé de la façon suivante : - pour **M. Tardieu**, exploitant, l'IR est payé par un acompte directement prélevé sur un compte bancaire privé, indépendant du compte professionnel de l'entreprise – pour **Mme Tardieu**, salariée, l'IR est prélevé à la source chaque mois par l'entreprise, et vient en déduction de son salaire.
- En matière de **comptabilisation** d'impôts, taxes ou contributions rencontrés dans les entreprises individuelles (EI ou EIRL), le cabinet d'expertise applique les procédures et règles suivantes :

Catégorie d'impôt	Comptabilisation
Impôt sur le revenu	Le bénéfice imposable (BIC) réalisé par l'exploitant n'est qu'un des éléments de calcul du revenu net global imposable du foyer fiscal. Cet impôt sur le revenu ne doit pas, en principe, être comptabilisé en charges. S'il est payé avec le compte en banque de l'entreprise, l'IR s'analyse comme un impôt personnel à enregistrer dans le compte 108 « Compte de l'exploitant ». Le prélèvement à la source pour les salariés transite par le compte « 4421 : Prélèvement à la source (impôt sur le revenu) » crédité lors de l'enregistrement du bulletin puis débité lors du paiement par l'employeur via la DSN.
CSG (contribution sociale généralisée) **CRDS** (contribution au remboursement de la dette sociale)	En cours d'exercice, lors des versements provisionnels : débit des comptes 108 « Compte de l'exploitant » pour le montant de la **CSG non déductible et de la CRDS** qui sont à la charge de l'exploitant et 637 « Autres impôts, taxes et versements assimilés » pour le montant de la **CSG déductible** par le crédit du compte 431 « Sécurité sociale Urssaf » (ce compte étant immédiatement soldé par le crédit d'un compte de trésorerie).
CET (contribution économique territoriale)	Elle est constituée de deux cotisations : la CFE (cotisation foncière des entreprises) et la CVAE (cotisation sur la valeur ajoutée des entreprises). La comptabilisation du paiement de chaque cotisation s'effectue par le débit du compte 63511 « Contribution économique territoriale » par le crédit du compte 44720 du même intitulé.
Taxe d'apprentissage	Elle correspond à la participation de l'employeur au financement des premières formations technologiques et professionnelles. La taxe constitue une charge de la période au cours de laquelle les salaires servant de base à son calcul sont dus. La comptabilisation s'effectue au débit du compte 63120 ou 63350, en fonction des choix de l'entreprise, par le compte de charges à payer correspondant.
Droits d'enregistrement et de timbre	Ce sont des impôts qui frappent certains actes juridiques (ventes, constitutions de sociétés, donations… et la carte grise). Ils sont à enregistrer au débit du compte 63540 par le crédit d'un compte de trésorerie ou d'un compte de tiers.

Annexe 7 Charges de personnel

64100 – RÉMUNÉRATIONS DU PERSONNEL						
Date	**Journal**	**N° de pièce**	**Libellé**	**Débit**	**Crédit**	**Solde**
31/01/2022	OD	12	Salaires bruts 01/2022	5 460,12		5 460,12
[...]	[...]	[...]	[...]	[...]		[...]
31/12/2022	OD	540	Salaires bruts 12/2022	5 460,12		65 521,44

Il s'agit de la rémunération des 3 salariés de l'entreprise dont celle de Mme Tardieu pour 1 971,71 € mensuels, soit 23 660,52 € annuels. Tous les salaires versés découlent d'une gestion normale et ont donné lieux aux versements des cotisations sociales.

64400 – RÉMUNÉRATION DU TRAVAIL DE L'EXPLOITANT						
Date	**Journal**	**N° de pièce**	**Libellé**	**Débit**	**Crédit**	**Solde**
31/01/2022	OD	12	Prélèvements 01/2022	3 000,00		3 000,00
[...]	[...]	[...]	[...]	[...]		[...]
31/12/2022	OD	543	Prélèvements 12/2022	3 000,00		36 000,00

64500 – CHARGES DE SÉCURITÉ SOCIALE ET DE PRÉVOYANCE						
Date	**Journal**	**N° de pièce**	**Libellé**	**Débit**	**Crédit**	**Solde**
31/01/2022	OD	15	Cotisations patronales 01/2022	971,90		971,90
[...]	[...]	[...]	[...]	[...]		[...]
31/12/2022	OD	545	Cotisations patronales 12/2022	971,90		11 662,80

Il s'agit des cotisations patronales des 3 salariés.

64600 – COTISATIONS SOCIALES PERSONNELLES DE L'EXPLOITANT						
Date	**Journal**	**N° de pièce**	**Libellé**	**Débit**	**Crédit**	**Solde**
31/01/2022	BQ	27	Acomptes cotisations	2 250,00		2 250,00
[...]	[...]	[...]	[...]	[...]		[...]
31/11/2022	BQ	549	Solde cotisations 2022	3 400,00		25 900,00

Informations complémentaires

- L'exploitant n'a pas adhéré à des régimes facultatifs de protection sociale.
- Les cotisations sont calculées sur la base d'un résultat social (qui correspond à peu près au résultat fiscal) de N-2 avec une régularisation en fin d'année en fonction du résultat de N-1.

Annexe 8 Opérations commerciales avec le fournisseur Navy Blue

15150 – PROVISIONS POUR PERTES DE CHANGE						
Date	Journal	N° de pièce	Libellé	Débit	Crédit	Solde
31/12/2022	OD	538	Différence de conversion		20,73	–20,73

401NAV – FOURNISSEUR NAVY BLUE						
Date	Journal	N° de pièce	Libellé	Débit	Crédit	Solde
03/08/2022	AC	204	Achats d'accessoires		1 200,00	– 1 200,00
31/08/2022	BQ	689	Virement facture n° 204	1 200,00		0,00
18/12/2022	AC	241	Achats de revêtement Kite		1 800,00	– 1 800,00
31/12/2022	OD	538	Différence de conversion		20,73	– 1 820,73

47610 – DIFFÉRENCES DE CONVERSION – ACTIF						
Date	Journal	N° de pièce	Libellé	Débit	Crédit	Solde
31/12/2022	OD	538	Facture Navy Blue n° 241	20,73		20,73

65600 – PERTES DE CHANGE SUR CRÉANCES ET DETTES COMMERCIALES						
Date	Journal	N° de pièce	Libellé	Débit	Crédit	Solde
31/08/2022	BQ	689	Facture Navy Blue n° 204	41,02		41,02

68650 – DOTATIONS AUX PROVISIONS FINANCIÈRES						
Date	Journal	N° de pièce	Libellé	Débit	Crédit	Solde
31/12/2022	OD	538	Différence de conversion	20,73		20,73

Cours de la livre sterling (GPB)

Date	Pour 1 €
03/08/2022	0,78805 GBP
31/08/2022	0,76200 GBP
18/12/2022	0,77990 GBP
31/12/2022	0,77102 GBP

Annexe 9 Charges exceptionnelles

67120 – PÉNALITÉS, AMENDES FISCALES ET PÉNALES						
Date	Journal	N° de pièce	Libellé	Débit	Crédit	Solde
02/09/2022	BQ	699	Retard paiement TVA	218,00		218,00
06/10/2022	BQ	721	Contravention routière	90,00		308,00

L'EIRL a eu quelques difficultés passagères de trésorerie courant août 2021 et le virement relatif à la TVA au titre du mois de juillet n'a pas pu être honoré dans les délais.

Suite à une infraction liée à un excès de vitesse en livrant un client, M. Tardieu a reçu un avis de contravention.

67130 – DONS, LIBÉRALITÉS						
Date	Journal	N° de pièce	Libellé	Débit	Crédit	Solde
07/11/2022	BQ	785	Association Plein air	1 000,00		1 000,00

M. Tardieu, impliqué dans le milieu associatif, fait régulièrement des dons à des associations à caractère sportif reconnues d'intérêt général.

Le CA HT de l'EIRL WindWin pour l'exercice 2022 est égal à 1 045 900 €.

67170 – RAPPEL D'IMPÔTS						
Date	Journal	N° de pièce	Libellé	Débit	Crédit	Solde
08/05/2022	BQ	455	Taxe d'apprentissage	102,00		102,00

Mme Tardieu s'est occupée de remplir l'imprimé relatif à la taxe d'apprentissage, mais elle a commis une erreur dans la base imposable. Elle a donc reçu, courant 2021, un rappel d'impôts à payer au service des impôts des entreprises (SIE).

Fiche ressource 1

Les règles générales de déductibilité des charges

La comptabilisation des charges (comme des produits) doit respecter le principe d'indépendance des exercices (charges à payer ou constatées d'avance). Les articles 36 et 37 du CGI confirment l'application fiscale de cette règle.

Pour certaines catégories de charges, appelées « frais généraux », même si toutes les conditions de déductibilité sont remplies, des articles du CGI excluent de la déductibilité ou limitent les montants déductibles du résultat fiscal.

I Les catégories de charges pouvant être admises en déduction

Les charges déductibles pour la détermination du bénéfice imposable comprennent :
1. les achats de matières et marchandises ou produits assimilés ;
2. les dépenses que le CGI désigne sous l'appellation globale de « frais généraux ». Dans la terminologie du plan des comptes, elles correspondent aux dépenses suivantes : services extérieurs ; impôts, taxes et versements assimilés ; charges de personnel ; autres charges de gestion courante ; charges financières ; charges exceptionnelles *(elles seront examinées en détail dans les fiches ressource 3 à 5)* ;
3. les amortissements *(ils seront examinés au chapitre 9)* ;
4. les provisions *(elles seront examinées au chapitre 9)*.

II Les conditions générales de déduction des frais généraux

Pour être admis en déduction des bénéfices imposables, les frais généraux doivent remplir les trois conditions suivantes.

Conditions	Commentaires
1. Ils doivent se traduire par une charge (diminution de l'actif net de l'entreprise), ce qui conduit à distinguer frais généraux et coût d'acquisition des immobilisations.	Ne constituent donc pas des charges immédiatement déductibles les dépenses qui se traduisent par l'entrée d'un nouvel élément dans l'actif de l'entreprise, destiné à être utilisé durablement comme moyen d'exploitation (immobilisations). Par mesure de simplification, l'Administration autorise les entreprises à passer directement en charges déductibles, lorsque leur valeur unitaire n'excède pas un montant fixé à 500 € hors taxes, le prix d'acquisition des biens suivants : matériels et outillages, matériels et mobiliers de bureau, logiciels.
2. Ils doivent être exposés dans l'intérêt de l'exploitation, autrement dit se rattacher à une **gestion normale**.	Exemples de charges non déductibles, car étrangères à une gestion normale : – les **dépenses personnelles** de l'exploitant ou des associés (loyers, impôts, frais de déplacement…) ; – les **dépenses supportées dans l'intérêt des dirigeants** lorsqu'elles ne peuvent pas être considérées comme un complément de rémunération (par exemple, les frais de déplacement personnel ou de réception privée) ; – les **dépenses**, quelle que soit leur nature, dont le **montant est excessif**.
3. Ils doivent être régulièrement **comptabilisés** et appuyés de **pièces justificatives**.	Aux termes de l'article 54 du CGI, la comptabilité doit être appuyée de pièces justificatives destinées à permettre le contrôle de la réalité des frais et charges portés en déduction. D'après le BOFIP-BIC, ces justifications peuvent revêtir des formes diverses : factures, quittances, mentions sur le livre de paie, notamment.
Enfin, la déduction de certains frais est expressément interdite par la loi. C'est le cas, par exemple, de certains impôts et pénalités ainsi que des charges qualifiées de « **somptuaires** ».	

Fiche ressource 2

Le régime spécial des dépenses « somptuaires »

L'article 39-4 du CGI oblige les entreprises qui supportent certaines dépenses ou charges (y compris les amortissements), considérées comme dispendieuses et sans utilité suffisante pour leur exploitation, à réintégrer ces sommes dans le résultat fiscal de l'entreprise.

Ces charges non déductibles concernent :

- les dépenses liées à la **chasse et à la pêche** non professionnelle ;
- les charges (autres que celles de caractère social) liées à l'acquisition, à l'entretien ou à la location de **résidences secondaires**. Cependant, les charges et les amortissements des résidences de plaisance ou d'agrément pourront être déduits dans les deux cas suivants :
  – la résidence sert à la fois de local d'habitation de l'entrepreneur individuel ou du représentant légal d'une société et de siège social,
  – la résidence fait partie intégrante d'un établissement de production et sert à l'accueil de la clientèle.
  En cas d'utilisation mixte, le contribuable doit ventiler ses charges entre la partie relative à l'utilisation privative (non déductible) et celle relative à l'utilisation professionnelle (déductible) ;
- les charges de toute nature concernant les **yachts** et les **bateaux de plaisance** à voile et à moteur ;
- les **annuités d'amortissement des voitures particulières** pour la fraction de leur prix d'acquisition TTC qui excède certaines limites *(voir chapitre 9, p. 148)*. La limitation ne joue pas si l'entreprise apporte la preuve que le véhicule est strictement nécessaire à l'activité professionnelle : taxis, auto-école, locations, ambulances ;
- en cas de location (ou crédit-bail) supérieur à 3 mois, la part de loyer des voitures particulières correspondant à l'amortissement pratiqué par le bailleur (propriétaire) pour la fraction du prix d'acquisition du véhicule excédant certains seuils (*cf.* chapitre 9, fiche ressource 5, §3). Ci-dessous un exemple méthodologique de calcul avec un seuil de 9 900 € pour un véhicule considéré comme polluant.

> **Exemple**
>
> Le 1er juillet 2022, une entreprise a pris en location une voiture particulière (dite « de tourisme ») pour son représentant de commerce dans le but de prospecter la clientèle. Conditions :
> - Durée de la location : 1 an
> - Loyer de l'exercice N : 3 600 €
> - Informations transmises par l'entreprise de location (propriétaire du véhicule)
>   – Coût d'acquisition : 27 000 € TTC
>   – Amortissement linéaire sur 3 ans
>   – Taux de CO_2 : 240 g/km
> - Régime fiscal de la charge de location pour l'exercice N
>
> | | |
> |---|---|
> | – Amortissement théorique du véhicule (chez l'entreprise locataire) : | (27 000 / 3) × 6 / 12 = 4 500 |
> | – Maximum déductible : base 9 900 car CO_2 > 160 g | (9 900 / 3) × 6 / 12 = 1 650 |
> | – Part du loyer non déductible (à réintégrer) : | 2 850 |
>
> La part du loyer normalement déductible est donc égale à : 3 600 – 2 850 = 750 €.
> (Pour les contrats de location inférieurs à 3 mois, aucun retraitement fiscal ne sera à effectuer.)

Ces charges resteront déductibles s'il s'agit de l'objet même de l'entreprise.

> **Exemples**
>
> Une entreprise qui achète des bateaux de plaisance pour les louer, l'achat de résidences d'agrément en vue d'une location ou d'une exploitation commerciale, véhicules pour auto-écoles.

Fiche ressource 3

Les règles de déductibilité de certains services extérieurs et impôts, taxes et versements assimilés

I Tableau d'analyse fiscale de certains services extérieurs

	Catégories de frais généraux selon la terminologie du PCG	Principes de déductibilité	Traitement fiscal
Services extérieurs : comptes 61. et 62.	**Locations ou redevances de crédit-bail** 	Les loyers et redevances de crédit-bail sont normalement déductibles s'ils sont liés à l'activité.	Aucun retraitement
		Cas particulier : les loyers et les redevances liés aux véhicules de tourisme sont déductibles dans la limite d'un amortissement théorique.	*Voir fiche ressource 2.*
	Entretien et réparation 	Seules les dépenses ayant pour objet de maintenir ou de remettre en état d'utilisation un bien peuvent avoir le caractère de charges déductibles.	Aucun retraitement
		Le remplacement d'un composant constitue une nouvelle immobilisation sur le plan comptable et fiscal.	Aucun retraitement si inscription en classe 2
	Primes d'assurance 	Les primes d'assurance qui couvrent les risques des éléments inscrits à l'actif (assurances multirisques, responsabilité civile, créances impayés…) sont normalement déductibles du résultat fiscal.	Aucun retraitement
		Les primes d'assurance-vie.	*Voir schéma page suivante.*
	Cadeaux aux relations d'affaires et aux salariés 	– Les cadeaux d'entreprise peuvent être compris dans les charges déductibles s'ils sont effectués dans le cadre d'une gestion normale, c'est à dire s'ils sont faits dans l'intérêt de l'entreprise. De plus l'administration exige qu'ils aient une cause licite et que leur valeur ne soit pas exagérée. – Les cadeaux aux salariés sont en principe déductibles du résultat fiscal. Ils ne constituent pas des salaires imposables pour le bénéficiaire si le cadeau n'excède pas 5 % du plafond mensuel de la SS soit 5 % × 3428 = 171 € par an pour 2022. – Pour les dépenses de parrainage (sponsoring) destinées à améliorer l'image de l'entreprise, le nom de l'entreprise doit apparaître dans la manifestation choisie.	Aucun retraitement si acte normal de gestion

II Schéma du traitement fiscal des primes d'assurance-vie

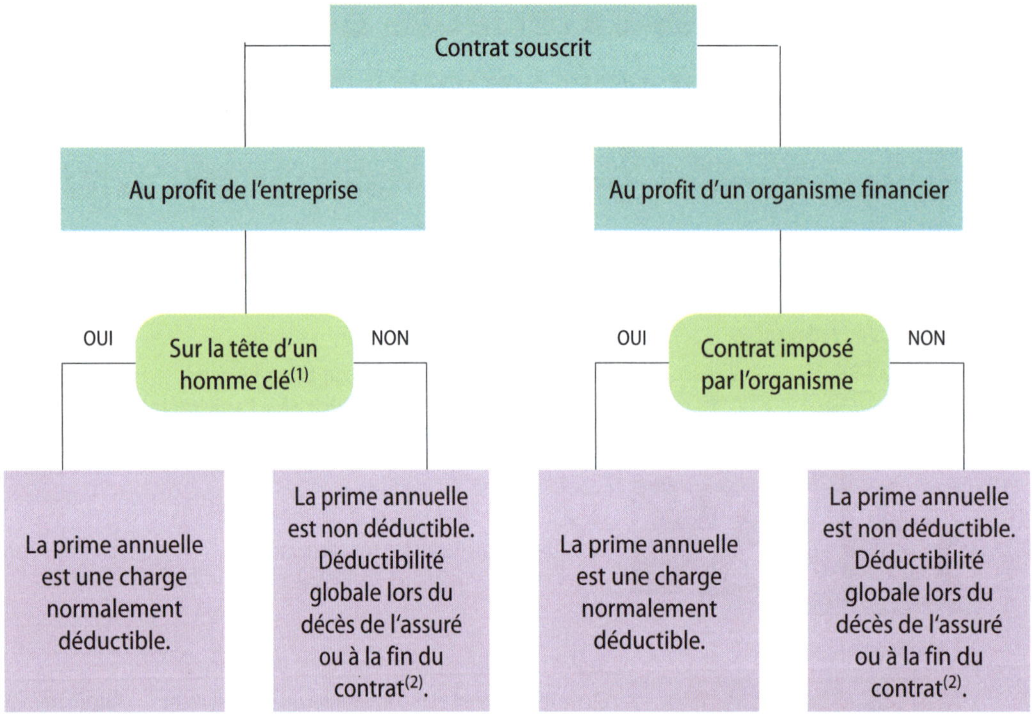

(1) Un homme clé est une personne jouant un rôle déterminant dans le fonctionnement de l'entreprise

(2) Les primes d'assurance-vie sont analysées comme un placement financier. Elles ne sont donc pas déductibles des résultats des exercices au cours desquels les dépenses correspondantes ont été engagées, mais deviennent déductibles dans leur intégralité (montant de toutes les primes versées depuis le début du contrat) soit lors de l'exercice au titre duquel le capital est perçu (en principe, lors de l'exercice du décès, de l'invalidité ou de l'accident), soit lors de l'expiration du contrat.

III Tableau d'analyse fiscale des impôts, taxes et versements assimilés

Catégories de frais généraux selon la terminologie du PCG	Principes de déductibilité	Traitement fiscal
Impôts, taxes et versements assimilés : comptes 63.	Tous les impôts et taxes sont normalement déductibles du résultat fiscal, sauf exceptions. La CSG comprend une part normalement déductible du résultat fiscal au taux de 6,8 %.	Aucun retraitement
	Exceptions : certains impôts sont expressément exclus par une disposition légale s'ils sont comptabilisés en charges : – l'**IR** ; – la **CSG** (contribution sociale généralisée) au taux de 2,4 % et la **CRDS** (contribution au remboursement de la dette sociale) au taux de 0,5 %.	Impôts à réintégrer si comptabilisés en classe 6 En pratique, ces **impôts personnels** non déductibles sont comptabilisés dans un compte 108 « Compte de l'exploitant » ; la charge comptable n'étant pas constatée, aucun retraitement fiscal ne sera effectué.

Remarque : en cas de dégrèvement d'impôt (remboursement) comptabilisé en produit (7717), le régime fiscal de ce dégrèvement suit le régime de la charge d'impôt :
– si l'impôt est normalement déductible, le dégrèvement sera normalement imposable : donc aucun retraitement fiscal ;
– si l'impôt est non déductible, le dégrèvement sera non imposable : donc à déduire du résultat fiscal.

Fiche ressource 4

Les règles de déductibilité de certaines charges de personnel et autres charges de gestion courante

I Tableau d'analyse fiscale de certaines charges de personnel

Catégories de frais généraux selon la terminologie du PCG		Règles de déductibilité	Traitement fiscal
Charges de personnel : comptes 64.	Rémunération du personnel	En principe, les rémunérations brutes sont normalement déductibles si elles se rattachent à une gestion normale : – travail effectif ; – rémunération non excessive.	Aucun retraitement fiscal si règles respectées
		Le salaire du conjoint de l'exploitant participant effectivement à l'exercice de la profession est normalement déductible du bénéfice imposable, s'il découle d'une gestion normale, et à la condition que ce salaire ait donné lieu au versement des cotisations sociales.	
	Rémunération du travail de l'exploitant	Les appointements que s'alloue l'exploitant en contrepartie de son travail ne constituent pas une charge de l'entreprise. Le travail effectué par l'exploitant étant rémunéré par le bénéfice net.	Rémunération à réintégrer si comptabilisée en classe 6
		Dans le cas où la rémunération de l'exploitant n'est pas comptabilisée en charge mais dans le compte 108.	Aucun retraitement fiscal
	Charges de Sécurité sociale et de prévoyance	Les cotisations obligatoires de Sécurité sociale, d'assurance-chômage et de retraite complémentaire constituent des charges normalement déductibles.	Aucun retraitement fiscal
		Les cotisations au titre d'un régime surcomplémentaire de retraite sont en principe déductibles si elles concernent l'ensemble du personnel et remplissent certaines conditions.	Aucun retraitement fiscal
	Cotisations sociales personnelles de l'exploitant	Les cotisations sociales obligatoires (assurance-maladie, maternité, vieillesse, allocations familiales) sont normalement déductibles du résultat fiscal.	Aucun retraitement fiscal
		Les cotisations sociales facultatives (régime complémentaire de prévoyance, retraite, perte d'emploi) et les cotisations de contrats d'assurance-groupe sont déductibles dans la limite de plafonds distincts.	Aucun retraitement fiscal ou réintégrer la charge qui excède le plafond retenu.
	Dons aux œuvres sociales	Les dons et subventions consenties aux œuvres sociales dans l'intérêt du personnel (formation, crèches, colonies de vacances…) sont normalement déductibles du résultat fiscal.	Aucun retraitement fiscal

II Tableau d'analyse fiscale des autres charges de gestion courante

<table>
<tr><th>Catégories de frais généraux selon la terminologie du PCG</th><th>Règles de déductibilité</th><th>Traitement fiscal</th></tr>
<tr><td>Autres charges de gestion courantes : comptes 65</td><td>Compte tenu du programme du BTS CG et du domaine des BIC, les autres charges de gestion courantes sont normalement déductibles du résultat fiscal si elles respectent les conditions générales de déductibilité.</td><td>Aucun retraitement fiscal</td></tr>
<tr><td colspan="3">Complément sur les pertes de changes
Les règles applicables aux gains de change de la fiche ressource 2 du chapitre 7 sont transposables aux pertes de change, compte 656, normalement déductible du résultat fiscal.
Les pertes latentes de change comptabilisées au compte 476 en N doivent être déduites du résultat fiscal au titre de N. Lors du règlement de la dette ou de la créance, en principe en N+1, l'annulation du compte 476 (au crédit) génèrera une réintégration fiscale.
De plus, le principe de prudence impose la comptabilisation d'une provision pour perte de change fin N (compte 6815), non déductible du résultat fiscal (voir détails au chapitre 9), à réintégrer au résultat fiscal.</td></tr>
</table>

Fiche ressource 5

Les règles de déductibilité de certaines charges financières et exceptionnelles

<table>
<tr><th colspan="2">Catégories de frais généraux selon la terminologie du PCG</th><th>Règles de déductibilité</th><th>Traitement fiscal</th></tr>
<tr><td rowspan="2">Charges financières : comptes 66.</td><td>Charges financières</td><td>En règle générale, ces charges sont normalement déductibles du résultat fiscal si elles respectent les conditions générales de déductibilité des frais généraux.
Les pertes de change financières (sur emprunt ou prêt) sont comptabilisées au compte 666, normalement déductible du résultat fiscal.</td><td>Aucun retraitement fiscal</td></tr>
<tr><td colspan="2">**Particularités :** le traitement fiscal des comptes 667 « Charges nettes sur cessions de VMP » sera étudié au chapitre 10 avec les plus et moins-values professionnelles.</td><td>Voir chapitre 10</td></tr>
<tr><td rowspan="5">Charges exceptionnelles : comptes 67.</td><td rowspan="3">Pénalités, amendes fiscales et pénales</td><td>Les pénalités, amendes fiscales et pénales ne sont jamais déductibles du résultat fiscal (compte 6712).</td><td>Charges à réintégrer</td></tr>
<tr><td>Les pénalités pour paiement tardif de factures fournisseurs sont normalement déductibles lors de l'exercice de paiement au fournisseur</td><td>Aucun retraitement fiscal</td></tr>
<tr><td>**Attention !** Ne pas confondre pénalités et amendes avec le rappel d'impôts (compte 6717) En effet le rappel d'impôt concerne l'impôt lui-même qui aurait dû être versé, il suit donc le même régime que l'impôt en principal. A savoir : si le rappel d'impôt concerne un impôt normalement déductible, il sera aussi normalement déductible. S'il concerne un impôt non déductible, il sera à réintégrer.</td><td>En fonction de l'impôt auquel est rattaché le rappel</td></tr>
<tr><td>Mécénat d'entreprise : Dons et libéralités</td><td>En règle générale les **dons ne sont pas déductibles du résultat fiscal.**
Cependant, les dons faits à certains organismes ouvrent droit à **une réduction d'impôt** dans le cadre du mécénat d'entreprise : organismes d'intérêt général ; organismes agréés de recherche ; organismes reconnus d'utilité publique ; établissements d'enseignement supérieur.
Cette réduction d'impôt (IR) dont pourra bénéficier l'entreprise est égale à **60 % des dons.** Pour le calcul de la réduction d'impôt les dons sont retenus dans la **limite de 20 000 € ou 5 ‰ (5 pour mille) du chiffre d'affaires HT** lorsque ce dernier montant est plus élevé.
Exemple : Une entreprise effectue un versement de 22 000 € à un organisme d'intérêt général ouvrant droit à réduction d'impôt. Le CAHT de l'exercice de versement s'élève à 4 200 000 €.
*Le montant du don de **22 000 € n'est pas déductible** du résultat fiscal (à réintégrer).*
– La 1re limite de versement de 20 000 € est dépassée ;
– La 2e limite = 4 200 000 × 5 ‰ = 21 000 €
Le montant du don de 22 000 € ouvrira droit à une réduction d'impôt limitée à :
21 000 × 60 % = 12 600 €
Complément : Pour la fraction des dons supérieur à 2 millions d'€, le taux de la réduction d'impôt est abaissé à 40 % (au lieu de 60 %) sauf pour les versements effectués par l'entreprise au profit d'organismes sans but lucratif qui aident des publics en difficulté pour la fourniture gratuite de repas, de logements, de soins, de fournitures scolaires…)</td><td>Charges à réintégrer</td></tr>
<tr><td colspan="2">**Particularités :** le traitement fiscal des comptes 675 « Valeurs comptables des éléments d'actif cédés » sera étudié au chapitre 10 avec les plus et moins-values professionnelles</td><td>Voir chapitre 10</td></tr>
</table>

Compléments

Les pertes latentes de change comptabilisées au compte 476 en N doivent être déduites du résultat fiscal au titre de N. Lors du règlement de la dette ou de la créance, en principe en N+1, l'annulation du compte 476 (au crédit) générera une réintégration fiscale.

Le principe de prudence impose la comptabilisation d'une provision pour perte de change fin N, non déductible du résultat fiscal (voir détails au chapitre 9).

Fiche ressource 6

Le relevé de certains frais généraux

Les entreprises individuelles doivent mentionner, sur l'imprimé n° 2031 de la déclaration des BIC, cadre E, certaines dépenses que l'Administration souhaite vérifier.

À défaut de remplir le cadre E de l'imprimé n° 2031, les contribuables sont passibles d'une amende égale à 5 % des sommes ne figurant pas sur le relevé. Le taux de 5 % est ramené à 1 % si les sommes correspondantes sont réellement déductibles.

E RELEVÉ DE CERTAINS FRAIS GÉNÉRAUX	Cette rubrique ne concerne que les entreprises individuelles ❶, elle doit être remplie lorsque ces frais excèdent, par exercice : 3 000 € pour les cadeaux ou 6 100 € pour les frais de réception.	
❶ Les autres entreprises doivent utiliser, le cas échéant, le relevé de frais généraux n° 2067-SD.		Exercice
Montant des :	- Cadeaux de toute nature, à l'exception des objets conçus spécialement pour la publicité, et dont la valeur unitaire ne dépasse pas 69 € par bénéficiaire (toutes taxes comprises).	
	- Frais de réception, y compris les frais de restaurant et de spectacles, qui se rattachent à la gestion de l'entreprise et dont la charge lui incombe normalement.	

Applications

1 Traitement fiscal de la rémunération du conjoint de l'exploitant

Vous êtes stagiaire dans le cabinet d'expertise comptable Sofidelta. Votre maître de stage vous demande certaines informations concernant le statut du conjoint de l'exploitant. Vous prenez connaissance du dossier de M. Boulanger, exploitant de l'entreprise individuelle Pain Bio, non adhérente à un centre de gestion agréé.
Le salaire brut du conjoint de l'exploitant s'élève, pour l'exercice N, à 22 000 €.

1. **Quels sont les deux statuts possibles du conjoint dans une entreprise individuelle ?**
2. **Au niveau de la rémunération, quelle est la particularité du statut de conjoint collaborateur ? Quel est le statut de conjoint de l'exploitant dans l'entreprise Pain Bio ?**
3. **À quel type d'entreprise le statut de conjoint associé est-il réservé ? Comment ce conjoint est-il rémunéré ?**
4. **Lors de la détermination du résultat fiscal de l'entreprise Pain Bio, indiquer les conditions à respecter pour la déductibilité du salaire du conjoint de l'exploitant ?**

Afin de répondre aux questions de votre maître de stage, faites une recherche sur le site :
https://www.service-public.fr/professionnels-entreprises/vosdroits/F32266

2 Analyse de primes d'assurance

L'EIRL Saveurs d'Ailleurs est un restaurant qui propose principalement des spécialités asiatiques. Lors de la détermination du résultat fiscal de l'exercice N, vous devez traiter le problème des primes d'assurance constatées au débit du compte 616.

61621 – PRIMES D'ASSURANCE MULTIRISQUE(1)						
Date	Journal	N° de pièce	Libellé	Débit	Crédit	Solde
01/01/N	AN	AN	Extourne 2 mois	400,00		400,00
01/03/N	BQ	125	Prime d'assurance du 01/03/N au 01/03/N+1	2 520,00		2 920,00
31/12/N	OD	986	Constatée d'avance du 01/01/N+1 au 28/02/N+1		420,00	2 500,00

1. Il s'agit de primes couvrant les risques des éléments à l'actif contre le vol, l'incendie, les dégâts des eaux…

61622 – PRIMES D'ASSURANCE-VIE						
Date	Journal	N° de pièce	Libellé	Débit	Crédit	Solde
03/01/N	BQ	21	Prime annuelle N(1)	750,00		750,00
05/01/N	BQ	25	Prime annuelle N(2)	220,00		970,00

(1) Assurance-vie sur la tête de l'exploitant individuel, non considéré comme homme clé.

(2) Assurance-vie liée à un emprunt effectué par l'exploitant pour le financement de son entreprise. C'est l'organisme de crédit qui a imposé ce contrat lors de la souscription de l'emprunt par l'exploitant.

- **Préciser le régime fiscal applicable à chacune de ces primes d'assurance en précisant les montants normalement déductibles ou à retraiter fiscalement.**

3 Détermination d'un résultat fiscal

Votre maître de stage vous demande d'effectuer l'analyse fiscale de certains éléments tirés de la comptabilité de l'entreprise individuelle Sixty's, qui a pour activité la commercialisation de disques vinyles anciens. Le résultat comptable définitif de l'entreprise pour l'exercice N est un bénéfice de 8 240 €. L'entreprise adhère à un OGA.
Les informations suivantes pour l'exercice N vous sont communiquées (N = 2022) :

a) Informations sur certains produits comptabilisés

1. L'entreprise a perçu 4 800 € de loyer pour une maison d'habitation inscrite à l'actif du bilan.
2. Une livraison de disques vinyles d'un montant de 400 € HT a eu lieu le 28/12/N et le compte 707 « Ventes de marchandises » a été mouvementé lors des écritures d'inventaire par l'enregistrement d'un produit à recevoir.
3. L'entreprise a perçu 255 € de revenus de placements financiers. Il s'agit de dividendes d'actions inscrites à l'actif et liés à l'activité de l'entreprise.
4. Un gain de change d'un montant de 38 € a été réalisé sur le règlement d'une dette libellée en dollars envers un fournisseur américain.
5. Dégrèvement sur la cotisation foncière des entreprises (CFE) pour 1 200 €

b) Informations sur certaines charges comptabilisées

6. Redevance de crédit-bail sur un véhicule de tourisme nécessaire à l'activité de l'entreprise
   - Montant de la redevance : 4 900 € du 01/05/N au 31/12/N
   - Informations sur le véhicule communiquées par la société de crédit-bail :

   Taux d'émission de CO_2 : 100 g/km
   Coût d'acquisition : 22 500 €
   Amortissement sur 3 ans en linéaire
7. Rémunération de M. Drucker, exploitant, enregistrée en 644 pour 24 000 €
8. Rémunération de Mme Drucker, conjoint salarié, qui occupe le poste de vendeuse : 16 800 €
9. Taxe foncière de 1 400 € liée à l'immeuble loué en tant que maison d'habitation pour lequel l'entreprise a perçu un loyer de 4 800 €
10. Contravention pour excès de vitesse lors d'un déplacement professionnel de l'exploitant : 90 €
11. Rappel d'impôts sur la taxe d'apprentissage : 155 €

c) Informations diverses

12. Le compte 477 « Écart de conversion passif » a été soldé (débité) lors du règlement de la dette envers le fournisseur américain : 29 €.
13. Cadeau d'anniversaire de la fille de l'exploitant : 148 €, enregistré dans le compte 108

1 À l'aide d'un tableau, déterminer le résultat fiscal de l'entreprise Sixty's pour l'exercice N en justifiant le traitement fiscal de chaque opération.

2 Préciser les modalités d'imposition de ce résultat fiscal.

3 Pour les éléments ci-dessous, préciser si l'enregistrement comptable a été réalisé HT ou TTC. Justifier vos réponses.
– Redevance de crédit-bail de 4 900 €
– Cadeau d'anniversaire de 148 €

Chapitre

9

BIC : le régime fiscal des charges calculées

Activité	Composante d'activité	Compétence	P7	Vers Pix
3.3. Traitement des opérations relatives aux impôts directs	**3.3.2.** Détermination du résultat fiscal (BIC)	Déterminer le résultat fiscal imposable dans la catégorie des BIC en identifiant et évaluant les réintégrations et déductions extracomptables nécessaires	– L'exploitation des données de façon automatisée et reproductible – La traçabilité des opérations	**1.3.** Traiter des données

Situation professionnelle

L'EIRL WindWin clôture ses comptes au 31 décembre 2022. Le compte de résultat fait apparaître un bénéfice comptable définitif de 51 302,00 €.
Mme Tardieu, secrétaire administrative de l'EIRL WindWin, a mensuellement transmis toutes les pièces justificatives liées aux opérations de l'exercice 2022, notamment celles relatives au suivi des charges calculées, au collaborateur du cabinet d'expertise comptable ExpertPlus.
De plus, le collaborateur en charge du dossier a procédé à une évaluation des risques ou pertes encourus à la clôture de l'exercice 2022.

Mission

Dans le cadre des travaux de détermination du résultat fiscal, votre tuteur, M. Firmin, vous demande de poursuivre votre travail par l'analyse de certains comptes de charges calculées afin d'identifier et d'évaluer les éventuels retraitements extracomptables (réintégrations et déductions) nécessaires.
À partir du paragraphe III du travail à faire ci-après, dès que vous constaterez la nécessité d'effectuer un retraitement fiscal (déduction ou réintégration), vous compléterez le tableau préparatoire commencé au chapitre 7 afin de poursuivre la détermination du résultat fiscal de l'EIRL WindWin pour l'exercice 2022.
Vous disposez de données extraites du PGI de l'entreprise et d'une documentation fiscale.

Travail à faire

I L'analyse des charges

Vous poursuivez votre mission de détermination du résultat fiscal de l'entreprise WindWin et êtes maintenant associé(e) à l'analyse des charges calculées : amortissements et provisions. M. Firmin souhaite vérifier que vous êtes capable d'identifier la nature de différentes charges.

1. Rappeler quels sont les différents types de charges calculées.

2. Indiquer ce qui différencie ces charges calculées des charges décaissées.

3. Indiquer et justifier, pour chacune des charges figurant en annexe, s'il s'agit d'une charge décaissée ou d'une charge calculée et préciser la nature de la charge calculée.

Annexe 2
Fiche ressource 1

II Généralités sur les amortissements

La détermination des amortissements nécessite de disposer de certaines informations et de respecter des principes comptables et fiscaux.

4. Dans le respect de quels principes comptables l'entreprise doit-elle constater des amortissements ?

5. Préciser quels sont les éléments indispensables pour l'établissement d'un plan d'amortissement.

6. Retrouver les cas possibles de divergence entre les règles comptables et fiscales concernant la base, la durée et le mode d'amortissement.

Fiche ressource 1
Fiche ressource 2
Fiche ressource 3

III L'analyse de l'amortissement de la machine numérique BF 528

Parmi tous les amortissements constatés à la clôture des comptes, l'amortissement de la machine de production à commande numérique BF 528 présente des particularités.

7. Vérifier que cet amortissement remplit bien les conditions de déductibilité spécifiques aux amortissements.

8. Vérifier que cette machine remplit les conditions pour bénéficier du mode d'amortissement dégressif.

9. Justifier la pratique d'un amortissement dérogatoire lié à cette machine numérique.

10. Vérifier par le calcul le montant de la dotation économique et de la dotation dérogatoire comptabilisées au 31/12/2022.

11. Préciser le compte de charges utilisé en contrepartie du compte 281541 « Amortissements de la machine numérique BF 528 ». Pourquoi utilise-t-on un compte de charges d'exploitation ?

12. Justifier l'utilisation d'un compte de charges à caractère exceptionnel pour l'enregistrement de l'amortissement dérogatoire.

Annexe 1
Annexe 3
Fiche ressource 2
Fiche ressource 3
Fiche ressource 4

IV L'analyse de l'amortissement d'un véhicule particulier

Au cours de l'exercice comptable 2022, l'EIRL WindWin a acquis un véhicule Nissan Navara en remplacement d'un véhicule particulier devenu inadapté aux besoins de l'entreprise.

13. Vérifier par le calcul le montant de la dotation aux amortissements de l'exercice 2022.

14. Indiquer le régime fiscal applicable à l'amortissement de ce véhicule.

15. Calculer l'amortissement déductible et en déduire la fraction de l'amortissement à réintégrer pour la détermination du résultat fiscal.

Annexe 4
Fiche ressource 5

V L'analyse d'une provision pour dépréciation d'une créance client

L'EIRL WindWin n'avait pas encore été confrontée à des problèmes d'impayés, seuls des retards de paiement avaient pu être constatés mais ils s'étaient résolus par l'envoi de lettres de relance. Courant 2022, le client Mer et Marée, installé à Valras-Plage (34), connaît de réelles difficultés.

16. Justifier par le calcul le montant de la dotation aux provisions pour dépréciation du client Mer et Marée.

17. Vérifier que cette provision remplit toutes les conditions de déductibilité.

Annexe 5
Fiches ressource 6

VI L'analyse d'une provision pour risques et charges

L'EIRL WindWin constate, depuis l'exercice précédent, une provision pour garantie donnée aux clients. En effet, un certain nombre de planches connaissent quelques défauts mettant en jeu l'obligation légale de garantie. Sur les conseils du collaborateur du cabinet d'expertise comptable et afin de respecter la régularité et la sincérité du résultat, il a été décidé de doter, depuis 2021, une provision pour garanties données aux clients.

18. Justifier par le calcul le montant de la dotation aux provisions pour garanties données aux clients dotée au 31/12/2022.

19. Vérifier que cette provision remplit toutes les conditions de déductibilité.

20. Préciser quel sera le sort fiscal de la provision pour garanties données aux clients, dotée en 2021 et reprise au 31/12/2022.

Annexe 6
Fiche ressource 6

VII Synthèse

Vous venez de terminer l'analyse fiscale des charges calculées (comptes 68) de l'entreprise WindWin pour l'exercice 2022.

P7 **21. Vérifier que vous avez correctement renseigné le tableau préparatoire du résultat fiscal de l'exercice 2022, à la suite du retraitement des charges décaissées.**

NB : ce tableau sera à compléter par le retraitement des plus ou moins-values traitées dans le chapitre 10 afin de calculer le résultat fiscal définitif de l'EIRL WindWin pour l'exercice 2022.

Données de la situation

Annexe 1 Extrait du plan des comptes de l'EIRL WindWin

N° de compte	Intitulé des comptes
145541	Amortissements dérogatoires sur machine BF 528
151200	Provisions pour garanties données aux clients
215410	Matériel industriel – Machine numérique BF 528
215420	Robot industriel série 9000
218220	Matériel de transport – Nissan Navara
281541	Amortissements de la machine numérique BF 528
281822	Amortissements du matériel de transport Nissan Navara
416000	Clients douteux ou litigieux
491000	Dépréciations des clients douteux
681120	Dotations aux amortissements sur immobilisations corporelles
681500	Dotations aux provisions d'exploitation
681700	Dotations aux dépréciations des actifs circulants
687250	Dotations aux amortissements dérogatoires

Extrait du plan de comptes de tiers

Compte collectif	Compte de tiers	Intitulé des comptes
411000	MER	Client Mer et Marée

Annexe 2 Qualification des charges

1. Le magasinier a procédé à la réception d'un lot de matières premières livrées par le fournisseur Pyo pour un montant HT de 4 890 €. La facture n° 1448 du 14/12/N a été comptabilisée par le comptable.

2. Un matériel de manutention, inscrit à l'actif du bilan, a été acquis le 15/05/N-1 pour un montant HT de 6 850 €. Sa durée de vie est de 5 ans. Son plan d'amortissement indique une annuité pour l'exercice N de : 6 850 / 5 = 1 370 €.

3. Un stock de produits finis est évalué le 31/12/N, jour d'inventaire, à 1 260 €. Le prix de revient de ces produits figure dans les fiches de stock pour 1 540 €.

4. Au cours du dernier trimestre, un client a entamé une procédure en dommages et intérêts suite à un délai de livraison non respecté. Ce retard aurait engendré une baisse de son chiffre d'affaires pour des commandes qui n'ont pu être honorées. Le dommage est estimé à 1 250 € à la clôture des comptes.

5. Depuis l'implantation d'un concurrent dans sa zone de chalandise, une entreprise voit son chiffre d'affaires chuter régulièrement depuis deux ans. La valeur du fonds commercial s'est dépréciée de 20 %.

6. Le comptable a omis de compléter le relevé des frais généraux au titre de l'exercice N. La pénalité fiscale probable est estimée à 680 €.

Exemple de tableau à compléter

N° opération	Charge décaissée	Charge calculée			Justification
		Amortissement	Provision Dépréciation	Provision pour risques et charges	

Annexe 3 Machine à commande numérique BF 528

L'entreprise compte, parmi ses équipements, une machine à commande numérique BF 528 de découpe par fil chaud permettant la fabrication des coques des planches.
Cette machine a été acquise le 12/11/2022 pour un montant HT de 29 400 €. Sa mise en service a eu lieu le 16/11/2022.

Sur les conseils du collaborateur en charge du dossier, l'entreprise a décidé de pratiquer un amortissement linéaire sur une durée d'utilisation réelle de 5 ans, tout en profitant des avantages de l'amortissement dégressif pratiqué sur une durée d'usage de 5 ans. Aucune valeur résiduelle significative n'est envisagée pour ce matériel.

Extrait du grand-livre

281541 – Amortissements de la machine numérique BF 528						
Date	**Journal**	**N° pièce**	**Libellé**	**Débit**	**Crédit**	**Solde**
31/12/2022	OD	792	Dotation		735,00	– 735,00

145541 – Amortissements dérogatoires sur machine BF 528						
Date	**Journal**	**N° pièce**	**Libellé**	**Débit**	**Crédit**	**Solde**
31/12/2022	OD	793	Dotation		980,00	– 980,00

Annexe 4 Véhicule Nissan Navara

L'EIRL a fait l'acquisition d'un véhicule Nissan Navara fiscalement qualifié de véhicule particulier. Compte tenu de ses caractéristiques techniques, ce véhicule lui permettra à la fois de prospecter de nouveaux clients mais aussi de participer plus facilement à des salons.
Son taux de rejet de CO_2 est de 167 g/km.

Ce véhicule, d'un coût TTC de 27 940 €, a été livré et mis en service le 01/03/2022. L'amortissement linéaire sur une durée réelle d'utilisation de 4 ans est retenu (durée d'usage identique à la durée réelle). Aucune valeur résiduelle significative n'a pu être établie.

281822 – Amortissements du matériel de transport Nissan Navara						
Date	**Journal**	**N° pièce**	**Libellé**	**Débit**	**Crédit**	**Solde**
31/12/2022	OD	794	Dotation		5 820,83	– 5 820,83

Annexe 5 Analyse du client douteux Mer et Marée

Le client Mer et Marée connaît des difficultés financières depuis le premier trimestre 2022. Une procédure de liquidation judiciaire a été ouverte contre ce client. L'EIRL WindWin a reçu un courrier du syndic liquidateur courant décembre 2022 l'informant que, compte tenu de la situation de l'entreprise Mer et Marée, seuls 40 % de la créance pourraient être récupérés.

411MER – Client Mer et Marée						
Date	**Journal**	**N° pièce**	**Libellé**	**Débit**	**Crédit**	**Solde**
05/02/2022	VE	202	Facture n° 202	3 900,00		3 900,00
31/12/2022	OD	801	Ouverture liquidation Mer et Marée		3 900,00	0,00

416000 – Clients douteux ou litigieux						
Date	**Journal**	**N° pièce**	**Libellé**	**Débit**	**Crédit**	**Solde**
31/12/2022	OD	801	Ouverture liquidation Mer et Marée	3 900,00		3 900,00

491000 – Dépréciations des comptes de clients						
Date	**Journal**	**N° pièce**	**Libellé**	**Débit**	**Crédit**	**Solde**
31/12/2022	OD	802	Ouverture liquidation Mer et Marée		1 950,00	– 1 950,00

Annexe 6 Provision pour garantie donnée aux clients

Les coûts directs et indirects occasionnés par la mise en œuvre de la garantie légale ont été évalués en moyenne sur les années antérieures à 2 % du chiffre d'affaires annuel, tous modèles de planches confondus.

Le chiffre d'affaires de l'exercice 2022 est de 1 045 900 € HT, celui de 2021 était de 974 500 €.

151200 – Provisions pour garanties données aux clients						
Date	**Journal**	**N° pièce**	**Libellé**	**Débit**	**Crédit**	**Solde**
01/01/2022	AN	1	À-nouveau		19 490,00	– 19 490,00
31/12/2022	OD	818	Reprise provision 2021	19 490,00		0,00
31/12/2022	OD	819	Dotation provision 2022		20 918,00	– 20 918,00

Fiche ressource 1

Généralités : charges décaissées et charges calculées

Parmi les charges comptabilisées, les charges déductibles pour la détermination du bénéfice imposable comprennent :
– des charges décaissées (voir chapitre 8) ;
– des charges calculées.

Dans l'objectif de présenter des comptes qui donnent une image fidèle du patrimoine, des résultats et de la situation financière de l'entreprise, tout en respectant les principes de prudence et d'indépendance des exercices, les **amortissements** constituent des **charges calculées** (non décaissées) au même titre que les **provisions**.

Ces charges calculées proviennent de l'évaluation d'une diminution de valeur d'un élément d'actif ou d'un risque ou d'une perte probable.

Caractéristiques des charges

<table>
<tr><th>Charges décaissées
Comptes 60 à 67</th><th colspan="4">Charges calculées
Dotation : comptes 68*</th></tr>
<tr><td>• Achats de biens et services
• « Frais généraux »</td><td>Amortissements
(Compte 28)</td><td>Provisions pour dépréciations
(Comptes 29, 39, 49, 59)</td><td>Provisions pour risques et charges
(Compte 15)</td><td>Provisions réglementées
(Compte 14)</td></tr>
<tr><td>Pièces justificatives :
• Factures, quittances
• Documents bancaires
• Livre de paie
• Avis d'imposition…</td><td>Justification :
• Plan d'amortissement
• Annexes de la liasse fiscale</td><td>Justification :
• Test de dépréciation
• Annexes de la liasse fiscale</td><td>Justification :
• Obligations à l'égard de tiers sans contrepartie équivalente
• Annexes de la liasse fiscale</td><td rowspan="2">Justification :
Charges régies par des textes fiscaux qui ne correspondent pas à l'objet normal d'une provision</td></tr>
<tr><td>• Charges certaines pour :
– leur existence
– leur montant
• Charges qui entraînent un décaissement</td><td>Répartition, en charges de la valeur de l'immobilisation, sur sa durée réelle d'utilisation</td><td>Prévision d'une perte liée à un amoindrissement de la valeur d'un élément de l'actif</td><td>Charge rendue probable par des évènements en cours à la clôture de l'exercice</td></tr>
<tr><td></td><td colspan="4">Charges qui n'entraînent aucun décaissement</td></tr>
</table>

* Compte 68 « Dotations aux amortissements, aux dépréciations et aux provisions » à ventiler selon la nature de la charge calculée : d'exploitation, financière, exceptionnelle.

Terminologie : la terminologie comptable retient le terme de « dépréciation » pour les éléments d'actif alors que la terminologie fiscale retient le terme de « provision pour dépréciation ».

Fiche ressource 2

Les amortissements

La constatation d'un amortissement est obligatoire et, en règle générale, les amortissements sont des charges d'exploitation déductibles fiscalement mais dont les conditions de déductibilité sont strictement définies.
L'amortissement consiste à répartir la valeur d'un élément d'actif sur sa durée réelle d'utilisation suivant un plan d'amortissement préalablement établi. Ce plan prend en compte la base amortissable, la durée et le mode d'amortissement retenus par l'entreprise.
Il peut exister des différences entre les règles comptables et fiscales liées à la durée d'amortissement, au mode d'amortissement ou à la base amortissable. Ces différences entre les règles comptables et fiscales donnent lieu soit à des amortissements dérogatoires, soit à des déductions ou réintégrations.
Le droit fiscal prévoit aussi des régimes d'amortissements dérogatoires pour certains actifs avec l'amortissement dégressif et l'amortissement exceptionnel.

I La notion comptable

Amortir un actif consiste à répartir sa valeur amortissable en fonction de l'utilisation prévue par l'entreprise selon le rythme de consommation des avantages économiques attendus de l'actif.

Comptabilisation de l'amortissement

Dotation annuelle aux amortissements : charge d'exploitation qui correspond à l'annuité d'amortissement économiquement justifié (amoindrissement de la valeur de l'élément d'actif).

Compte débité	Compte crédité
6811 « Dotations aux amortissements des immobilisations incorporelles et corporelles »	28 « Amortissements des immobilisations »

II La notion fiscale

Le droit fiscal fixe cependant des conditions et des limites à la déductibilité des amortissements.

Conditions fiscales de déductibilité des amortissements

Les biens amortissables doivent être des **actifs immobilisés soumis à dépréciation de façon irréversible**.	Les amortissements **ne doivent pas être exclus** des charges fiscalement déductibles.	Les amortissements doivent être **enregistrés en comptabilité (compte 68 DAP)**.	Les amortissements doivent être **mentionnés sur une annexe de la liasse fiscale**.
↓	↓	↓	↓
Amortissements non déductibles : – des biens comptabilisés en stock (non immobilisés) ; – des biens non soumis à dépréciation de façon irréversible (terrain…).	**Amortissements non déductibles :** – des biens somptuaires ; – amortissement déductible limité des véhicules particuliers.	**Amortissements non déductibles :** – les amortissements qui n'ont pas été comptabilisés ; – les amortissements qui ne respectent pas l'obligation de l'amortissement minimal calculés suivant le **mode linéaire** et répartis sur la **durée d'usage** de référence (art. 39 B du CGI).	– formulaire 2055 au régime du réel normal – formulaire 2033 C et D au régime du réel simplifié Le défaut de production de ces annexes ne fait pas obstacle à la déduction des amortissements mais est passible d'une amende.

Fiche ressource 3

Le plan d'amortissement

Afin d'élaborer un plan d'amortissement, il faut retenir une base, une durée et un mode d'amortissement. Des divergences existent entre les règles comptables et fiscales.

I La base d'amortissement

Le prix de revient ou la valeur d'origine (VO) constitue la base de l'amortissement fiscal. Par contre, l'amortissement comptable se calcule sur la valeur d'origine sous déduction de sa valeur résiduelle.

	Comptable	Fiscale	Conséquence
Base amortissable	VO – Valeur résiduelle*	VO ou Prix de revient	Amortissement dérogatoire *(voir fiche ressource 4)*

* La valeur résiduelle est le montant, net des coûts de sortie attendus, qu'une entité obtiendrait de la cession de l'actif sur le marché à la fin de son utilisation.

II La durée d'amortissement

Les durées d'amortissement comptable et fiscale peuvent être différentes.

	Comptable	Fiscale	Conséquences
Durée d'amortissement	**Durée réelle d'utilisation**	**Durée d'usage**	Si durée d'utilisation > durée d'usage ⇒ Amortissement dérogatoire Si durée d'utilisation < durée d'usage ⇒ Réintégration extracomptable fiscale

III Les modes d'amortissement

1. Les modes d'amortissement comptables et fiscaux

Fiscalement, le mode d'amortissement linéaire est le régime de droit commun (art. 39 B du CGI) ; le dégressif, régime facultatif, est réservé à certains biens, et aucune disposition fiscale n'interdit le recours à l'amortissement variable par unités d'œuvre.

	Comptable	Fiscal	Conséquence
Mode d'amortissement	Amortissement linéaire Amortissement variable Amortissement dégressif*	Amortissement linéaire Amortissement variable Amortissement dégressif	Si divergence : ⇒ Amortissement dérogatoire

* Mesure de simplification réservée aux PME.

2. Les caractéristiques du mode d'amortissement dégressif

<table>
<tr><th></th><th>Mode dégressif sur décision de gestion (facultatif)</th></tr>
<tr><td>Utilité</td><td>Économie temporaire de trésorerie liée à l'économie d'impôt résultant de l'augmentation des charges déductibles les premières années.</td></tr>
<tr><td>Début de l'amortissement</td><td>Date d'acquisition</td></tr>
<tr><td>Taux d'amortissement</td><td>Taux linéaire × Coefficient
<table>
<tr><th>Durée d'utilisation</th><th>Coefficient applicable</th><td rowspan="4">Ces coefficients peuvent être majorés en fonction de mesures fiscales incitatives.</td></tr>
<tr><td>3 ou 4 ans</td><td>1,25</td></tr>
<tr><td>5 ou 6 ans</td><td>1,75</td></tr>
<tr><td>Plus de 6 ans</td><td>2,25</td></tr>
</table>
Le taux dégressif est remplacé par le taux linéaire calculé sur les années restantes quand il devient supérieur ou égal au taux dégressif (voir exemple ci-dessous).</td></tr>
<tr><td>Annuité d'amortissement</td><td>Annuité décroissante = Valeur nette fiscale × Taux dégressif</td></tr>
<tr><td>Mise en service en cours d'année</td><td>La première annuité est calculée prorata temporis en nombre de mois à compter du premier jour du mois d'acquisition.</td></tr>
<tr><td>En cas de cession</td><td>L'annuité est calculée prorata temporis en mois jusqu'au premier jour du mois de cession.</td></tr>
</table>

3. Les conditions d'application du mode dégressif

Les biens susceptibles d'être amortis selon le mode dégressif sont :
– les biens acquis à l'état neuf ;
– les biens dont la durée d'usage est au moins égale à 3 ans ;
– les biens appartenant à l'une des catégories listées par le CGI : matériels et outillages utilisés pour des opérations industrielles, de transformation ou de transport, matériels de manutention, machines de bureau…

Certains biens ne peuvent donc pas bénéficier de l'amortissement dégressif :
– les biens d'occasion ;
– les véhicules de tourisme (véhicules particuliers) ;
– le mobilier de bureau ;
– les constructions (sauf les constructions légères d'une durée de vie inférieure à 15 ans) ;
– les logiciels.

> **Exemple**
> Une entreprise a acquis le 16/03/N un matériel industriel pour 20 000 € HT pour lequel un amortissement sur 5 ans est prévu. Ce bien peut bénéficier de l'amortissement dégressif (durée d'usage de 5 ans et coefficient de 1,75) et l'entreprise décide d'appliquer ce mode au niveau fiscal.
> Début de l'amortissement : à compter du 01/03/N, soit 10 mois
> Taux dégressif : (100 / 5) × 1,75 = 35 %
> Passage au linéaire en N+3 car le taux linéaire calculé sur les années restantes, soit 2 années, est de : 100 / 2 = 50 % > 35 %

Plan d'amortissement

Amortissement fiscal dégressif					
Exercice	**Base**		**Annuité**		**Cumul**
N		20 000,00	20 000 × 35 % × 10/12 =	5 833,33	5 833,33
N+1	20 000 – 5 833,33 =	14 166,67	14 166,67 × 35 % =	4 958,33	10 791,66
N+2	14 166,67 – 4 958,33 =	9 208,34	9 208,34 × 35 % =	3 222,92	14 014,58
N+3	9 208,34 – 3 222,92 =	5 985,42	5 985,42 × **50** % =	2 992,71	17 007,29
N+4		5 985,42	5 985,42 × **50** % =	2 992,71	200 000,00

Fiche ressource 4

Les amortissements dérogatoires

Art. 214-8 du PCG : *Lorsque, des textes particuliers de niveau supérieur prescrivent ou autorisent la comptabilisation d'amortissements dérogatoires ou de provisions répondant à la définition de provisions réglementées, ces amortissements, bien que ne correspondant pas à l'objet normal d'un amortissement ou d'une dépréciation, sont comptabilisés.*

Art. 941-14 du PCG : *Le montant de la dotation de l'exercice aux comptes de provisions réglementées est enregistré par le débit de la subdivision correspondante du compte 68 « Dotations aux amortissements, aux dépréciations et aux provisions » au crédit de l'un des comptes suivants : [...] 145 « Amortissements dérogatoires » [...].*

L'amortissement dérogatoire est utilisé pour tenir compte des divergences entre les règles comptables et fiscales portant sur la base, la durée et le mode d'amortissement.

Les amortissements pour dépréciation sont des amortissements économiquement justifiés alors que les amortissements dérogatoires ne constatent pas une dépréciation véritable mais correspondent à la part supplémentaire d'amortissement que l'entreprise comptabilise en application d'un texte fiscal.

Amortissement dérogatoire = Amortissement fiscal – Amortissement comptable

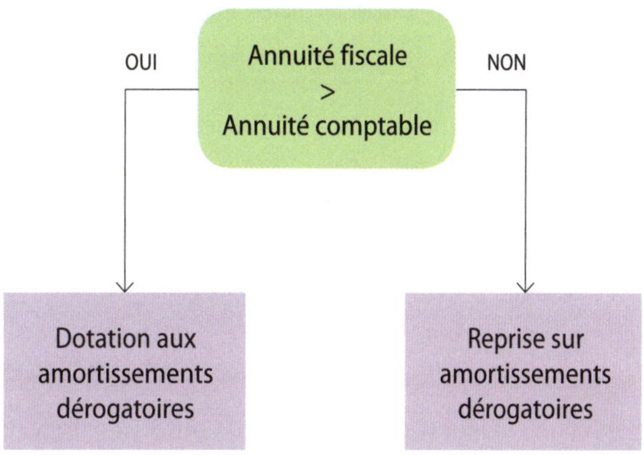

Comptablement, l'écriture d'amortissement économique (voir fiche ressource 2) sera complétée par une écriture de provision réglementée qui correspond au complément d'amortissement liée à l'application du texte fiscal (donc aucun retraitement fiscal à effectuer) :

• **Dotation annuelle aux amortissements dérogatoires :** charge exceptionnelle (normalement déductible)

Compte débité	Compte crédité
68725 « Dotations aux amortissements dérogatoires »	145 « Amortissements dérogatoires »

Ou

• **Reprise annuelle sur amortissements dérogatoires :** produit exceptionnel (normalement imposable)

Compte débité	Compte crédité
145 « Amortissements dérogatoires »	78725 « Reprise sur amortissements dérogatoires »

Exemple 1 : divergence relative à la durée d'amortissement

Une entreprise a acquis le 01/01/N un micro-ordinateur pour 4 500 € HT. Compte tenu de l'utilisation envisagée par l'entreprise, la durée est évaluée à 5 ans. La durée d'usage est de 3 ans. Le mode d'amortissement est l'amortissement linéaire.

Plan d'amortissement

Exercice	Amortissement fiscal Amortissement sur durée d'usage : 3 ans			Amortissement économique Amortissement sur durée d'utilisation : 5 ans			Amortissement dérogatoire	
	Base	Annuité	Cumul	Base	Annuité	Cumul	Dotations	Reprises
N	4 500	4 500/3 = 1 500	1 500	4 500	4 500/5 = 900	900	1 500 – 900 = 600	
N+1	4 500	4 500/3 = 1 500	3 000	4 500	4 500/5 = 900	1 800	1 500 – 900 = 600	
N+2	4 500	4 500/3 = 1 500	4 500	4 500	4 500/5 = 900	2 700	1 500 – 900 = 600	
N+3				4 500	4 500/5 = 900	3 600		900 – 0 = 900
N+4				4 500	4 500/5 = 900	4 500		900 – 0 = 900
Totaux		**4 500**			**4 500**		**1 800**	**1 800**

Compte 145 soldé en fin de plan

L'amortissement dérogatoire permet de respecter la règle de l'amortissement fiscal minimal (art. 39 B du CGI).

Exemple 2 : divergence relative à la base d'amortissement

Une entreprise a acquis le 01/01/N un véhicule utilitaire pour un montant HT de 60 000 €. Elle envisage de le revendre au bout de 4 ans pour un prix de marché estimé à 5 000 €. La durée d'usage de la profession pour ce bien est de 4 ans et le mode d'amortissement retenu sera le linéaire.

Extrait du plan d'amortissement

Exercice	Amortissement fiscal Amortissement sur la VO			Amortissement économique Amortissement sur VO – Valeur résiduelle			Amortissement dérogatoire	
	Base	Annuité	Cumul	Base	Annuité	Cumul	Dotations	Reprises
N	60 000	60 000/4 = 15 000	15 000	55 000	55 000/4 = 13 750	13 750	15 000 – 13 750 = 1 250	
[…]	[…]	[…]	[…]	[…]	[…]	[…]	[…]	
N+3	60 000	15 000	60 000	55 000	13 750	55 000	15 000 – 13 750 = 1 250	
Totaux		**60 000**			**55 000**		**5 000**	

Compte 145 non soldé en fin de plan = valeur résiduelle

La prise en compte d'une valeur résiduelle n'est pas autorisée fiscalement.
L'amortissement dérogatoire permet de respecter la règle fiscale de l'amortissement minimal en permettant d'amortir la valeur résiduelle qui n'est pas amortie comptablement.

Exemple 3 : divergence relative au mode d'amortissement

Une entreprise a acquis le 16/03/N un matériel pour 20 000 €. Amortissement linéaire sur 5 ans économiquement justifié. L'entreprise décide d'appliquer l'amortissement dégressif (durée d'usage de 5 ans).

Plan d'amortissement

Exercice	Amortissement fiscal Dégressif sur 5 ans (Voir fiche ressource 3)			Amortissement économique Linéaire sur 5 ans			Amortissement dérogatoire	
	Base	Annuité	Cumul	Base	Annuité	Cumul	Dotations	Reprises
N	20 000,00	5 833,33	5 833,33	20 000,00	(20 000/5) × (285/360) = 3 166,67	3 166,67	2 666,66	
N+1	14 166,67	4 958,33	10 791,66	20 000,00	20 000/5 = 4 000,00	7 166,67	958,33	
N+2	9 208,34	3 222,92	14 014,58	20 000,00	4 000,00	11 166,67		777,08
N+3	5 985,42	2 992,71	17 007,29	20 000,00	4 000,00	15 166,67		1 007,29
N+4	2 992,71	2 992,71	20 000,00	20 000,00	4 000,00	19 166,67		1 007,29
N+5				20 000,00	(20 000/5) × (75/360) = 833,33	20 000,00		833,33
Totaux		**20 000,00**			**20 000,00**		**3 624,99**	**3 624,99**

Compte 145 soldé en fin de plan

Fiche ressource 5

Les amortissements : cas particuliers

I Les amortissements des biens décomposés

Art. 214-9 du PCG : *Si dès l'origine, un ou plusieurs des éléments constitutifs d'un actif ont chacun des utilisations différentes, chaque élément est comptabilisé séparément et un plan d'amortissement propre à chacun de ces éléments est retenu.*

La structure et les composants de première catégorie (éléments faisant l'objet de remplacement à intervalles réguliers) sont amortis sur leur prix de revient respectif et dans des plans d'amortissement distincts.

La structure est amortie comptablement sur sa durée réelle et fiscalement sur la durée d'usage de l'immobilisation.

Les composants sont amortis sur leur durée réelle d'utilisation prévue par l'entreprise, admise aussi fiscalement, sauf si elle est supérieure à la durée d'usage de la structure.

II La mesure de simplification réservée aux PME

Sont concernées par cette mesure les entreprises qui ne dépassent pas, à la clôture de l'exercice, deux des trois critères suivants :
- total du bilan : 4 000 000 € ;
- chiffre d'affaires : 8 000 000 € ;
- nombre de salariés : 50.

Les PME peuvent amortir en comptabilité les immobilisations non décomposables selon la durée d'usage. Dans ce cas, les durées d'amortissement fiscale et comptable seront alignées et les divergences entre durées fiscale et comptable disparaissent.

Les PME peuvent appliquer l'amortissement dégressif en amortissement pour dépréciation. L'avantage pour ces entreprises sera donc d'éviter de rechercher la durée réelle d'utilisation de ces immobilisations et d'avoir à comptabiliser un amortissement dérogatoire pour pouvoir bénéficier du maximum déductible.

Par contre, cette mesure de simplification ne dispense pas l'entreprise :
- de la prise en compte de la valeur résiduelle significative ;
- de l'application de l'approche par composant.

En conséquence, les PME devront obligatoirement constater des amortissements dérogatoires lorsque l'immobilisation a une valeur résiduelle significative.

III L'amortissement exceptionnel et le suramortissement

L'amortissement exceptionnel et le suramortissement sont des mesures facultatives encourageant les entreprises à réaliser certains investissements en leur accordant une déduction du résultat qui s'ajoute à celle pratiquée au titre de l'amortissement. Actuellement, ces amortissements sont des éléments marginaux qui de fait, semblent exclus du programme du BTS CG.

- **L'amortissement exceptionnel** ne concerne désormais que certains titres de sociétés et nécessite la comptabilisation en amortissement dérogatoire

- **Les dispositifs de suramortissement** concernent certaines entreprises qui peuvent bénéficier de déductions fiscales exceptionnelles pour investissement. Les suramortissements ne sont pas comptabilisés car la déduction du résultat s'opère de manière extra-comptable, directement dans le tableau de détermination du résultat fiscal.

> Exemple
> Le suramortissement des camions peu polluants.

IV Les amortissements des biens somptuaires (art. 39-4 du CGI)

1. Généralités

Certaines dépenses et charges, limitativement énumérées par le CGI, sont considérées comme somptuaires et sont exclues des charges déductibles (les résidences de plaisance ou d'agrément, les pavillons de chasse, les yachts et bateaux de plaisance – *voir chapitre 8*). L'amortissement relatif à ces biens somptuaires est non déductible.

Ces amortissements non déductibles sont à réintégrer.

2. Cas particulier des véhicules de tourisme

Dans le cas des véhicules de tourisme, véhicules immatriculés dans la catégorie des voitures particulières (y compris commerciales ou breaks), la non-déductibilité de l'amortissement ne concerne que l'amortissement d'une fraction du prix d'acquisition TTC au-delà d'un plafond fixé par l'administration fiscale. Les plafonds de déductibilité sont adaptés à une nouvelle norme WLTP (Worldwild harmonised Light vehicles Test Procedures).

Tableau récapitulatif des différents plafonds et de leurs évolutions dans le temps

Plafonds de déductibilité des amortissements des véhicules de tourisme en fonction du nombre de grammes de CO_2 émis par kilomètre				
Plafonds de déductibilité	**9 900 €**	**18 300 €**	**20 300 €**	**30 000 €**
Pour les véhicules acquis par l'entreprise ou le bailleur avant le 1/1/2021	Supérieur à 165 g	De 50 g à 165 g	De 20 g à 49 g	De 0 g à 19 g
Pour les véhicules acquis par l'entreprise ou le bailleur depuis le 1/1/2021	Supérieur à 160 g	De 50 g à 160 g		

Remarque :

Les plafonds ci-dessus ne sont pas applicables lorsque ces véhicules sont nécessaires à l'activité de l'entreprise, en raison même de l'objet de celle-ci. Exemple : les voitures ambulances, les taxis, les voitures auto-école ou les véhicules des entreprises de location de véhicules.

Fraction de l'amortissement non déductible **à réintégrer**
= Amortissement pratiqué en comptabilité – Amortissement fiscalement déductible

Exemple

Une entreprise a acquis une voiture particulière le 01/05/2022 pour un montant TTC de 25 500 €.

Le mode d'amortissement linéaire est retenu et la durée d'amortissement prévue par l'entreprise est de 5 ans (durée d'usage est également de 5 ans). Taux d'émission de CO_2 : 120 g/km.

À l'inventaire 31/12/2022

Amortissement comptable pratiqué : 25 500/5 × 240/360 = 3 400
Amortissement fiscalement déductible : 18 300/5 × 240/360 = 2 440
Amortissement non déductible à réintégrer : 3 400 – 2 440 = 960
Ou fraction à réintégrer : [(25 500 – 18 300) / 5] × 240/360 = 960

En cas d'opérations de crédit-bail ou de location portant sur des voitures particulières (sauf locations de courte durée n'excédant pas 3 mois non renouvelables), la part du loyer supportée par le locataire et correspondant à l'amortissement pratiqué par le bailleur pour la fraction du prix d'acquisition du véhicule excédant le plafond est à réintégrer (*voir chapitre 8*).

Fiche ressource 6

Les provisions

I Principes de base

1. Classification

La constitution de « provisions pour dépréciations » (« dépréciations » en comptabilité) ou de « provisions pour risques et charges » est nécessaire pour respecter les principes de prudence, de sincérité et d'image fidèle.

Le PCG distingue trois catégories de provisions ou dépréciations :

Dépréciations ou provisions pour dépréciations (Comptes 29, 39, 49, 59)	La dépréciation d'un actif est la constatation que sa valeur actuelle est devenue inférieure à sa valeur nette comptable.
Provisions pour risques et charges (Comptes 15)	Les provisions pour risques et charges sont définies comme un passif dont l'échéance ou le montant n'est pas fixé de façon précise.
Provisions réglementées (Comptes 14)	« Provisions ne correspondant pas à l'objet normal d'une provision et comptabilisées en application de dispositions légales. » **Ces provisions sont normalement déductibles** selon des règles de détermination propres à chacune d'elles. Les conditions de déductibilité énoncées ci-dessous ne les concernent donc pas.

2. Les conditions de déductibilité des provisions

Les provisions qui ne remplissent pas les conditions de déductibilité sont à réintégrer au résultat fiscal.

Conditions	Commentaires
Elles doivent faire face à des **pertes** ou des **charges** fiscalement **déductibles**.	Ex. : une provision pour amende ne sera pas déductible car l'amende est une charge non déductible.
Les pertes ou les charges doivent être **nettement précisées.**	La nature de la perte ou de la charge ou de l'élément déprécié doit être individualisée. Le montant doit être évalué avec une approximation suffisante donc évaluation forfaitaire non déductible sauf si elle est basée sur des données statistiques fiables.
Les pertes ou les charges doivent être **probables** et pas seulement éventuelles.	Un risque éventuel ne suffit pas pour justifier la déductibilité d'une provision (ex. : provision de propre assureur).
La probabilité de la perte ou de la charge doit résulter d'**événements en cours à la clôture** de l'exercice.	L'événement ne peut pas être postérieur à la clôture.
Les provisions doivent être effectivement **comptabilisées**.	Sans comptabilisation, la déductibilité est impossible.
Les provisions doivent figurer dans le tableau des provisions à joindre à la déclaration des résultats.	Imprimé 2058-B ou 2033 D à compléter. Le défaut de production de l'imprimé ne fait pas obstacle à la déduction des amortissements mais est passible d'une amende.

3. Le régime fiscal des reprises

Ces provisions doivent être reprises en comptabilité quand la perte ou la charge se sont effectivement réalisées, ou quand elles sont devenues sans objet.
Le retraitement fiscal de la reprise dépend de la déductibilité ou non de la provision.

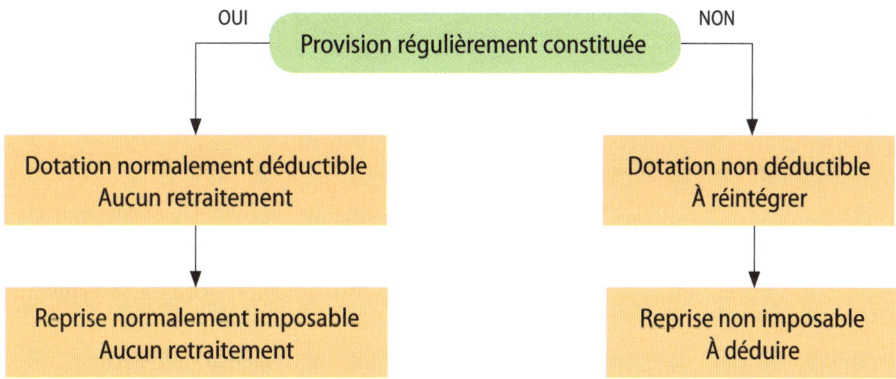

II Les provisions pour dépréciations

1. La dépréciation des immobilisations

À la clôture de l'exercice, un test de dépréciation peut révéler une perte de valeur pour certains actifs immobilisés.
Une dépréciation est constatée si la valeur actuelle de l'immobilisation est devenue inférieure à sa valeur nette comptable.
La valeur actuelle comptable s'apprécie par référence à la plus élevée de la valeur vénale et de la valeur d'usage :
– valeur vénale : montant qui pourrait être obtenu de la vente d'un actif lors d'une transaction conclue à des conditions normales de marché, net des coûts de sortie ;
– valeur d'usage : valeur des avantages économiques futurs attendus de l'utilisation de l'actif.

Dépréciations des immobilisations amortissables (Comptes 29)	Il est possible de constater une dépréciation déductible en supplément de l'amortissement, s'il est effectivement établi que la valeur vénale de l'actif concerné est inférieure à sa valeur nette comptable et que **cette dépréciation n'est pas irréversible**.
Dépréciations des immobilisations non amortissables (Comptes 29)	Certains éléments d'actif ne se déprécient pas par usure, vétusté ou obsolescence et ne sont donc pas amortissables. Leur dépréciation, lorsqu'**elle ne représente pas un caractère irréversible**, donne lieu à la constitution de provisions pour dépréciation.
En règle générale, **ces dépréciations sont déductibles si elles remplissent les conditions de déductibilité** des provisions.	
Dépréciations des immobilisations financières (Comptes 29)	Les dépréciations de ces titres relèvent du **régime des plus et moins-values** (voir chapitre 10).

2. La dépréciation des autres éléments d'actif

Dépréciations des VMP (Comptes 59)	Les dépréciations de ces titres relèvent du **régime des plus et moins-values** (voir chapitre 10).
Dépréciations des stocks (Comptes 39)	Ces provisions sont admises en déduction si le **cours du jour** ou la **valeur probable de réalisation** est inférieure au **prix de revient** à la date de clôture.
Dépréciations des créances (Comptes 49)	**Elles se calculent sur le montant HT de la créance** et sont déductibles si le **risque** de non-recouvrement est **individualisé**. Cependant, les déductions forfaitaires sont possibles si le pourcentage utilisé s'appuie sur des données précises.

III Les provisions pour risques et charges

En principe, une provision est comptabilisée à la clôture de l'exercice :
– si une obligation existe à la date de clôture ;
– s'il est probable ou certain que cette obligation provoquera une sortie de ressources au bénéfice de tiers sans contrepartie au moins équivalente attendue de ceux-ci après la date de clôture ;
– si le montant de l'obligation peut être évalué avec une fiabilité suffisante.

Principales provisions (comptes 15)

Provision	Déductible	Commentaire
Pour rémunération	O	Déductible si l'engagement de l'entreprise est ferme et irrévocable tant sur le principe que sur le calcul de la rémunération.
Pour indemnités de départ à la retraite	N	La déduction de cette provision est expressément **interdite** par l'article 39-1-5° du CGI. En effet, au regard du droit fiscal, les pensions de retraite ne constituent des charges déductibles qu'au fur et à mesure qu'elles deviennent exigibles après le départ à la retraite du salarié.
Pour indemnités de licenciement	O N	Les provisions pour indemnités de licenciement pour motif personnel (préavis, congés payés, prestations de conseils…) sont en principe normalement déductibles. Les provisions pour **indemnités de licenciement pour motif économique** (collectif ou individuel) sont **non déductibles.**
Pour impôts	O/N	Elles sont déductibles si l'**impôt** est lui-même **déductible.**
Pour litiges	O/N	En général, ces provisions sont déductibles si la charge liée au litige respecte les conditions de déductibilité des frais généraux.
Pour garanties données aux clients	O/N	Dès lors que la mise en jeu de la garantie est probable (calcul avec une approximation suffisante à partir de données statistiques fiables), ces provisions sont déductibles.
Pour amendes, pénalités et majorations	N	Ces provisions ne sont pas déductibles car amendes, pénalités et majorations sont des charges non déductibles.
De propre assureur	N	Ces provisions ne sont pas déductibles car les risques ne sont qu'éventuels.
Pour pertes de change	N	Les provisions constatées ne sont pas déductibles afin d'éviter la double déduction avec l'écart de conversion actif (perte latente).
Pour congés payés	O	Les droits à congés payés acquis par les salariés (y compris les charges sociales et fiscales) et comptabilisés à la clôture de chaque exercice constituent des **charges fiscalement déductibles** de cet exercice. Sauf pour les entreprises créées avant le 1er janvier 1987 et qui ont opté pour l'**ancien régime** : décalage d'un an pour la déductibilité de cette provision (réintégrer la provision comptabilisée en N et la déduire en N+1). **Attention :** ces droits à congés payés acquis et non utilisés par les salariés à la clôture de l'exercice constituent une **charge à payer** qui sera comptabilisée au débit du compte 6412 « Congés payés » par le crédit du compte 4282 « Dettes provisionnées pour congés payés » (le compte 15 n'est ici pas mouvementé).

Applications

1 Analyse des amortissements – Formulaire 2055-SD

Vous êtes en stage dans un cabinet d'expertise comptable. Votre tuteur souhaite tester vos compétences relatives au suivi des immobilisations. Il vous confie le dossier de l'entreprise Martel. Le PGI génère, à l'acquisition de l'immobilisation, son plan d'amortissement. De la même manière, l'imprimé 2055 « Amortissements » de la déclaration BIC réel normal est automatiquement généré. Cependant, un contrôle de ces documents est nécessaire.
Vous êtes chargé(e) de réaliser ce travail de contrôle. Votre tuteur vous transmet les extraits des plans d'amortissement de trois immobilisations (annexe). On considèrera que N = 2022.

1 Justifier la pratique d'un amortissement dérogatoire pour l'échafaudage et vérifier les calculs pour l'exercice N.

2 Pour le logiciel utilisé pour des opérations de conception :
• Vérifier le montant de la dotation économique aux amortissements
• Indiquer la raison pour laquelle il n'existe pas d'amortissement dérogatoire.

3 Vérifier pour la camionnette, le montant de l'annuité économique pour l'exercice N.

4 Compléter le formulaire 2055-SD pour l'exercice N (formulaire à télécharger sur le site www.impots.gouv.fr).

Annexe **Extraits des plans d'amortissement**

1. Un échafaudage a été acquis 18 000 € HT et mis en service le 21/04/N-2. L'entreprise souhaite bénéficier de l'amortissement dégressif : durée d'usage de 5 ans, coefficient de 1,75.
Cependant, elle estime que l'amortissement linéaire sur 5 ans est économiquement justifié.

Exercice	Base	Annuité fiscale	Annuité économique	Amortissement dérogatoire	
				Dotation	Reprise
N-2	18 000,00	4 725,00	2 500,00	2 225,00	
N-1	18 000,00	4 646,25	3 600,00	1 046,25	
N	18 000,00	3 020,06	3 600,00		579,94

2. Afin d'améliorer sa productivité, l'entreprise s'est équipée d'un logiciel pour opération de conception d'un montant de 6 200 € HT, avec une mise en service le 01/09/N. L'amortissement linéaire sur 4 ans est économiquement justifié. La durée d'usage est également de 4 ans.

Exercice	Base	Annuité fiscale	Annuité économique
N	6 200	516,67	516,67

3. Une camionnette de livraison est en service depuis le 09/10/N-2. Acquise pour 26 000 € HT, elle sera amortie selon le nombre de kilomètres parcourus chaque année. Ce nombre, sur sa durée de vie de 5 ans, est estimé à 220 000 km, qui se répartissent comme suit :
N-2 : 21 000 ; N-1 : 53 000 ; N : 52 000 ; N+1 : 51 000 ; N+2 : 43 000.

Exercice	Base	Annuité économique
N-2	26 000,00	2 481,82
N-1	26 000,00	6 263,64
N	26 000,00	6 145,45

2 Synthèse sur les charges calculées – formulaire 2033-D-SD

Vous êtes chargé(e), pendant un stage en cabinet d'expertise comptable, d'analyser les charges calculées de l'entreprise individuelle Martini, sous-traitant de l'industrie automobile. L'entreprise a été constituée après 1987. Compte tenu de son chiffre d'affaires, elle relève du régime du réel simplifié.

1 Indiquer et justifier le régime fiscal applicable à chacune des charges calculées (annexe) et préciser l'éventuel retraitement à effectuer pour l'exercice N, si nécessaire par le calcul.

2 Compléter l'imprimé 2033-D-SD lié aux éléments mentionnés dans l'annexe ci-dessous (formulaire à télécharger sur le site www.impots.gouv.fr).

Annexe **Charges calculées à analyser (N = 2022)**

1. Un véhicule de tourisme Renault acquis 21 800 € TTC le 12/04/N-2 est amorti en linéaire sur une durée réelle de 4 ans. Taux de rejet de CO_2 : 138 g/km. Annuité économique comptabilisée en N : 5 450 €. La durée d'usage est identique.

2. Un véhicule de tourisme Peugeot acquis 16 300 € TTC le 22/04/N est amorti en linéaire sur une durée réelle de 4 ans. Taux de rejet de CO_2 : 208 g/km. Annuité comptabilisée en N : 2 819 €. La durée d'usage est identique.

3. Un logiciel utilisé pour des opérations de conception acquis 1350 € HT et mis en service le 11/06/N-1 a une durée d'utilisation de 3 ans avec un mode linéaire.

Annuité économique comptabilisée en N : 450 €.

4. L'entreprise possède un stock de pièces détachées qui concernent des produits dont la commercialisation ne sera plus assurée à brève échéance. Ce stock, comptabilisé pour 860 €, ne pourra être écoulé qu'avec une réduction de prix évaluée, après étude du marché, à 50 %. Une provision de 430 € a été comptabilisée. Aucune provision n'avait été constatée en N-1.

5. Après analyse de la balance nominative des clients, un client mis en redressement judiciaire est déprécié de 70 % (TVA 20 %). La créance TTC s'élève à 3 072 €. Une provision de 1 792 € a été enregistrée.

Une provision pour dépréciation normalement déductible constatée en N-1 pour 1 200 € a fait l'objet d'une reprise suite au non-recouvrement définitif d'une créance.

6. Une perte de change latente concerne la facture d'un client étranger. Compte tenu de la variation du cours de la devise, cette perte est évaluée à 851 € et la provision pour perte de change a été enregistrée. L'écart de conversion actif a déjà été retraité fiscalement.

Une perte de change latente constatée à la clôture N-1 sur une dette fournisseur a fait l'objet d'une reprise de provisions pour 520 €.

7. La dette provisionnée pour indemnité de congés payés, y compris les charges sociales et fiscales, a été comptabilisée à l'inventaire pour 8 100 €.

La dette provisionnée de N-1 a fait l'objet d'une reprise pour 7 420 € en N.

8. Une provision a été constituée suite à une procédure ouverte à l'encontre de l'entreprise Martini pour infraction au droit de la concurrence. L'amende encourue est estimée à 450 €.

9. Un salarié licencié pour motif personnel avait intenté, courant N-1, une action en justice pour contester le montant des indemnités de licenciement qu'il avait perçus. L'avocat en charge du dossier avait estimé que le risque de condamnation de l'entreprise Martini était réel. Une provision de 1 080 € avait alors été constituée à l'inventaire N-1. Courant N, l'entreprise a été condamnée, par décision judicaire, à verser 1 450 € de dommages et intérêts au salarié. La provision constatée en N-1 a fait l'objet d'une reprise.

Chapitre 10

BIC : les plus ou moins-values professionnelles

Activité	**Composante d'activité**	**Compétence**	**P7**	**Vers Pix**
3.3. Traitement des opérations relatives aux impôts directs	**3.3.2.** Détermination du résultat fiscal (BIC)	Déterminer le résultat fiscal imposable dans la catégorie des BIC en identifiant et évaluant les réintégrations et déductions extracomptables nécessaires	– L'exploitation des données de façon automatisée et reproductible – La traçabilité des opérations	**1.3.** Traiter des données

Situation professionnelle

L'EIRL WindWin clôture ses comptes au 31 décembre 2022. Le compte de résultat fait apparaître un bénéfice comptable définitif de 51 302,00 €.

Durant l'exercice 2022, certaines opérations (cessions d'immobilisations, dépréciations de titres, redevances de brevets) ont généré des plus ou moins-values professionnelles qui impactent le résultat fiscal.

Mission

Dans le cadre des travaux de détermination du résultat fiscal, M. Firmin vous demande de poursuivre votre travail par le calcul et l'analyse des plus ou moins-values professionnelles afin d'identifier et d'évaluer les éventuels retraitements extracomptables (réintégrations et déductions) nécessaires.

À partir du paragraphe IV du travail à faire ci-après, dès que vous constaterez la nécessité d'effectuer un retraitement fiscal, vous compléterez le tableau préparatoire de détermination du résultat fiscal.

Vous disposez de données du PGI de l'entreprise et d'une documentation fiscale.

Travail à faire

I Le champ d'application des plus ou moins-values professionnelles

Vous avez terminé l'analyse et le retraitement des comptes de charges et de produits pour l'exercice 2022. Pour finaliser le travail de détermination du résultat fiscal, vous prenez connaissance de certaines opérations qui génèrent des plus ou moins-values professionnelles.
Avant de procéder au traitement fiscal des plus ou moins-values nettes, vous vous interrogez sur le champ d'application du régime des plus ou moins-values professionnelles.

1. **Vérifier que l'EIRL WindWin ne bénéficie d'aucune exonération d'impôt concernant ses plus ou moins values professionnelles.**

2. **Préciser, pour chacune des opérations réalisées ou enregistrées, si elle relève du régime général ou d'un régime particulier des plus ou moins-values professionnelles.**

▶| Annexe 2
▶| Fiche ressource 1

II L'analyse fiscale des cessions dans le cadre du régime général

M. Firmin vous communique des extraits du grand-livre des comptes de l'EIRL WindWin liés à certaines cessions enregistrées en 2022. Toutes les écritures de régularisation (amortissements, sorties d'actif) ont été enregistrées dès la cession des biens.

3. **Identifier les comptes de gestion mouvementés lors d'une cession et nécessaires à la détermination de la plus ou moins-value comptable.**

4. **Dans quel cas existe-t-il une différence entre les plus ou moins-values comptable et fiscale ? Conclure en indiquant quel type d'amortissement est pris en compte pour la détermination de la plus ou moins-value fiscale.**

P7 **5.** **Déterminer et qualifier les plus ou moins-values professionnelles pour chacun des éléments amortissables cédés. Automatiser les calculs dans un tableur (*cf.* modèle de tableau de calcul de la plus ou moins-value – fiche ressource 2 § II point 1 p. 163).**

6. **Calculer la part non déductible de la dotation aux amortissements complémentaire du véhicule Renault Clio cédé en 2022 et procéder à son retraitement dans le tableau préparatoire de détermination du résultat fiscal.**

▶| Annexe 1
▶| Annexe 2
▶| Annexe 3
▶| Fiche ressource 2

III L'analyse fiscale des cessions dans le cadre des régimes particuliers

Vous continuez l'analyse des informations fournies par le grand-livre des comptes. Toutes les écritures de régularisation ont été enregistrées soit à la date de cession des titres, soit à la date d'inventaire.

7. **Identifier le compte mouvementé lors de la cession des VMP « Sports Extrêmes » dans lequel figure la plus ou moins-value.**

8. **Déterminer et qualifier les plus ou moins-values liées à la cession des VMP « Sports Extrêmes ».**

▶| Annexe 1
▶| Annexe 2
▶| Annexe 4
▶| Fiche ressource 3

9. **Justifier par le calcul le montant de la dotation pour dépréciation comptabilisée sur les titres « Pacific Sport ». De quel régime fiscal relève cette dotation ?**

IV La détermination des plus ou moins-values nettes et le retraitement fiscal

Vous venez de terminer l'analyse des plus ou moins-values professionnelles de l'EIRL WindWin. Vous devez maintenant déterminer les plus ou moins-values nettes et leur traitement fiscal sachant que l'EIRL applique systématiquement la solution fiscale la plus favorable concernant le traitement fiscal des PVNCT.

Annexe 5
Fiche ressource 4
Fiche ressource 5
Fiche ressource 6

P7 **10.** **Reporter dans un tableau chacune des plus ou moins-values professionnelles déterminées précédemment afin de calculer les plus ou moins-values nettes de l'exercice 2022 (voir le modèle dans la fiche ressource 4).**

11. **Compléter le formulaire 2059-A-SD de la liasse fiscale pour l'exercice 2022 (formulaire à télécharger sur le site www.impots.gouv.fr).**

12. **Préciser le régime fiscal applicable à chacune des plus ou moins-values nettes réalisées au cours de l'exercice 2022.**

P7 **13.** **Effectuer les retraitements fiscaux nécessaires concernant les plus ou moins-values de l'exercice 2022 et des exercices antérieurs en poursuivant la détermination du résultat fiscal de l'exercice 2022 dans le tableau préparatoire.**

14. **Compléter le formulaire 2059-B-SD de la liasse fiscale pour l'exercice 2022 (formulaire à télécharger sur le site www.impots.gouv.fr).**

15. **Indiquer la raison pour laquelle l'EIRL WindWin doit cocher la case « Néant » du formulaire 2059-C-SD pour l'exercice 2022.**

V Synthèse

Avec le traitement fiscal des plus ou moins-values nettes professionnelles, vous venez de terminer l'intégralité des travaux d'analyse fiscale des opérations de l'EIRL WindWin pour l'exercice 2022.

P7 **16.** **Terminer le tableau préparatoire du résultat fiscal de l'EIRL WindWin en procédant au calcul arithmétique de ce résultat pour l'exercice 2022.**

NB : ce tableau complété permettra de renseigner les formulaires 2058-A-SD « Détermination du résultat fiscal » et 2031-SD « Impôt sur le revenu – BIC » étudiés au chapitre 11.

Données de la situation

Annexe 1 Extrait du plan des comptes de l'EIRL WindWin

N° de compte	Intitulé des comptes
145542	Amortissements dérogatoires sur ponceuse KTU
215420	Matériel industriel – Ponceuse KTU
218210	Matériel de transport – Renault Clio
218310	Matériel de bureau et matériel informatique – Photocopieur Rank
271100	Titres immobilisés – Actions (Pacific Sport)
281542	Amortissements du matériel industriel – Ponceuse KTU
281821	Amortissements du matériel de transport – Renault Clio
281831	Amortissements du matériel de bureau – Photocopieur Rank
297110	Dépréciations des titres immobilisés – Actions (Pacific Sport)
503110	Titres « Sports Extrêmes »
445720	Reversements de TVA sur cessions d'immobilisations
462000	Créances sur cessions d'immobilisations
465000	Créances sur cessions de valeurs mobilières de placement
667000	Charges nettes sur cessions de VMP
675200	Valeurs comptables des immobilisations corporelles cédées
681120	Dotations aux amortissements des immobilisations corporelles
686620	Dotations aux dépréciations des immobilisations financières
767000	Produits nets sur cessions de VMP
775200	Produits de cessions d'éléments d'actif corporels

Annexe 2 Opérations liées au régime fiscal des plus ou moins-values professionnelles

Courant 2022, l'EIRL WindWin a réalisé les opérations suivantes.

1. Le photocopieur Rank, acquis le 01/02/2018, est devenu obsolète et a été cédé à une association. Le rythme de consommation des avantages économiques était représenté par l'amortissement linéaire sur une durée réelle de 10 ans. L'amortissement fiscal était identique. Il a été remplacé par un matériel pris en crédit-bail.
2. La ponceuse industrielle KTU a été acquise le 16/04/2018. Le rythme de consommation des avantages économiques était représenté par l'amortissement linéaire sur une durée réelle de 10 ans. Fiscalement, l'EIRL a décidé de pratiquer l'amortissement dégressif sur une durée d'usage de 10 ans. Ce bien a été cédé à un négociant en matériel d'occasion et remplacé par une machine plus performante.
3. Le véhicule particulier Renault Clio (taux d'émission de CO_2 : 125 g/km) a été acquis le 01/06/2020. Le rythme de consommation des avantages économiques correspond à l'amortissement linéaire sur une durée réelle de 4 ans. L'amortissement fiscal retenu est identique. Ce bien ne permettait pas une utilisation polyvalente et a été cédé lors de l'acquisition du véhicule Nissan Navara à un autre utilisateur.
4. Pour des raisons liées à la trésorerie de l'EIRL, M. Tardieu a décidé de vendre une partie du portefeuille de titres des VMP « Sports Extrêmes » inscrits à l'actif depuis 2018.
5. L'EIRL WindWin détient des titres immobilisés « Pacific Sport ». Suite à des difficultés récentes, le cours de l'action « Pacific Sport » a baissé et l'EIRL WindWin a dû constater une provision pour dépréciation de 1 050 €.

Annexe 3 **Extrait du grand-livre des comptes définitif de l'EIRL WindWin au 31/12/2022 relatif aux immobilisations corporelles**

145542 – Amortissements dérogatoires sur ponceuse KTU						
Date	**Journal**	**N° pièce**	**Libellé**	**Débit**	**Crédit**	**Solde**
01/01/2022	AN	1	À-nouveau		3 742,49	– 3 742,49
15/04/2022	OD	91	Reprise complémentaire	114,35		– 3 628,14
15/04/2022	OD	92	Reprise pour solde	3 628,14		0,00

215420 – Matériel industriel – Ponceuse KTU						
Date	**Journal**	**N° pièce**	**Libellé**	**Débit**	**Crédit**	**Solde**
01/01/2022	AN	1	À-nouveau	15 450,00		15 450,00
15/04/2022	OD	94	Sortie d'actif : cession		15 450,00	0,00

218210 – Matériel de transport – Renault Clio						
Date	**Journal**	**N° pièce**	**Libellé**	**Débit**	**Crédit**	**Solde**
01/01/2022	AN	1	À-nouveau	23 600,00		23 600,00
01/03/2022	OD	80	Sortie d'actif : cession		23 600,00	0,00

218310 – Matériel de bureau – Photocopieur Rank						
Date	**Journal**	**N° pièce**	**Libellé**	**Débit**	**Crédit**	**Solde**
01/01/2022	AN	1	À-nouveau	3 800,00		3 800,00
31/01/2022	OD	68	Sortie d'actif : cession		3 800,00	0,00

281542 – Amortissements du matériel industriel – Ponceuse KTU						
Date	**Journal**	**N° pièce**	**Libellé**	**Débit**	**Crédit**	**Solde**
01/01/2022	AN	1	À-nouveau		5 729,38	– 5 729,38
15/04/2022	OD	93	Dotation complémentaire		450,62	– 6 180,00
15/04/2022	OD	94	Sortie d'actif : cession	6 180,00		0,00

281821 – Amortissements du matériel de transport – Renault Clio						
Date	**Journal**	**N° pièce**	**Libellé**	**Débit**	**Crédit**	**Solde**
01/01/2022	AN	1	À-nouveau		9 341,67	– 9 341,67
01/03/2022	OD	79	Dotation complémentaire		983,33	– 10 325,00
01/03/2022	OD	80	Sortie d'actif : cession	10 325,00		0,00

281831 – Amortissements du matériel de bureau – Photocopieur Rank						
Date	**Journal**	**N° pièce**	**Libellé**	**Débit**	**Crédit**	**Solde**
01/01/2022	AN	1	À-nouveau		1 488,33	– 1 488,33
31/01/2022	OD	67	Dotation complémentaire		31,67	– 1 520,00
31/01/2022	OD	68	Sortie d'actif : cession	1 520,00		0,00

675200 – Valeurs comptables des immobilisations corporelles cédées						
Date	**Journal**	**N° pièce**	**Libellé**	**Débit**	**Crédit**	**Solde**
31/01/2022	OD	68	Sortie photocopieur Rank	2 280,00		2 280,00
01/03/2022	OD	80	Sortie Renault Clio	13 275,00		15 555,00
15/04/2022	OD	94	Sortie ponceuse KTU	9 270,00		24 825,00

775200 – Produits de cessions d'éléments d'actif corporels						
Date	**Journal**	**N° pièce**	**Libellé**	**Débit**	**Crédit**	**Solde**
31/01/2022	OD	75	Fact. n° 84 photocopieur Rank		1 800,00	– 1 800,00
01/03/2022	OD	86	Fact. n° 193 véhicule Clio		14 599,00	– 16 399,00
15/04/2022	OD	97	Fact. n° 220 ponceuse KTU		6 500,00	– 22 899,00

Annexe 4 Extrait du grand-livre des comptes définitif de l'EIRL WindWin au 31/12/2022

L'EIRL a cédé 140 titres de Sports Extrêmes le 18/10/2022 pour un prix de vente unitaire de 130 €.

503110 – VMP Sports Extrêmes						
Date	Journal	N° pièce	Libellé	Débit	Crédit	Solde
01/01/2022	AN	1	À-nouveau[1]	31 200,00		31 200,00
18/10/2022	BA	542	Sortie de 140 titres		14 400,00	16 800,00

[1] Les titres ont été acquis de la façon suivante : – le 02/06/2018 : 120 titres à 100 € ; – le 14/11/2021 : 160 titres à 120 €.
Aucune provision pour dépréciation n'a été constatée sur les titres « Sports Extrêmes ».

297110 – Dépréciations des titres immobilisés – Actions (Pacific Sport)						
Date	Journal	N° pièce	Libellé	Débit	Crédit	Solde
31/12/2022	OD	846	Cours moyen de 12/2022 [2]		1 050,00	– 1 050,00

686620 – Dotations aux dépréciations des immobilisations financières						
Date	Journal	N° pièce	Libellé	Débit	Crédit	Solde
31/12/2022	OD	846	Cours moyen de 12/2022 [2]	1 050,00		1 050,00

[2] Le portefeuille de titres est composé de 2 100 actions « Pacific Sport » acquises 43,20 € en mars 2022. Le cours moyen boursier de décembre 2022 est de 42,70 €.

767000 – Produits nets sur cessions de VMP						
Date	Journal	N° pièce	Libellé	Débit	Crédit	Solde
18/10/2022	BA	542	Sortie de 140 titres		3 800,00	– 3 800,00

Annexe 5 Imprimé 2059-B de l'exercice 2021

cerfa N° 10954 ✱ 16 (13)

Formulaire obligatoire (article 53 A du Code général des impôts)

AFFECTATION DES PLUS-VALUES À COURT TERME ET DES PLUS-VALUES DE FUSION OU D'APPORT

DGFiP N° 2059-B @internet-DGFiP

CADRE DESTINÉ À L'ADMINISTRATION

Désignation de l'entreprise : EIRL WINDWIN — Néant ☐*

A ÉLÉMENTS ASSUJETTIS AU RÉGIME FISCAL DES PLUS-VALUES À COURT TERME
(à l'exclusion des plus-values de fusion dont l'imposition est prise en charge par les sociétés absorbantes) (cf. cadre B)

Origine		Montant net des plus-values réalisées*	Montant antérieurement réintégré	Montant compris dans le résultat de l'exercice	Montant restant à réintégrer
Plus-values réalisées au cours de l'exercice	Imposition répartie				
	sur 3 ans (entreprises à l'IR)	2 100		700	1 400
	sur 10 ans				
	sur une durée différente (art. 39 *quaterdecies* 1 *ter* et 1 *quater* CGI)				
	TOTAL 1	2 100		700	1 400
Plus-values réalisées au cours des exercices antérieurs	Imposition répartie	Montant net des plus-values réalisées à l'origine	Montant antérieurement réintégré	Montant rapporté au résultat de l'exercice	Montant restant à réintégrer
	sur 3 ans au titre de N-1	3 300	1 100	1 100	1100
	sur 3 ans au titre de N-2	4 500	3 000	1 500	0
	TOTAL 2	7800	4100	2600	1100

NB : Il n'existe pas de MVNLT reportable liée aux exercices antérieurs à 2022.

Fiche ressource 1

Le champ d'application des plus ou moins-values professionnelles

Les entreprises peuvent être amenées à céder des éléments de leur actif immobilisé, ce qui constitue un événement à caractère exceptionnel par rapport à leur activité professionnelle. Fiscalement, ces opérations de cession bénéficient d'un régime particulier.

I Le champ d'application

D'après le *Mémento fiscal Francis Lefebvre* :

- § 17700 : « Les plus ou moins-values professionnelles sont les profits et les pertes de caractère exceptionnel réalisés par les entreprises à l'occasion de la cession d'éléments d'actif immobilisés en cours ou en fin d'exploitation.
- § 18380 : « Dans les entreprises soumises à l'impôt sur le revenu, tous les titres relèvent en principe du régime des plus ou moins-values professionnelles à court terme ou à long terme, quelle que soit leur nature […], les règles applicables ne varient donc pas selon la nature des titres, comme c'est le cas en matière d'impôt sur les sociétés. »
- § 18390 : « […] les provisions constituées en cas de dépréciations des titres sont soumises au régime fiscal des moins-values à long terme […]. »

Ainsi, on peut distinguer un régime général applicable à la cession d'éléments d'actif immobilisés et des régimes particuliers applicables à certains événements : cession de titres, provision pour dépréciations de titres.

	Champ d'application	Type d'opération
RÉGIME GÉNÉRAL	Sortie de l'actif (Cession ou mise au rebut)	**Cession de biens non amortissables** Ex. : fonds de commerce, terrain. **(Sauf les titres)**
		Cession de biens amortissables Ex. : constructions, matériels. **(Sauf brevets)**
RÉGIMES PARTICULIERS	Titres (inscrits en classe 2 ou 5)	**Cessions de titres** Ex. : titres de participation, titres immobilisés, valeurs mobilières de placement.
		Provisions pour dépréciations : dotations ou reprises

L'application du régime des plus ou moins-values professionnelles générera des retraitements fiscaux spécifiques pour la détermination du résultat fiscal.

II Les cas d'exonération

Les plus-values des petites entreprises sont totalement **exonérées d'impôt** lorsque **l'activité est exercée depuis au moins 5 ans et que le CA HT moyen sur les deux exercices clos avant celui de la réalisation de la plus-value** est inférieur ou égal à 250 000 € pour les entreprises de vente ou 90 000 € pour les entreprises de services.

L'exonération d'impôt est partielle si le CA HT moyen est compris entre :
– 250 000 € et 350 000 € pour les entreprises de vente ;
– 90 000 € et 126 000 € pour les entreprises de services.

Exonération totale ou partielle sous condition dans le cadre de la transmission d'entreprise ou en cas de départ à la retraite.

Fiche ressource 2

Le régime général : calcul et qualification de la plus ou moins-value professionnelle

I Le cas des biens non amortissables

Nous prendrons l'exemple d'un fonds de commerce acquis 9 000 € HT et cédé 10 000 € HT.
Le régime général s'applique aux cessions de biens de l'actif immobilisé, amortissable ou non.

1. Tableau de calcul de la plus ou moins-value fiscale

Prix de cession *(compte 775)*	10 000,00
– Coût d'acquisition *(compte 2. ou compte 675)*	– 9 000,00
= Plus-value fiscale (1)	**= 1 000,00 (2) et (3)**

(1) Si prix de cession > coût d'acquisition ⇒ plus-value fiscale
Si prix de cession < coût d'acquisition ⇒ moins-value fiscale
(2) Cette plus-value (ou moins-value) fiscale devra être qualifiée de court et/ou long terme afin de déterminer son régime fiscal.

2. Qualification fiscale de la plus ou moins-value

La qualification fiscale de la plus ou moins-value, court terme (CT) ou long terme (LT), dépend de la durée de détention du bien à l'actif.

	PLUS-VALUES		MOINS-VALUES	
	2 ans au moins	Moins de 2 ans	2 ans au moins	Moins de 2 ans
BIEN NON AMORTISSABLE	LONG TERME	COURT TERME	LONG TERME	COURT TERME

(3) Deux cas sont à envisager :
– Si le bien est possédé depuis 2 ans au moins, la plus-value de 1 000 € sera qualifiée de plus-value/long terme (PVLT).
– Si le bien est possédé depuis moins de 2 ans, la plus-value de 1 000 € sera qualifiée de plus-value/court terme (PVCT).

II Le cas des biens amortissables

Nous prendrons l'exemple d'une cession d'un bien meuble pour lequel un amortissement dérogatoire a été pratiqué.

1. Tableau de calcul de la plus ou moins-value fiscale

Prix de cession *(compte 775)*		**1 000,00**
Coût d'acquisition *(compte 2.)*	900,00	
+ Reversement de TVA (compte 4455 ou 4457) uniquement dans le cas d'une cession d'immeuble non soumise à TVA dans le délai de régularisation	+ ………	
– Complément de déduction de TVA (compte 44562) uniquement dans le cas d'une cession, dans le délai de régularisation, à un négociant en matériel d'occasion d'un bien n'ayant pas ouvert droit à déduction de la TVA et dont la vente est soumise à TVA	– ………	
= Valeur d'origine rectifiée	= 900,00	
– Cumul des amortissements économiques *(compte 28.)*	– 500,00	
= **Valeur comptable nette rectifiée** *(compte 675)*	= 400,00	**– 400,00**
= Plus ou moins-value comptable (ici plus-value)		**= 600,00**
+ Reprises pour solde des amortissements dérogatoires *(compte 78725)*		+ 150,00
= Plus ou moins-value fiscale (ici plus-value)		**= 750,00 (1) et (2)**

(1) Cette plus-value (ou moins-value) fiscale devra être qualifiée de court et/ou long terme afin de déterminer son régime fiscal.

2. Qualification fiscale de la plus ou moins-value

La qualification fiscale de la plus ou moins-value, court terme (CT) ou long terme (LT), dépend de la durée de détention du bien à l'actif.

	PLUS-VALUES		MOINS-VALUES	
	2 ans au moins	Moins de 2 ans	2 ans au moins	Moins de 2 ans
BIEN AMORTISSABLE	• **COURT TERME** (à hauteur des amortissements économiques pratiqués + reprises pour solde des dérogatoires) (3) • **LONG TERME au-delà**	**COURT TERME**	**COURT TERME**	

(2) Deux cas sont à envisager :
– Si le bien est possédé depuis 2 ans au moins, la plus-value de 750 € sera qualifiée de :
• Court terme (PVCT) à hauteur des amortissements pratiqués + reprises : 500 + 150 = 650 ;
• Long terme (PVLT) : 750 – 650 = 100.
– Si le bien est possédé depuis moins de 2 ans, la plus-value de 750 € sera qualifiée de :
Court terme = 750,00 (PVCT).
(3) *Remarque :* le cumul des amortissements économiques + la reprise pour solde des amortissements dérogatoires correspondent au total des amortissements fiscaux pratiqués jusqu'à la cession du bien.

Fiche ressource 3

Les régimes particuliers des titres inscrits à l'actif

I Le régime des cessions de titres

D'après le *Mémento fiscal Francis Lefebvre*, § 18400 : « Les cessions de titres du portefeuille des entreprises soumises à l'impôt sur le revenu relèvent du régime des plus-values d'actif à court ou à long terme lorsque les titres cédés peuvent être considérés comme faisant partie de l'**actif immobilisé** (quel que soit leur classement comptable). Selon l'Administration, font partie de l'actif immobilisé :
– d'une part, les titres détenus depuis plus de deux ans ;
– d'autre part, les titres détenus depuis moins de deux ans lorsque le portefeuille comprend des titres de même nature détenus depuis plus de deux ans [...]. »

La durée de détention des titres cédés est déterminée d'après la méthode **PEPS** (premier entré premier sorti), quelle que soit la catégorie de titres cédés (titres de participation, titres immobilisés, valeurs mobilières de placement) :

Durée de détention des titres cédés	Incidence fiscale
Titres détenus depuis **plus de 2 ans**	**PVLT ou MVLT**
Titres détenus depuis moins de 2 ans mais cédés **en même temps** que des titres de **même nature** détenus depuis **plus de 2 ans**	**PVCT ou MVCT**
Titres détenus depuis **moins de 2 ans et cédés seuls**	**Résultat d'exploitation exclu du régime des PV ou MV professionnelles : aucun retraitement fiscal de ce résultat de cession**

Réglementation particulière aux titres de participation : outre la méthode PEPS, on peut retenir comme prix de revient le coût unitaire moyen pondéré (CUMP) des titres de même nature. La durée de détention des titres résulte d'une répartition proportionnelle des titres, compte tenu de la date effective de chaque acquisition.

Exemple

Le 22/07/N, l'entreprise TITREX vend les titres suivants évalués suivant la méthode du PEPS :
- 40 titres immobilisés Y au prix unitaire de cession de 240 € ;
- 30 valeurs mobilières de placement Z au prix unitaire de cession de 370 €.

Le portefeuille de titres est composé de :
- 40 actions Y acquises le 15/12/N-1 au prix unitaire de 200 € ;
- 50 actions Z, dont :
  – 20 actions acquises le 18/02/N-2 au prix unitaire de 300 €,
  – 30 actions acquises le 21/11/N-1 au prix unitaire de 400 €.

Solution :

• Cession des 40 titres Y

Prix de cession : 40 × 240 € = 9 600 €
Prix d'acquisition : 40 × 200 € = 8 000 €
Résultat de cession : 1 600 €
Bénéfice d'exploitation exclu du régime des plus ou moins-values professionnelles car tous les titres cédés ont moins de 2 ans. Produit normalement imposable : aucun retraitement fiscal.

• Cession des 50 titres Z

Lot acquis le 18/02/N-2
Prix de cession : 20 × 370 € = 7 400 €
Prix d'acquisition : 20 × 300 € = 6 000 €
Résultat de cession : 1 400 €
PVLT car lot détenus depuis plus de 2 ans

Lot acquis le 21/11/N-1
Prix de cession : 10 × 370 € = 3 700 €
Prix d'acquisition : 10 × 400 € = 4 000 €
Résultat de cession : – 300 €
MVCT car lot détenu depuis moins de 2 ans mais cédés avec un lot de même nature acquis depuis plus de 2 ans.

II Le régime de la provision pour dépréciation des titres

Au niveau comptable : à la clôture de chaque exercice, les entreprises doivent procéder à l'évaluation des titres inscrits à l'actif. Cette évaluation peut générer la constatation d'une dotation ou d'une reprise pour dépréciation.

Au niveau fiscal : quelle que soit la nature du titre (de participation, immobilisé, ou VMP), cette provision pour dépréciation relève du régime des plus et moins-values à long terme :
– **les dotations sont assimilées à des moins-values à long terme (MVLT)** ;
– **les reprises sont assimilées à des plus-values à long terme (PVLT).**

Exemple de calcul d'une provision pour dépréciation de titres

L'entreprise « Montmajour » possède à la date d'inventaire au 31/12/N les titres suivants :

• 300 actions « A » que l'entreprise compte conserver durablement et acquises de la façon suivante :

– 100 titres acquis le 15/02/N-2 à 210 € l'un ;

– 200 titres acquis le 25/08/N à 240 € l'un.

• 10000 actions « B » afin de participer à la gestion acquises le 15/10/N-1 à 225 € l'une. Ces 10 000 titres permettent à la société « Montmajour » de posséder 12 % des titres de la société Casino.

Titres	Cours moyen boursier de décembre N	Valeur d'utilité au 31/12/N	Cours moyen boursier de décembre N-1	Valeur d'utilité au 31/12/N-1
A	215 €		208 €	
B	185 €	198 €	255 €	190 €

Calculer la dépréciation à enregistrer au 31/12/N concernant ces titres et qualifier fiscalement la dotation ou la reprise

Solution :

Titres A			
Eléments	Calculs	N-1	N
Valeur d'origine des titres inscrits au bilan au 31/12/N	(100 × 210 €) + (200 × 240 €)		69 000
Evaluation des titres inscrit au bilan au 31/12/N	300 × 215 € (choix du cours moyen boursier car il s'agit de titres immobilisés)		64 500
Dépréciation nécessaire au 31/12/N			4 500
Valeur d'origine des titres inscrits au bilan au 31/12/N-1	100 × 210 €	21 000	
Evaluation des titres inscrits au bilan au 31/12/N-1	100 × 208 € (choix du cours moyen boursier car il s'agit de titres immobilisés)	20 800	
Dépréciation existante au 31/12/N-1		200 →	200
Dotation aux dépréciations : assimilée à une MVLT			4 300

Titres B			
Eléments	Calculs	N-1	N
Valeur d'origine des titres inscrits au bilan au 31/12/N	100 000 × 225 €		2 250 000
Évaluation des titres inscrits au bilan au 31/12/N	10 000 × 198 € (choix de la valeur d'utilité car il s'agit de titres de participation)		1 980 000
Dépréciation nécessaire au 31/12/N			270 000
Valeur d'origine des titres inscrits au bilan au 31/12/N-1	10 000 × 225 €	2 250 000	
Evaluation des titres inscrits au bilan au 31/12/N-1	10 000 × 190 € (choix de la valeur d'utilité car il s'agit de titres de participation)	1 900 000	
Dépréciation existante au 31/12/N-1		350 000 →	350 000
Reprise sur dépréciation : assimilée à une PVLT			80 000

Fiche ressource 4

La détermination des plus ou moins-values nettes et le régime fiscal applicable

I La détermination des plus ou moins-values nettes

L'entreprise doit opérer une **compensation** entre les plus et moins-values de MÊME NATURE.

Ainsi, elle fera apparaître pour l'exercice, et selon le cas :
– une plus ou moins-value nette à court terme de l'exercice : PVNCT ou MVNCT ;
– une plus ou moins-value nette à long terme de l'exercice : PVNLT ou MVNLT.

La détermination de ces plus ou moins-values **nettes** s'effectue à l'aide d'un tableau (voir ci-dessous) ou directement sur l'imprimé 2059-A (voir fiche ressource 5).

Exemple

Une entreprise individuelle a réalisé en N les plus ou moins-values professionnelles suivantes :

ÉLÉMENTS	COURT TERME		LONG TERME	
	Plus-values	Moins-values	Plus-values	Moins-values
Cession d'un bâtiment	20 500		30 000	
Cession d'un matériel		2 000		
Dotation aux dépréciation de titres				1 000
Reprises sur dépréciation de titres			12 000	
Totaux	**20 500**	**2 000**	**42 000**	**1 000**
	PVNCT = 18 500		**PVNLT = 41 000**	

II Le régime fiscal applicable aux plus ou moins-values nettes

<table>
<tr><th colspan="2">PVNCT
Deux possibilités d'imposition au choix de l'entreprise :</th><th colspan="2">MVNCT</th></tr>
<tr><th>Régime fiscal</th><th>Conséquence pour la détermination du résultat fiscal</th><th>Régime fiscal</th><th>Conséquence pour la détermination du résultat fiscal</th></tr>
<tr><td>Soit imposition immédiate</td><td>Normalement imposable donc aucun retraitement fiscal</td><td rowspan="2">Déduction immédiate</td><td rowspan="2">Normalement déductible du résultat fiscal, donc aucun retraitement fiscal</td></tr>
<tr><td>Soit étalement sur 3 ans dès l'exercice de réalisation</td><td>Imposition normale de 1/3 dès l'exercice N donc : déduction de 2/3 de la plus-value nette
Puis, imposition de 1/3 sur chacun des deux exercices suivants :
– réintégration de 1/3 de la PVNCT de N en N+1
– réintégration de 1/3 de la PVNCT de N en N+2</td></tr>
<tr><th colspan="2">PVNLT</th><th colspan="2">MVNLT</th></tr>
<tr><th>Régime fiscal</th><th>Conséquence pour la détermination du résultat fiscal</th><th>Régime fiscal</th><th>Conséquence pour la détermination du résultat fiscal</th></tr>
<tr><td>Si l'entreprise est bénéficiaire : imposition à 12,8 % (plus prélèvements sociaux).</td><td>À déduire du résultat fiscal pour l'imposer au taux du prélèvement forfaitaire unique (PFU) de 12,8 %.</td><td rowspan="2">Imputation sur les PVNLT des 10 exercices suivants jusqu'à épuisement des MVNLT antérieures</td><td rowspan="2">À réintégrer en N.</td></tr>
<tr><td>Si l'entreprise est déficitaire, elle a le choix entre :
– une imposition à 12,8 % ;
– le maintien dans le résultat fiscal.</td><td>À déduire du résultat fiscal pour l'imposer au taux du prélèvement forfaitaire unique (PFU) de 12,8 %.
Aucun retraitement fiscal</td></tr>
</table>

Fiche ressource 5

La détermination des plus ou moins-values nettes : le formulaire fiscal (2059-A-SD ou 2033-C-SD)

L'imprimé lié à la détermination des plus ou moins-values nettes est différent selon le régime dont relève l'entreprise :

Éléments	Réel normal	Réel simplifié
Détermination et qualification des plus ou moins-values nettes	Imprimé 2059-A	Imprimé 2033-C

I La détermination et la qualification des plus ou moins-values nettes

Exemple

L'entreprise individuelle Martin relevant du régime du réel normal a analysé les opérations suivantes réalisées durant l'exercice N et qui ont généré des plus ou moins-values professionnelles (N = 2020).

Éléments	Date acquisition	Valeur d'origine	Amortissements cumulés à la date de cession			Valeur résiduelle fiscale (1)	Date de cession	Prix de cession	PV OU MV CT	PV OU MV LT
			Économiques	Dérogatoires	Fiscalement admis					
Matériel de bureau	01/09/N-1	12 000	3 200			8 800	31/12/N	7 600	– 1 200	
Matériel industriel	01/01/N-2	50 000	17 014	12 000	29 014 (2)	20 986	20/09/N	52 000	29 014	2 000
Véhicule de tourisme	16/03/N-4	23 000 TTC	19 550		15 555 (3)	7 445	15/06/N	4 000	– 3 445 + 3 995 (3)	
Titres immobilisés (ASE)	06/02/N-4	4 500				4 500	29/05/N	5 250		750
Reprises sur dépréciations des titres										405
								Plus ou moins-value nette	PVNCT 28 364	PVNLT 3 155

(1) Valeur résiduelle fiscale = Valeur d'origine – Amortissements fiscaux

(2) Amortissements fiscaux = Amortissements économiques + Amortissements dérogatoires

(3) **Résultat fiscal de cession du véhicule particulier par l'imprimé 2059-A :**

Prix de cession :		4 000
Valeur d'origine :	23 000	
Amortissements fiscaux :	– 15 555	
Valeur nette fiscale :	7 445	– 7 445
Résultat de cession : moins-value à court terme		– 3 445
Les amortissements fiscalement non déductibles sont une plus-value à court terme :		+ 3 995

PVCT + 550

L'imprimé 2059-A oblige à retenir dans le cadre « A » uniquement les amortissements fiscaux admis en déduction pour déterminer la valeur résiduelle fiscale et considère les amortissements non déductibles comme une PVCT dans le cadre « B », ligne 15.

La base d'amortissement fiscalement autorisé d'un véhicule particulier qui émet par exemple 100 g de CO^2/km acquis en 2022 est fixée à 18 300 €.

Amortissements économiques calculés sur la base de 23 000 € :	19 550	
Amortissements fiscaux calculés sur la base de 18 300 € :	– 15 555	(19 550 / 23 000 × 18 300)
Amortissements fiscalement non déductibles :	3 995	

Résultat fiscal de cession du véhicule particulier par le tableau de la fiche ressource 2 § 2 :

Prix de cession :		4 000
Valeur d'origine :	23 000	
Amortissements économiques :	– 19 550	
VCN :	= 3 450	– 3 450
Plus-value fiscale à CT :		**+ 550**

II L'analyse du formulaire 2059-A : cas de l'entreprise Martin

Valeur d'acquisition HT récupérable + Reversement de TVA ou – Complément de déduction

Amortissements fiscaux admis en déduction

Valeur résiduelle fiscale = Colonne 2 – Colonne 4

cerfa

Formulaire obligatoire (article 53 A du Code général des impôts)

(12)

DÉTERMINATION DES PLUS ET MOINS VALUES

DGFiP N° 2059-A-SD

Désignation de l'entreprise | Néant ☐ *

Réservé aux sorties d'éléments d'actif

A – DÉTERMINATION DE LA VALEUR RÉSIDUELLE

	Nature et date d'acquisition des éléments cédés*	Valeur d'origine*	Valeur nette réévaluée*	Amortissements pratiqués en franchise d'impôt	Autres amortissements*	Valeur résiduelle
	1	2	3	4	5	6
I – IMMOBILISATIONS * 1	Matériel de bureau01/09/N-1	12 000	Hors programme	3 200	Hors programme	8 800
2	Matériel industriel 01/01/N-2	50 000		29 014		20 986
3	Véhicule particulier 16/03/N-4	23 000		15 555		7 445
4	Titre ASE 06/02/N-4	4 500				4 500
5						
6						
7						
8						
9						
10						
11						
12						

Colonne 7 – colonne 6

Taux réservés à l'IS

B – PLUS-VALUES, MOINS-VALUES

	Prix de vente	Montant global de la plus-value ou de la moins-value	Qualification fiscale des plus et moins-values réalisées * Court terme	Long terme 19 %	Long terme 15 % ou 12,80 %	Long terme 0 %	Plus-value taxable à 19 % (1)
	7	8	9		10		11
I – IMMOBILISATIONS * 1	7 600	- 1 200	- 1 200	Hors programme			Hors programme
2	52 000	31 014	29 014		2 000		
3	4 000	- 3445	- 3 445				
4	5 250	750			750		
5							
6							
7							
8							
9							
10							
11							
12							
II – AUTRES ÉLÉMENTS 13	Fraction résiduelle de la provision spéciale de réévaluation afférente aux éléments cédés		+				
14	Amortissements irrégulièrement différés se rapportant aux éléments cédés		+				
15	Amortissements afférents aux éléments cédés mais exclus des charges déductibles par une disposition légale		+ 3 995				
16	Amortissements non pratiqués en comptabilité et correspondant à la déduction fiscale pour investissement, définie par les lois de 1966, 1968 et 1975, effectivement utilisée		+				
18	Provisions pour dépréciation des titres relevant du régime des plus ou moins-values à long terme devenues sans objet au cours de l'exercice				405		
19	Dotations de l'exercice aux comptes de provisions pour dépréciation des titres relevant du régime des plus ou moins-values à long terme						
20	Divers (détail à donner sur une note annexe) *						
	CADRE A : plus ou moins-value nette à court terme (total algébrique des lignes 1 à 20 de la colonne 9)		28 364		3 155		
	CADRE B : plus ou moins-value nette à long terme (total algébrique des lignes 1 à 20 de la colonne 10)		(A)	(B) avec une ventilation par taux			(C)
	CADRE C : autres plus-values taxables à 19 % (colonne 11)						

Réservé aux autres éléments

* Des explications concernant cette rubrique figurent dans la notice n° 2032-NOT-SD

(1) Ces plus-values sont imposables au taux de 19 % en application des articles 238 *bis* JA, 208 C et 210 E du CGI.

Fiche ressource 6

Le retraitement des plus ou moins-values nettes

On s'appuiera dans cette fiche sur les éléments de l'exemple de la fiche 5.

Les imprimés liés au suivi des plus ou moins-values nettes sont différents selon le régime dont relève l'entreprise :

Éléments	Réel normal	Réel simplifié
Étalement des plus-values nettes à court terme	Formulaire 2059-B-SD	Formulaire 2033-C-SD
Suivi des moins-values nettes à long terme	Formulaire 2059-C-SD	

I La technique de retraitement des PVNCT et PVNLT : cas de l'entreprise Martin

Par le jeu des écritures comptables, le montant des plus ou moins-values nettes (CT ou LT) est compris dans le résultat comptable. Le régime fiscal de chacune de ces plus ou moins-values nettes peut nécessiter un retraitement extracomptable afin de déterminer le résultat fiscal.

Exemple

L'entreprise Martin a réalisé un résultat fiscal provisoire de 198 987 € pour l'exercice N avant retraitement des plus-values.

Elle étale systématiquement ses plus-values nettes à court terme.

L'exercice N a dégagé :
– une plus-value nette à court terme de 28 364 € (cadre A du 2059-A) ;
– une plus-value nette à long terme de 3 155 € (cadre B du 2059-A).

L'exercice N-1 avait dégagé :
– une plus-value nette à court terme de 7 440 € ;
– une moins-value nette à long terme de 1 100 €.

Corrections extracomptables à apporter afin de déterminer le résultat fiscal imposable de N :

Éléments	Réintégrations	Déductions
Résultat fiscal provisoire	198 987	
Plus-value nette à long terme imposée au PFU de 12,8 %		3 155
Plus-value nette à court terme de N étalée sur 3 ans : 1/3 imposé en N et 2/3 restant à imposer en N+1et N+2 Donc 2/3 à déduire : 28 364 × 2/3 = 18 909		18 909
Plus-value nette à court terme de N-1 étalée sur 3 ans : 1/3 à imposer en N : 7 440 / 3 = 2 480	2 480	
Résultat fiscal : bénéfice imposable	179 403	

Calcul de la PVNLT imposée au titre de l'exercice N

PVNLT N :	3 155	
MVNLT N-1 :	– 1 100	Il n'existe donc plus de MVNLT de N-1 reportable.
PVNLT N imposée au PFU de 12,8 % :	2 055	

Les entreprises qui choisissent d'étaler leurs PVNCT doivent renseigner le formulaire 2059-B-SD. Celles qui réalisent ou ont réalisé des MVNLT doivent renseigner le formulaire 2059-C-SD.

II L'étalement des plus-values nettes à court terme de l'entreprise Martin : formulaire 2059-B-SD, cadre A

cerfa N° 10954 * 16
Formulaire obligatoire (article 53 A du Code général des impôts)

(13) **AFFECTATION DES PLUS-VALUES À COURT TERME ET DES PLUS-VALUES DE FUSION OU D'APPORT**

DGFiP N° 2059-B-SD
@internet-DGFiP

Désignation de l'entreprise : Entreprise Martin — Néant ☐*

A ÉLÉMENTS ASSUJETTIS AU RÉGIME FISCAL DES PLUS-VALUES À COURT TERME
(à l'exclusion des plus-values de fusion dont l'imposition est prise en charge par les sociétés absorbantes) (cf. cadre B)

Origine		Montant net des plus-values réalisées*	Montant antérieurement réintégré	Montant compris dans le résultat de l'exercice	Montant restant à réintégrer
Plus-values réalisées au cours de l'exercice	Imposition répartie				
	sur 3 ans (entreprises à l'IR)	28 364		9 455	18 909
	sur 10 ans				
	sur une durée différente (art. 39 *quaterdecies* 1 *ter* et 1 *quater* CGI)				
	TOTAL 1	28 364		9 455	18 909
Plus-values réalisées au cours des exercices antérieurs	Imposition répartie	Montant net des plus-values réalisées à l'origine	Montant antérieurement réintégré	Montant rapporté au résultat de l'exercice	Montant restant à réintégrer
	sur 3 ans au titre de N-1	7 440	2 480	2 480	2 480
	N-2				
	Sur 10 ans ou sur une durée différente (art. 39 *quaterdecies* 1 *ter* et 1 *quater* du CGI) (à préciser) au titre de : N-1				
	N-2				
	N-3				
	N-4				
	N-5				
	N-6				
	N-7				
	N-8				
	N-9				
	TOTAL 2	7 440	2 480	2 480	2 480

III Le suivi des moins-values nettes à long terme de l'entreprise Martin : formulaire 2059-C-SD, cadre I

cerfa N° 10955 * 20
Formulaire obligatoire (article 53 A du Code général des impôts).

(14) **SUIVI DES MOINS-VALUES À LONG TERME**

DGFiP N° 2059-C-SD

Désignation de l'entreprise : Entreprise Martin — Néant ☐*

❶ Entreprises soumises à l'impôt sur les sociétés
❷ Entreprises soumises à l'impôt sur le revenu

Rappel de la plus ou moins-value de l'exercice relevant du taux de 15 % ❶ ou 12,80 % ❷.	3 155
Gains nets retirés de la cession de titre de sociétés à prépondérance immobilières non cotées exclus du régime du long terme (art. 219 I a *sexies* -0 bis du CGI) ❶ .	
Gains nets retirés de la cession de certains titres dont le prix de revient est supérieur à 22,8 M€ (art. 219 I a *sexies* -0 du CGI) ❶.	

I - SUIVI DES MOINS-VALUES DES ENTREPRISES SOUMISES À L'IMPÔT SUR LE REVENU

Origine ①		Moins-values à 12,80 % ②	Imputations sur les plus-values à long terme de l'exercice imposables à 12,80 % ③	Solde des moins-values à 12,80 % ④
Moins-values nettes	N			
Moins-values nettes à long terme subies au cours des dix exercices antérieurs (montants restant à déduire à la clôture du dernier exercice)	N – 1	1 100	1 100	0
	N – 2			
	N – 3			
	N – 4			
	N – 5			
	N – 6			
	N – 7			
	N – 8			
	N – 9			
	N – 10			

Application

1 L'entreprise Clos

L'entreprise individuelle Clos a pour activité principale la fabrication de viennoiseries industrielles. Vous êtes chargé(e) par le cabinet d'expertise comptable de contrôler certains éléments concernant la détermination, la qualification et le régime fiscal applicable aux plus ou moins-values professionnelles réalisées en N. L'entreprise n'a exercé aucune option en matière de TVA.
Procédure comptable et choix fiscal : les sorties d'actif sont toutes enregistrées à la date de cession. Avec l'accord de l'exploitant de l'entreprise individuelle Clos, le cabinet pratique l'étalement des plus-values nettes à court terme (N = 2022).

1. **Indiquer pour quelle raison il n'y a pas d'amortissements dérogatoires pour les plans d'amortissement de l'entrepôt et du véhicule particulier.**
2. **Justifier, si nécessaire par le calcul, les sommes figurant sur le formulaire 2059-A-SD et entourées par votre maître de stage.**
3. **Justifier la qualification fiscale de chacune des plus ou moins-values.**
4. **Déterminer le montant de la plus ou moins-value sur le véhicule d'après le tableau de calcul de la fiche ressource 2. Comment fait-on le lien avec le formulaire 2059-A-SD ?**
5. **Indiquer la raison pour laquelle les titres « AXAS » ne figurent pas sur l'imprimé 2059-A-SD.**
6. **Identifier les PVNCT imposables en N sur le formulaire 2059-B-SD.**
7. **Calculer le montant de la PVNLT effectivement imposée au titre de N.
Calculer l'impôt correspondant (sans tenir compte des prélèvements sociaux).**

Document 1 Plans d'amortissement arrêtés à la date de cession

• Acquisition et mise en service le 01/03/N-6

Plan d'amortissement de l'entrepôt jusqu'à la date de cession

Exercice	Base	Dotation linéaire	Dotation dérogatoire	Reprise dérogatoire	Cumul amortissements comptables	Valeur comptable nette	Amortissement déductible	Cumul déductible
N-6	120 000,00	5 000,00			5 000,00	115 000,00	5 000,00	5 000,00
N-5	120 000,00	6 000,00			11 000,00	109 000,00	6 000,00	11 000,00
N-4	120 000,00	6 000,00			17 000,00	103 000,00	6 000,00	17 000,00
N-3	120 000,00	6 000,00			23 000,00	97 000,00	6 000,00	23 000,00
N-2	120 000,00	6 000,00			29 000,00	91 000,00	6 000,00	29 000,00
N-1	120 000,00	6 000,00			35 000,00	85 000,00	6 000,00	35 000,00
N	120 000,00	2 000,00			37 000,00	83 000,00	2 000,00	37 000,00

Remarque : en N-6, lors de l'acquisition de l'entrepôt, la TVA a été déduite au taux de 20 %.

• Acquisition et mise en service le 01/07/N-2

Plan d'amortissement du véhicule particulier Peugeot jusqu'à la date de cession

Exercice	Base	Dotation linéaire	Dotation dérogatoire	Reprise dérogatoire	Cumul amortissements comptables	Valeur comptable nette	Amortissement déductible	Cumul déductible
N-2	30 000,00	3 000,00			3 000,00	27 000,00	990,00	990,00
N-1	30 000,00	6 000,00			9 000,00	21 000,00	1 980,00	2 970,00
N	30 000,00	4 500,00			13 500,00	16 500,00	1 485,00	4 455,00

Remarque : ce véhicule particulier a un taux d'émission de dioxyde de carbone de 240 g/km.

Document 2 Informations sur les VMP en portefeuille

Composition des VMP inscrites à l'actif au 31/12/N-1			Cession en N de l'intégralité du portefeuille VMP
Date d'achat	Titres	Valeur d'entrée à l'actif	
02/04/N-1	50 titres « AXAS » à 70 €	3 500 €	Prix unitaire de cession : 60 €
21/10/N-4	100 titres « KOKA » à 89 €	8 900 €	Prix unitaire de cession : 114 €
11/11/N-1	80 titres « KOKA » à 94 €	7 520 €	

Document 3 Extrait du grand-livre des comptes après inventaire au 31/12/N

503000 – VMP actions						
Date	Journal	N° pièce	Libellé	Débit	Crédit	Solde
01/01/N	AN	1	À-nouveau	19 920,00		19 920,00
12/03/N	BQ	89	Sortie 50 titres « AXAS »		3 500,00	16 420,00
21/08/N	BQ	217	Sortie 180 titres « KOKA »		16 420,00	0,00

667000 – Charges nettes sur cessions de VMP						
Date	Journal	N° pièce	Libellé	Débit	Crédit	Solde
12/03/N	BQ	89	Cession de 50 titres « AXAS »	500,00		500,00

675000 – Valeurs comptables des éléments d'actif cédés						
Date	Journal	N° pièce	Libellé	Débit	Crédit	Solde
01/05/N	OD	58	Sortie de l'entrepôt*	98 600,00		98 600,00
01/10/N	OD	94	Sortie du véhicule Peugeot	16 500,00		115 100,00

* Cette valeur comptable comprend le reversement de TVA lié à la cession de l'entrepôt : 15 288 €.

68662 – Dotations aux dépréciations de titres immobilisés						
Date	Journal	N° pièce	Libellé	Débit	Crédit	Solde
31/12/N	OD	913	Titres « Label Farine »	1 394,00		1 394,00

767000 – Produits nets sur cessions de VMP						
Date	Journal	N° pièce	Libellé	Débit	Crédit	Solde
21/08/N	BQ	217	Cession de 180 titres « KOKA »		4 100,00	– 4 100,00

775000 – Produits des cessions d'éléments d'actif						
Date	Journal	N° pièce	Libellé	Débit	Crédit	Solde
01/05/N	BQ	112	Cession entrepôt		160 000,00	– 160 000,00
01/10/N	BQ	295	Cession véhicule Peugeot		9 000,00	– 169 000,00

78665 – Reprises sur dépréciations des VMP						
Date	Journal	N° pièce	Libellé	Débit	Crédit	Solde
31/12/N	OD	912	Titres « AXAS »		480,00	– 480,00

Document 4 Formulaire 2059-A-SD Entreprise Clos au 31/12/N

cerfa

Formulaire obligatoire (article 53 A du Code général des impôts)

(12)

DÉTERMINATION DES PLUS ET MOINS VALUES

DGFiP N° 2059-A-SD

Désignation de l'entreprise	Entreprise Clos	Néant ☐ *

A – DÉTERMINATION DE LA VALEUR RÉSIDUELLE

		Nature et date d'acquisition des éléments cédés*	Valeur d'origine*	Valeur nette réévaluée*	Amortissements pratiqués en franchise d'impôt	Autres amortissements*	Valeur résiduelle
		1	2	3	4	5	6
I – IMMOBILISATIONS *	1	Entrepôt 01/03/N-6	135 600		37 000		98 600
	2	Véhicule 01/07/N-2	30 000		4 455		25 545
	3	Titres KOKA 21/10/N-4	8 900				8 900
	4	Titres KOKA 11/11/N-1	7 520				7 520
	5						
	6						
	7						
	8						
	9						
	10						
	11						
	12						

B – PLUS-VALUES, MOINS-VALUES — **Qualification fiscale des plus et moins-values réalisées ***

		Prix de vente	Montant global de la plus-value ou de la moins-value	Court terme	Long terme 19 %	Long terme 15 % ou 12,80 %	Long terme 0 %	Plus-value taxable à 19 % (1)
		7	8	9		10		11
I – IMMOBILISATIONS *	1	160 000	61 400	37 000		24 400		
	2	9 000	- 16 545	- 16 545				
	3	11 400	2 500			2 500		
	4	9 120	1 600	1 600				
	5							
	6							
	7							
	8							
	9							
	10							
	11							
	12							
II – AUTRES ÉLÉMENTS	13	Fraction résiduelle de la provision spéciale de réévaluation afférente aux éléments cédés		+				
	14	Amortissements irrégulièrement différés se rapportant aux éléments cédés		+				
	15	Amortissements afférents aux éléments cédés mais exclus des charges déductibles par une disposition légale		+ 9 045				
	16	Amortissements non pratiqués en comptabilité et correspondant à la déduction fiscale pour investissement, définie par les lois de 1966, 1968 et 1975, effectivement utilisée		+				
	18	Provisions pour dépréciation des titres relevant du régime des plus ou moins-values à long terme devenues sans objet au cours de l'exercice				480		
	19	Dotations de l'exercice aux comptes de provisions pour dépréciation des titres relevant du régime des plus ou moins-values à long terme				- 1 394		
	20	Divers (détail à donner sur une note annexe) *						
		CADRE A : plus ou moins-value nette à court terme (total algébrique des lignes 1 à 20 de la colonne 9)		31 100		25 986		
		CADRE B : plus ou moins-value nette à long terme (total algébrique des lignes 1 à 20 de la colonne 10)		(A)	(B) avec une ventilation par taux			(C)
		CADRE C : autres plus-values taxables à 19 % (colonne 11)						

* Des explications concernant cette rubrique figurent dans la notice n° 2032-NOT-SD

(1) Ces plus-values sont imposables au taux de 19 % en application des articles 238 *bis* JA, 208 C et 210 E du CGI.

Document 5 Extraits des formulaires 2059-B-SD et 2059-C-SD Entreprise Clos au 31/12/N

cerfa N° 10954 * 16
Formulaire obligatoire (article 53 A du Code général des impôts)

(13) AFFECTATION DES PLUS-VALUES À COURT TERME ET DES PLUS-VALUES DE FUSION OU D'APPORT

DGFiP N° 2059-B-SD
@internet-DGFiP

EXEMPLAIRE DESTINÉ À L'ADMINISTRATION

Désignation de l'entreprise : Entreprise Clos — Néant ☐*

A ÉLÉMENTS ASSUJETTIS AU RÉGIME FISCAL DES PLUS-VALUES À COURT TERME
(à l'exclusion des plus-values de fusion dont l'imposition est prise en charge par les sociétés absorbantes) (cf. cadre B)

Origine		Montant net des plus-values réalisées*	Montant antérieurement réintégré	Montant compris dans le résultat de l'exercice	Montant restant à réintégrer
	Imposition répartie				
Plus-values réalisées au cours de l'exercice	sur 3 ans (entreprises à l'IR)	31 100		10 367	20 733
	sur 10 ans				
	sur une durée différente (art. 39 *quaterdecies* 1 *ter* et 1 *quater* CGI)				
	TOTAL 1	31 100		10 367	20 733
	Imposition répartie	Montant net des plus-values réalisées à l'origine	Montant antérieurement réintégré	Montant rapporté au résultat de l'exercice	Montant restant à réintégrer
Plus-values réalisées au cours des exercices antérieurs	sur 3 ans au titre de N-1	45 000	15 000	15 000	15 000
	sur 3 ans au titre de N-2	21 000	14 000	7 000	0
	Sur 10 ans ou sur une durée différente (art. 39 *quaterdecies* 1 *ter* et 1 *quater* du CGI) (à préciser) au titre de : N-1				
	N-2				
	N-3				
	N-4				
	N-5				
	N-6				
	N-7				
	N-8				
	N-9				
	TOTAL 2	66 000	29 000	22 000	15 000

cerfa N° 10955 * 20
Formulaire obligatoire (article 53 A du Code général des impôts).

(14) SUIVI DES MOINS-VALUES À LONG TERME

DGFiP N° 2059-C-SD

Désignation de l'entreprise : Entreprise Clos — Néant ☐*

❶ Entreprises soumises à l'impôt sur les sociétés
❷ Entreprises soumises à l'impôt sur le revenu

Rappel de la plus ou moins-value de l'exercice relevant du taux de 15 % ❶ ou 12,80 % ❷.	25 986
Gains nets retirés de la cession de titre de sociétés à prépondérance immobilières non cotées exclus du régime du long terme (art. 219 I a *sexies*-0 bis du CGI) ❶ .	
Gains nets retirés de la cession de certains titres dont le prix de revient est supérieur à 22,8 M€ (art. 219 I a *sexies*-0 du CGI) ❶ .	

I - SUIVI DES MOINS-VALUES DES ENTREPRISES SOUMISES À L'IMPÔT SUR LE REVENU

Origine ①		Moins-values à 12,80 % ②	Imputations sur les plus-values à long terme de l'exercice imposables à 12,80 % ③	Solde des moins-values à 12,80 % ④
Moins-values nettes	N			
Moins-values nettes à long terme subies au cours des dix exercices antérieurs (montants restant à déduire à la clôture du dernier exercice)	N – 1			
	N – 2	13 000	13 000	0
	N – 3	5 000	5 000	0
	N – 4			
	N – 5			
	N – 6			
	N – 7			
	N – 8			
	N – 9			
	N – 10			

Chapitre 11

BIC : la déclaration du résultat fiscal

Activité	Composante d'activité	Compétence	P7	Vers Pix
3.3. Traitement des opérations relatives aux impôts directs	**3.3.3.** Établissement, contrôle et transmission de la déclaration du résultat	Établir, contrôler et transmettre la déclaration de résultat imposable correspondant au régime fiscal	– La mise en œuvre des règles de base en matière de sécurité – La localisation des ressources	**4.1.** Sécuriser l'environnement numérique

Situation professionnelle

L'EIRL WindWin clôture ses comptes au 31 décembre 2022. L'analyse fiscale des charges, des produits et de certaines opérations a généré des retraitements fiscaux mentionnés sur le tableau préparatoire. Le résultat fiscal qui en découle s'élève à 91 819 €.
Un paramétrage pertinent du PGI et le respect des procédures comptables ont permis de générer les tableaux comptables de la liasse fiscale (2050 à 2057). Par contre, si la majorité des lignes des tableaux fiscaux de la liasse ont pu être générées par le PGI, d'autres nécessitent une saisie manuelle, notamment pour le formulaire 2058-A-SD de détermination du résultat fiscal.
Le formulaire 2031-SD pour la détermination du résultat imposable dans la catégorie des BIC est, quant à lui, généré automatiquement.
Le cabinet ExpertPlus ne délivrant pas de visa fiscal, il a conseillé à ses clients relevant du régime des BIC d'adhérer à un OGA.
Afin d'assurer la télétransmission des documents fiscaux au service des impôts des entreprises, le cabinet utilise les téléprocédures à travers le portail « Jedeclare.com ».

Mission

Votre tuteur vous demande de finaliser l'établissement des formulaires 2058-A-SD et 2031-SD de la liasse fiscale.
À cette fin, il vous charge :
– d'effectuer un contrôle des lignes générées par le PGI du cabinet ;
– de corriger éventuellement certaines lignes.
Vous participerez, avec votre tuteur, à la procédure de télétransmission de la liasse fiscale de l'exercice 2022.
Vous disposez d'une documentation fiscale.

Travail à faire

I Les obligations relatives à la liasse fiscale

Avant de procéder au contrôle des formulaires, vous prenez connaissance des obligations liées à la transmission de la liasse fiscale.

1. **Indiquer et justifier les formulaires de la liasse fiscale à renseigner pour l'EIRL WindWin.**

2. **Préciser à quelle date au plus tard la télétransmission de la liasse fiscale doit être effectuée pour l'exercice 2022.**

3. **Indiquer comment doivent être arrondis les montants figurant sur les formulaires fiscaux.**

P7 **4.** **Suite au mandat signé par l'EIRL WindWin au cabinet ExpertPlus, préciser la modalité de déclaration applicable à la liasse fiscale. Quel est le portail utilisé ? Vérifier si l'accès à ce portail est sécurisé.**

▶ Fiche ressource 1
▶ Fiche ressource 2
▶ Annexe 1
▶ Annexe 2

II Le contrôle et l'établissement du formulaire 2058-A-SD

Le formulaire 2058-A-SD a été partiellement généré par le PGI. La case « WF » n'a pu être générée correctement à cause d'un paramétrage insuffisant. De ce fait, le total des réintégrations et le résultat fiscal sont erronés. Vous finalisez le travail de détermination du résultat fiscal en contrôlant et en complétant cet imprimé (à télécharger sur le service public rubrique « professionnels. »)

5. **Indiquer la raison pour laquelle les revenus de capitaux mobiliers (1 440 €) n'ont pas été générés sur le formulaire 2058-A-SD mais sur le formulaire 2031-SD (voir fiche ressource 4 du chapitre 7).**

6. **Contrôler la cohérence entre votre tableau préparatoire et les sommes portées sur les lignes du formulaire générées par le PGI. Reporter le code de ces lignes sur le tableau préparatoire.**

7. **Corriger la case « WF » et modifier en conséquence les cases « XE », « WR » et les lignes du cadre III de du formulaire 2058-A-SD.**

8. **Expliquer la raison pour laquelle le résultat fiscal obtenu après correction des lignes XI et XN du formulaire 2058-A-SD ne correspond pas à celui obtenu dans votre tableau préparatoire.**

▶ Annexe 3

III Le contrôle du formulaire 2031-SD

Le formulaire 2031-SD a été généré par le PGI du cabinet après les corrections liées à la question 7. Vous êtes chargé(e) de contrôler certaines informations.

9. **Vérifier que le bénéfice imposable obtenu dans votre tableau préparatoire est identique à celui indiqué ligne 4 du formulaire 2031-SD.**

10. **Préciser à quoi correspond la somme de 2 550 € figurant cadre 5 du formulaire 2031-SD. Sur quel formulaire de la liasse fiscale cette somme a-t-elle été déterminée ?**

11. **Préciser l'intérêt de cocher la case « CGA/OMGA » (Centre de Gestion Agréée/Organisme Mixte de Gestion Agréé) au bas du formulaire 2031-SD.**

▶ Fiche ressource 1
▶ Fiche ressource 4

IV Renseignement du formulaire 2042-C-PRO

Depuis la création de WindWin, et à la demande de Mme Tardieu, le cabinet ExpertPlus s'occupe de la déclaration d'ensemble des revenus du foyer fiscal de M. et Mme Tardieu.
Vous assistez le collaborateur en charge de ce dossier. Il vous confie deux missions.

12. **Justifier, dans le cadre « Revenus industriels et commerciaux professionnels », la déclaration du revenu imposable et de la plus-value de cession dans les cases « 5KC » et « 5KE ».**

13. **Calculer le montant de la réduction d'impôt mécénat dont peut bénéficier l'entreprise WindWin.**

Fiche ressource 3
Fiche ressource 4

V L'organisation et l'archivage

Mme Tardieu a demandé au cabinet ExpertPlus certaines informations relatives à l'archivage des documents liés à sa comptabilité, qu'elle conserve actuellement dans les locaux de l'entreprise.
Elle s'interroge aussi sur la gestion d'un éventuel déficit fiscal.
Le cabinet vous charge de cette mission.

14. **Rédiger un mail dans lequel le cabinet apportera les réponses aux interrogations de Mme Tardieu.**

Fiche ressource 1
Fiche ressource 2
Annexe 1
Annexe 2
Annexe 4

Données de la situation

Annexe 1 La téléprocédure et la plateforme Jedeclare.com

Le cabinet ExpertPlus a adhéré à la plateforme globale d'intermédiation en EDI, Jedeclare.com.

Il peut notamment télédéclarer, sans avoir à ressaisir des données et en toute sécurité, la déclaration annuelle des résultats et les déclarations de TVA. Il peut aussi récupérer les relevés de compte de ses clients auprès des établissements bancaires pour automatiser l'intégration des mouvements bancaires dans la comptabilité des clients. Jedeclare.com conserve l'historique des réceptions sur les 18 derniers mois et archive à la demande sur 10 ans.

Le cabinet a aussi souscrit au service « Acquittement ». Chaque fois qu'il émet une télédéclaration avec télérèglement, le client concerné reçoit automatiquement un mail lui permettant de donner son accord sur le montant à payer, autorisant par-là l'envoi effectif de la télédéclaration et de son télérèglement.

Enfin, Jedeclare.com lui permet d'archiver de façon électronique tout type de documents ou de fichiers, pendant 10 ans prolongeables, en lui garantissant toutes les conditions d'intégrité, de pérennité, d'accessibilité et de réversibilité.

Annexe 2 Extrait du contrat de mandat

L'EIRL WindWin a signé un contrat de mandat avec le cabinet ExpertPlus relatif aux téléprocédures.

Mandat relatif à une opération de télétransmission

L'EIRL WINDWIN représentée par Monsieur .**M TARDIEU** ci-après dénommé "le mandant", déclare avoir opté pour les procédures de télétransmission de ses données fiscales, sociales et comptables suivantes :

– [EDI-TDFC]	– [DEB]	– [DSIJ]	– [EDI-REQUETE]
– [EDI-TVA]	– [DADS]	– [DAT]	– [EDI-IR]
– [EDI-PAIEMENT]	– [DUE]	– [DSN]	
– [DUCS-EDI]	– [DNA]	– [EDI-DSI]	

et donne par les présentes mandat au cabinet d'expertise comptable **EXPERTPLUS**. .ci-après dénommé "le mandataire",

• pour la transmission par voie électronique des déclarations ou des données comptables, ainsi que de tous documents annexes les accompagnant demandées par les organismes ci-dessous désignés, selon les cahiers des charges établis par lesdits organismes,

– [OGA Arles grand sud	– [greffe de tribunal de commerce d'Arles]	– [Pôle Emploi B du R]	– [CNAM]
– [Société Générale]	– [URSSAF B du R]	– [Caisse de retraite]	– [RSI]
		– [CRAM]	

• la transmission des informations permettant l'émission par les organismes ci-dessus désignés d'un titre de paiement.

• pour la récupération des relevés de comptes bancaires par voie électronique.

• ***Obligations du mandataire***

Au titre du présent mandat, le mandataire doit suivant les téléprocédures :

• établir les documents indiqués ci-dessus ;

• respecter les dates limites de déclaration et de transmission des informations de télépaiement ;

• communiquer dans les plus brefs délais au mandant les montants et les références des "certificats" valant "accusé de réception des opérations de télétransmission des déclarations" et / ou de "prise en compte des informations nécessaires à l'initialisation d'un paiement"

• ***Obligations du mandant***

Le mandant adressera au mandataire, dans le délai de 8 jours, le calendrier des opérations de télétransmission et toutes les informations et documents que ce dernier pourra estimer nécessaires à l'accomplissement de sa mission.

La responsabilité de la provision préalable sur le ou les comptes bancaires ou postaux référencés dans les téléprocédures, incombe au seul mandant.

Le mandant accepte que les données télétransmises par le mandataire dans le cadre du présent mandat puissent faire l'objet d'une agrégation globale et non nominative à des fins de documentation économique générale

Fait à Fos sur Mer.................., le ..01/01/2019 ....

Signature du mandant	*Bon pour mandat*	*Tardieu*
Signature du mandataire	*Bon pour acceptation de mandat*	*ExpertPlus*

Annexe 3 Formulaire 2058-A-SD généré par le PGI

Formulaire obligatoire (article 53 A du Code général des impôts) ⑨ **DÉTERMINATION DU RÉSULTAT FISCAL** DGFiP N° 2058-A-SD

Désignation de l'entreprise	WindWin	Néant ☐*	Exercice N clos le
	Formulaire déposé au titre de l'IR (cocher la case ci-contre)	ET X	3 1 1 2 2 2

I. RÉINTÉGRATIONS				BÉNÉFICE COMPTABLE DE L'EXERCICE			WA	51 302
Charges non admises en déduction du résultat fiscal	Rémunération du travail de l'exploitant ou des associés (entreprises à l'IR)						WB	36 000
	Avantages personnels non déductibles* (sauf amortissements à porter ligne ci-dessous)	WD		Amortissements excédentaires (art.39-4 du CGI) et autres amortissements non déductibles	WE	3 979	XE	5 179
	Autres charges et dépenses somptuaires (art. 39-4 du CGI)	WF	1 200	Taxe sur les véhicules des sociétés (entreprises à l'IS)	WG			
	Fraction des loyers à réintégrer dans le cadre d'un crédit-bail immobilier et de levée d'option	RA		(Part des loyers dispensés de réintégration (art. 239 *sexies* D du CGI)	RB	)		
	Provisions et charges à payer non déductibles (cf. tableau n° 2058-B, cadre III)	WI	21	Charges à payer liées à des états et territoires non coopératifs non déductibles (cf. 2067-*bis*)	XX		XW	329
	Amendes et pénalités	WJ	308	Charges financières (art. 39-1-3° et 212 *bis* du CGI) *	XZ			
	Réintégrations prévues à l'article 155 du CGI *						XY	
	Impôt sur les sociétés (cf. page 9 de la notice n° 2032-NOT-SD)						I7	
Quote-part	Bénéfices réalisés par une société de personnes ou un GIE	WL		Résultats bénéficiaires visés à l'article 209 B du CGI	L7		K7	
Régimes particuliers / impositions différées	Moins-values nettes à long terme	{ - imposées aux taux de 15 % ou de 19 % (12,80 % pour les entreprises à l'IR)					I8	
		- imposées au taux de 0%					ZN	
	Fraction imposable des plus-values réalisées au cours d'exercices antérieurs*	{ - Plus-values nettes à court terme					WN	1 800
		- Plus-values soumises au régime des fusions					WO	
Écarts de valeurs liquidatives sur OPCVM * (entreprises à l'IS)							XR	
Réintégrations diverses à détailler sur feuillet séparé DONT*	Intérêts excédentaires (art.39-1-3ème et 212 du CGI)	SU		Zone d'entreprises* (activité exonérée)	SW		WQ	1 033
	Déficits étrangers antérieurement déduits par les PME (art. 209 C)	SX		Quote-part de 12 % des plus-values à taux zéro	M8			
Réintégration des charges affectées aux activités éligibles au régime de taxation au tonnage							Y1	
Résultat fiscal afférent à l'activité relevant du régime optionnel de taxation au tonnage							Y3	
						TOTAL I	WR	95 643

II. DÉDUCTIONS						PERTE COMPTABLE DE L'EXERCICE	WS	
Quote-part dans les pertes subies par une société de personne ou un G.I.E. *							WT	
Provisions et charges à payer non déductibles, antérieurement taxées et réintégrées dans les résultats comptables de l'exercice (cf. tableau n° 2058-B-SD, cadre III)							WU	
Régime d'imposition particuliers et impositions différées	Plus-values nettes à long terme	- imposées au taux de 15 % (12,80 % pour les entreprises soumises à l'IR)					WV	2 550
		- imposées au taux de 0 %					WH	
		- imposées au taux de 19 %					WP	
		- imputées sur les moins-values nettes à long terme antérieure					WW	
		- imputées sur les déficits antérieurs					XB	
	Autres plus-values imposées au taux de 19 %						I6	
	Fraction des plus-values nettes à court terme de l'exercice dont l'imposition est différée *						WZ	1 268
	Régime des sociétés mères et des filiales* / Produits net des actions et parts d'intérêts	(Quote-part de frais et charges restant imposable à déduire des produits nets de participation			2A	)	XA	
	Produits de participations inéligibles au régime des sociétés mères déductibles à hauteur de 99 % (art. 223 B du CGI)						ZX	
Mesures d'incitation	Déduction autorisée au titre des investissements réalisés dans les collectivités d'outre-mer *						ZY	
	Majoration d'amortissement *						XD	
	Abattement sur le bénéfice et exonérations*	Entreprises nouvelles (art.44 *septies*) K9	Entreprises nouvelles (art.44 *sexies*) L2	J.E.I. (art. 44 *sexies* A) L5			XF	
		Pôle de compétitivité hors CICE (art.44 *undecies*) L6	S.I.I.C. (art. 208C) K3	Zone de restructuration de la défense (art.44 *terdecies*) PA				
		ZFU – TE (art. 44 *octies* et *octies* A) ØV	Bassin d'emploi à redynamiser (art. 44 *duodecies*) 1F	Zone franche d'activité nouvelle génération (art. 44 *quaterdecies*) XC				
		Bassin urbain à dynamiser (art. 44 *sexdecies*) PP	Zone de revitalisation rurale (art. 44 *quindecies*) PC	Zone de développement prioritaire (art. 44 *septdecies*) PB				
Écarts de valeurs liquidatives sur OPCVM * (entreprises à l'IS)							XS	
Déductions diverses à détailler sur feuillet séparé	(dont déduction exceptionnelle (art. 39 decies)	X9		dont déduction exceptionnelle simulateur de conduite	YH	)	XG	21
	dont déduction exceptionnelle (art.39 *decies* A)	YA		dont déduction exceptionnelle (art.39 *decies* C)	YC			
	dont déduction exceptionnelle (art.39 *decies* B)	YB		dont déduction exceptionnelle (art.39 *decies* D)	YD			
	Créance dégagée par le report en arrière de déficit				ZI			
Déduction des produits affectés aux activités éligibles au régime de taxation au tonnage							Y2	
						TOTAL II	XH	3 839

III. RÉSULTAT FISCAL					
Résultat fiscal avant imputation des déficits reportables	{ Bénéfice (I moins II)	XI	91 804		
	Déficit (II moins I)			XJ	
Déficits de l'exercice reporté en arrière (entreprises à l'IS) *		ZL			
Déficits antérieurs imputés sur les résultats de l'exercice (entreprises à l'IS) *				XL	
RÉSULTAT FISCAL	BÉNÉFICE (ligne XN) ou DÉFICIT reportable en avant (ligne XO)	XN	91 804	XO	

* Des explications concernant ces rubriques figurent dans la notice n° 2032-NOT-SD

Annexe 4 **Mail expédié par Mme Tardieu au cabinet ExpertPlus**

De	windwin@free.fr
À	expertplus@orange.fr
Date	12/03/2023
Objet	Archivage et déficit

Bonjour,

Je m'interroge sur la nécessité de conserver certaines pièces liées à ma comptabilité. Mes locaux sont exigus et la sécurité me semble précaire.

Actuellement, et depuis la création de WindWin, j'archive sous forme papier tous les documents commerciaux (factures…), les pièces de banque, les documents sociaux (fiches de paie) et les liasses fiscales.

Pouvez-vous m'indiquer si je dois continuer l'archivage de tous ces documents, compte tenu du contrat de mandat signé avec votre cabinet depuis 2019. Si certains documents doivent encore être archivés dans mes locaux, veuillez me préciser pendant combien de temps et sous quelle forme.

Par ailleurs, malgré les bons résultats enregistrés depuis la création de WindWin, je me demande quelles conséquences aurait un éventuel déficit fiscal sur mes déclarations de revenus.

Merci pour vos conseils.

Cordialement,
Mme Tardieu

Fiche ressource 1

Les principales caractéristiques des régimes réels d'imposition

<table>
<tr><th></th><th colspan="2">Réel simplifié (RS) applicable</th><th colspan="2">Réel normal (RN) applicable</th></tr>
<tr><th></th><th>De plein droit</th><th>Sur option</th><th>De plein droit</th><th>Sur option</th></tr>
<tr><td>Conditions d'application d'un régime réel</td><td>Ventes de biens :
176 200 € < CA HT < 818 000 €
Prestations de services :
72 600 € < CA HT < 247 000 €</td><td>Entreprises soumises de plein droit à un régime micro ayant exercé une option pour bénéficier du RS.</td><td>Ventes de biens :
CA HT > 818 000 €
Prestations de services :
CA HT > 247 000 €</td><td>Entreprises soumises de plein droit à un régime de RS ayant exercé une option pour bénéficier du RN.</td></tr>
<tr><td>Obligations comptables et fiscales</td><td colspan="4">– Procéder chronologiquement à l'enregistrement comptable des mouvements affectant le patrimoine de l'entreprise à l'aide de pièces justificatives.
– Tenir obligatoirement certains livres (livre journal, grand-livre).
– Établir des comptes annuels réguliers et sincères, donnant une image fidèle du patrimoine, de la situation financière et du résultat de l'entreprise : bilan, compte de résultat et une annexe.</td></tr>
<tr><td>Détermination du résultat fiscal</td><td colspan="4">En pratique, le résultat fiscal correspond au résultat comptable qui, en raison de l'existence de règles fiscales spécifiques, doit faire l'objet de rectifications extracomptables : réintégrations ou déductions.</td></tr>
<tr><td>Cas d'un bénéfice BIC</td><td colspan="4">Les bénéfices réalisés par les entreprises relevant de l'IR dans la catégorie des BIC sont soumis au barème progressif de l'IR.
Les titulaires de BIC peuvent échapper à une majoration de 25 % de leurs bénéfices s'ils adhèrent à un centre de gestion agréé (CGA) ou s'ils font appel à un professionnel de l'expertise comptable leur délivrant un visa fiscal (expert-comptable ou association de gestion et de comptabilité, AGC).</td></tr>
<tr><td>Cas d'un déficit</td><td colspan="4">Le déficit subi en N par une entreprise relevant des BIC est en principe imputable sur le revenu global de la même année soumis au barème progressif de l'IR.
Si ce revenu global est insuffisant pour l'imputation de la totalité du déficit, l'excédent du déficit sera reporté sur le revenu global des années suivantes jusqu'à la 6e année inclusivement.
Exemple : au cours de l'exercice 2021, un exploitant individuel a subi un déficit BIC de 20 000 €. Courant 2021, il a déclaré d'autres revenus (salaires, revenus mobiliers) pour 30 000 €. Compte tenu de la possibilité d'imputation de son déficit, il ne sera imposable au titre de 2021 que sur la base de : 30 000 – 20 000 = 10 000 €.
Si le total de ses autres revenus n'est que de 12 000 €, il restera un reliquat de déficit non imputé de : 12 000 – 20 000 = 8 000 €, qui sera reportable sur le revenu global de 2022. Si ce dernier est encore insuffisant, le reliquat de déficit sera reportable jusqu'en 2027 (6e année qui suit celle du déficit).
L'entreprise a aussi le choix d'imputer son déficit sur une PVNLT et de réduire ainsi ou d'annuler la taxation à 12,8 % de cette plus-value.</td></tr>
<tr><td rowspan="3">Tableaux de la liasse fiscale à fournir*</td><td colspan="2">Tableaux comptables et fiscaux 2033-A à G
Déclaration du résultat 2031</td><td colspan="2">Tableaux comptables 2050 à 2057
Tableaux fiscaux 2058 à 2059-G
Déclaration du résultat 2031</td></tr>
<tr><td colspan="4">Au niveau fiscal, les sommes portées sur ces imprimés doivent être arrondies à l'euro le plus proche par case d'imprimé.</td></tr>
<tr><td colspan="4">Pour les entreprises individuelles, le suivi des déficits BIC s'effectue directement sur la déclaration d'ensemble des revenus 2042 C PRO. Le cadre I « Suivi des déficits » du formulaire 2058-B-SD est réservé aux entreprises soumises à l'impôt sur les sociétés.</td></tr>
</table>

* La liasse fiscale est un ensemble de déclarations fiscales remises par les entreprises sous forme dématérialisée au SIE. Elle se compose :
– de la déclaration annuelle des résultats (2031) ;
– de tableaux comptables (bilan, compte de résultat…) ;
– de tableaux fiscaux (détermination du résultat fiscal, détermination et suivi des plus ou moins-values…).

Fiche ressource 2

Les obligations et les modalités de déclaration des BIC

L'exploitant d'une entreprise dont le résultat fiscal est imposé à l'IR doit respecter certaines obligations lors de la déclaration annuelle des résultats liés à son activité.

Obligations déclaratives	L'exploitant individuel ou associé d'une entreprise industrielle et commerciale est tenu de déposer une **déclaration annuelle de résultats (liasse fiscale : imprimé 2031 et ses annexes)** auprès du service des impôts des entreprises (SIE).
Obligation de télétransmettre	**Toutes les entreprises**, quel que soit le montant de leur chiffre d'affaires, **ont l'obligation de télétransmettre la déclaration de résultats.**
Modalités de télétransmission	– **En mode EFI :** pour les entrepreneurs individuels soumis au régime simplifié d'imposition, télétransmission sur le site www.impots.gouv.fr à partir de l'espace « abonné » de l'entreprise. – **En mode EDI :** avec la procédure de transfert des données fiscales et comptables **(TDFC)**. Le TDFC est une procédure qui permet de transmettre la déclaration de résultats et ses annexes par voie informatique depuis les fichiers générés par le logiciel comptable. Il s'adresse aux entreprises soumises à un régime réel d'imposition (simplifié ou normal). Les opérations techniques de transmission sont effectuées exclusivement par des opérateurs habilités par la Direction générale des finances publiques : les partenaires EDI. L'entreprise peut recourir à un partenaire EDI (prestataire de services, cabinet d'expertise comptable…, qui est en général mandaté par l'entreprise) ou contracter elle-même avec un opérateur habilité. **Pénalité :** si l'entreprise déroge à l'obligation des téléprocédures (télédéclaration et télépaiement), elle sera pénalisée d'un montant de 0,2 % des sommes déclarées ou payées, avec un minimum de 60 €.
Délais légaux de déclaration	**La date limite de dépôt de la déclaration fiscale annuelle est le deuxième jour ouvré suivant le 1er mai** pour les résultats concernant l'exercice clos au 31 décembre 2022 (les jours ouvrés fiscaux vont du lundi au vendredi). L'administration fiscale accorde de façon pérenne un délai supplémentaire de 15 jours calendaires, soit le 19 mai 2023 pour réaliser la télétransmission des déclarations de résultat, en mode EDI ou en mode EFI.
Pénalités	Le **défaut de production dans les délais prescrits** de la déclaration entraîne l'application d'une **majoration de 10 %**.
Délais de conservation	Les documents comptables (livres obligatoires) doivent être conservés pendant 10 ans. L'obligation fiscale de conservation de 6 ans s'applique aux livres, registres, documents ou pièces auxquels l'Administration a accès pour procéder au contrôle des déclarations et des comptabilités.
Archivage	Les entreprises sont tenues de conserver les livres, correspondances, pièces comptables, contrats et documents de toute nature constituant leurs archives commerciales pendant certains délais, que ce soit sous forme papier ou dématérialisée. Pour les comptabilités informatisées, les fichiers des écritures comptables (FEC) à remettre lors d'une vérification de comptabilité sont soumis à un format obligatoire fixé par l'administration fiscale, qui s'impose donc pour l'archivage. Cet archivage doit présenter des garanties suffisantes en termes de conservation et de préservation de l'intégrité.

Fiche ressource 3

Les renseignements à mentionner sur la déclaration 2042 C PRO

Les BIC sont l'une des catégories de revenus des personnes physiques imposés à l'IR. À ce titre, l'exploitant doit renseigner une déclaration 2042 complémentaire (2042 C PRO) réservée aux revenus des professions non salariées tels que les BIC.

I La déclaration du revenu professionnel BIC

Sur la déclaration 2042 C PRO, figure notamment la rubrique « Revenus industriels et commerciaux professionnels » à renseigner pour :
– le montant du revenu imposable (résultat fiscal déterminé sur l'imprimé 2031, « Impôt sur le revenu BIC ») ;
– le montant de la plus-value de cession taxable à 12,8 % (PVNLT) mentionné sur l'imprimé 2031.

II La déclaration des réductions et crédits d'impôt

Des dispositions fiscales permettent de diminuer le montant de l'impôt à payer par le foyer fiscal de l'exploitant en accordant, sous certaines conditions, des réductions et des crédits d'impôt aux entreprises. Ces mesures doivent inciter les entreprises à agir dans le cadre de la politique économique ou sociale définie par le gouvernement. Ces réductions ou crédits d'impôt figureront dans la rubrique « Réductions et crédits d'impôt » du formulaire 2042 C PRO.

1. Réduction et crédit d'impôt

Une réduction d'impôt est une somme soustraite du montant de l'impôt à payer. Si cette réduction excède l'impôt dû, la part excédentaire ne sera pas remboursée.
Un crédit d'impôt est aussi une somme soustraite du montant de l'impôt dû, mais contrairement à la réduction d'impôt, il peut être remboursé, en totalité ou partiellement, dans les deux cas suivants : si son montant dépasse celui de l'impôt ou si le contribuable n'est pas imposable.

2. Principaux cas de réduction ou crédit d'impôt

Il existe de nombreux cas de réduction ou crédit d'impôt. Seuls les cas les plus fréquents sont mentionnés dans le tableau ci-dessous. Aucune écriture comptable n'est à comptabiliser dans les comptes des entreprises individuelles ou des EIRL soumise à l'IR.

Réduction d'impôt mécénat	Les versements réalisés au titre du mécénat par les entreprises soumises à l'IR ouvrent droit à une réduction d'impôt de 60 % du montant du don dans la limite de 20 000 € ou 5 % du CA HT lorsque ce dernier montant est plus élevé. *Pour la fraction des dons supérieur à 2 millions d'€, le taux de la réduction d'impôt est abaissé à 40 % (au lieu de 60 %) sauf pour les versements effectués par l'entreprise au profit d'organismes sans but lucratif qui aident des publics en difficulté pour la fourniture gratuite de repas, de logements, de soins, de fournitures scolaires…)* Cette réduction est imputée sur l'IR dû au titre de l'exercice au cours duquel les versements ont eu lieu. La fraction excédentaire non imputée est reportée sur les 5 années suivantes et ouvre droit à la réduction d'impôt dans les mêmes conditions.
Crédit d'impôt recherche (CIR)	Les opérations de recherche scientifique et technique et les dépenses de recherche externalisées ouvrent droit à un crédit d'impôt de 30 % des dépenses éligibles. Ces dépenses éligibles représentent 75 % des dotations aux amortissements des immobilisations affectées aux activités de recherche + 43 % des dépenses de personnel afférentes aux chercheurs et techniciens de recherche.

Fiche ressource 4

Les liens entre les différents formulaires fiscaux

Le tableau préparatoire permet de déterminer, à partir du résultat comptable (formulaire 2053-SD), le résultat imposable à l'IR dans la catégorie des BIC. Ce tableau est un élément de contrôle de la cohérence des informations générées sur les formulaires 2058-A–SD et 2031–SD. La déclaration de ce résultat à l'IR s'effectue sur les formulaires 2042–SD C PRO. Un code couleur permet de faire le lien entre les différents formulaire.

Extrait du formulaire 2053-SD « Compte de résultat de l'exercice » (chiffres arrondis à l'euro le plus proche) :

TOTAL DES PRODUITS (I + III + V + VII)	HL	1 106 609
TOTAL DES CHARGES (II + IV + VIII + IX + X)	HM	1 055 307
5 – BÉNÉFICE OU PERTE (Total des produits – total des charges)	HN	**51 302**

Analyse des produits et des charges, et retraitements fiscaux éventuels : résultat fiscal

Tableau préparatoire de détermination du résultat fiscal			
Éléments	**Réintégrations**	**Déductions**	**Code ligne 2058-A-SD**
Bénéfice comptable de l'exercice Revenus de capitaux mobiliers Plus-value nette à long terme imposée à 12,8 % [...]	**51 302,00** [...]	(X) **1 440** **2 550** [...]	WA (ou WS) (formulaire 2031) WV
Totaux	**97 097,87**	**5 278,73**	
Résultat fiscal : bénéfice (ou déficit)	**91 819,14**		XN (ou X0)

Formulaire 2058-A-SD : « Détermination du résultat fiscal »

Formulaire obligatoire (article 53 A du Code général des impôts) ⑨ **DÉTERMINATION DU RÉSULTAT FISCAL** DGFiP N° 2058-A-SD

Désignation de l'entreprise	WindWin	Néant ☐*	Exercice N clos le
Formulaire déposé au titre de l'IR (cocher la case ci-contre)	ET	X	3 1 1 2 2 2

Rubrique	Code	Montant	Rubrique	Code	Montant
I. RÉINTÉGRATIONS — BÉNÉFICE COMPTABLE DE L'EXERCICE				WA	51 302
Charges non admises en déduction du résultat fiscal : Rémunération du travail de l'exploitant ou des associés (entreprises à l'IR)				WB	36 000
Avantages personnels non déductibles* (sauf amortissements à porter ligne ci-dessous)	WD		Amortissements excédentaires (art.39-4 du CGI) et autres amortissements non déductibles	WE	3 979
				XE	6 634
Autres charges et dépenses somptuaires (art. 39-4 du CGI)	WF	2 655	Taxe sur les véhicules des sociétés (entreprises à l'IS)	WG	
Fraction des loyers à réintégrer dans le cadre d'un crédit-bail immobilier et de levée d'option	RA		(Part des loyers dispensés de réintégration (art. 239 *sexies* D du CGI))	RB	
Provisions et charges à payer non déductibles (cf. tableau n° 2058-B, cadre III)	WI	21	Charges à payer liées à des états et territoires non coopératifs non déductibles (cf. 2067-*bis*)	XX	
				XW	329
Amendes et pénalités	WJ	308	Charges financières (art. 39-1-3° et 212 *bis* du CGI) *	XZ	
Réintégrations prévues à l'article 155 du CGI *				XY	
Impôt sur les sociétés (cf. page 9 de la notice n° 2032-NOT-SD)				I7	
Quote-part : Bénéfices réalisés par une société de personnes ou un GIE	WL		Résultats bénéficiaires visés à l'article 209 B du CGI	L7	
				K7	
Régimes particuliers / impositions différées : Moins-values nettes à long terme { - imposées aux taux de 15 % ou de 19 % (12,80 % pour les entreprises à l'IR)				I8	
- imposées au taux de 0%				ZN	
Fraction imposable des plus-values réalisées au cours d'exercices antérieurs* { - Plus-values nettes à court terme				WN	1 800
- Plus-values soumises au régime des fusions				WO	
Écarts de valeurs liquidatives sur OPCVM * (entreprises à l'IS)				XR	
Réintégrations diverses à détailler sur feuillet séparé DONT* : Intérêts excédentaires (art.39-1-3ème et 212 du CGI)	SU		Zone d'entreprises* (activité exonérée)	SW	
				WQ	1 033
Déficits étrangers antérieurement déduits par les PME (art. 209 C)	SX		Quote-part de 12 % des plus-values à taux zéro	M8	
Réintégration des charges affectées aux activités éligibles au régime de taxation au tonnage				Y1	
Résultat fiscal afférent à l'activité relevant du régime optionnel de taxation au tonnage				Y3	
TOTAL I				WR	97 098
II. DÉDUCTIONS — PERTE COMPTABLE DE L'EXERCICE				WS	
Quote-part dans les pertes subies par une société de personne ou un G.I.E. *				WT	
Provisions et charges à payer non déductibles, antérieurement taxées et réintégrées dans les résultats comptables de l'exercice (cf. tableau n° 2058-B-SD, cadre III)				WU	
Régime d'imposition particuliers et impositions différées : Plus-values nettes à long terme - imposées au taux de 15 % (12,80 % pour les entreprises soumises à l'IR)				WV	2 550
- imposées au taux de 0 %				WH	
- imposées au taux de 19 %				WP	
- imputées sur les moins-values nettes à long terme antérieure				WW	
- imputées sur les déficits antérieurs				XB	
Autres plus-values imposées au taux de 19 %				I6	
Fraction des plus-values nettes à court terme de l'exercice dont l'imposition est différée *				WZ	1 268
Régime des sociétés mères et des filiales* / Produits net des actions et parts d'intérêts			(Quote-part de frais et charges restant imposable à déduire des produits nets de participation)	2A	
				XA	
Produits de participations inéligibles au régime des sociétés mères déductibles à hauteur de 99 % (art. 223 B du CGI)				ZX	
Mesures d'incitation : Déduction autorisée au titre des investissements réalisés dans les collectivités d'outre-mer *				ZY	
Majoration d'amortissement *				XD	
*Abattement sur le bénéfice et exonérations** : Entreprises nouvelles (art.44 *septies*)	K9		Entreprises nouvelles (art.44 *sexies*)	L2	
J.E.I. (art. 44 *sexies* A)	L5			XF	
Pôle de compétitivité hors CICE (art.44 *undecies*)	L6		S.I.I.C. (art. 208C)	K3	
Zone de restructuration de la défense (art.44 *terdecies*)	PA				
ZFU – TE (art. 44 *octies* et *octies* A)	ØV		Bassin d'emploi à redynamiser (art. 44 *duodecies*)	1F	
Zone franche d'activité nouvelle génération (art. 44 *quaterdecies*)	XC				
Bassin urbain à dynamiser (art. 44 *sexdecies*)	PP		Zone de revitalisation rurale (art. 44 *quindecies*)	PC	
Zone de développement prioritaire (art. 44 *septdecies*)	PB				
Écarts de valeurs liquidatives sur OPCVM * (entreprises à l'IS)				XS	
Déductions diverses à détailler sur feuillet séparé (dont déduction exceptionnelle (art. 39 decies)	X9		dont déduction exceptionnelle simulateur de conduite	YH	
				XG	21
dont déduction exceptionnelle (art.39 *decies* A)	YA		dont déduction exceptionnelle (art.39 *decies* C)	YC	
dont déduction exceptionnelle (art.39 *decies* B)	YB		dont déduction exceptionnelle (art.39 *decies* D))	YD	
Créance dégagée par le report en arrière de déficit				ZI	
Déduction des produits affectés aux activités éligibles au régime de taxation au tonnage				Y2	
TOTAL II				XH	3 839
III. RÉSULTAT FISCAL — Résultat fiscal avant imputation des déficits reportables { Bénéfice (I moins II)	XI	93 259			
Déficit (II moins I)				XJ	
Déficits de l'exercice reporté en arrière (entreprises à l'IS) *	ZL				
Déficits antérieurs imputés sur les résultats de l'exercice (entreprises à l'IS) *				XL	
RÉSULTAT FISCAL — BÉNÉFICE (ligne XN) ou DÉFICIT reportable en avant (ligne XO)	XN	93 259		XO	

* Des explications concernant ces rubriques figurent dans la notice n° 2032-NOT-SD

Extrait du formulaire 2031-SD : Impôt sur le revenu BIC

C	RÉCAPITULATION DES ÉLÉMENTS D'IMPOSITION (cf. notice, page 3)			Col. 1	Col. 2
1. Résultat fiscal	Bénéfice col. 1, Déficit col.2 (report XN ou XO du 2058-A-SD ou 370 ou 372 du 2033-B-SD)			93 259	
2. Revenus de valeurs et capitaux mobiliers (compris dans les résultats ci-dessus)					
	- Revenus exonérés de l'impôt sur le revenu……	a			
	à déduire : quote-part des frais et charges correspondants ❶ …………	b			
	revenus nets exonérés (a – b)……	c			
	- Revenus soumis à l'impôt sur le revenu……	d	1 440	Total c + d………….	1 440
3. Total				93 259	1 440
4. Bénéfice imposable (col. 1 – col. 2) ou **Déficit déductible** (col. 2 – col. 1) ❷				91 819	

1*bis*. Résultat net de cession, concession ou sous-concession des brevets et droits de propriété industrielle assimilés taxable au taux de 10 %

1*ter*. Revenus compris dans le bénéfice imposable mais exclus de l'assiette de l'acompte du prélèvement à la source (art. 204 G du CGI)

- Quote-part de subvention d'équipement, d'indemnités d'assurance compensant la perte d'un élément de l'actif immobilisé et des plus-values à court terme définies à l'article 39 *duodecies* du CGI — e :
- Moins-values à court terme définies à l'article 39 *duodecies* du CGI — f :

5. Plus-values

taxées selon les règles prévues par les particuliers ❸		à court terme et à long terme exonérées❹		à long terme imposable à 12,8 % ❺	2 550
à long terme différée de 2 ans (Art. 39 *quindecies* I-1 du CGI) ❺		dont plus-value à long terme exonérée (Art. 151 *septies* A du CGI) ❹*bis*		dont plus-value à court terme exonérée (Art. 151 *septies*, 151 *septies* A et 238 *quindecies*) ❹ter	

6. Exonérations, Abattements et crédits d'impôt

Entreprise nouvelle art. 44 *sexies* ☐ ZRR art. 44 *quindecies* ☐ Zone franche d'activité art.44 *quaterdecies* ☐ Autres dispositifs ❻ ☐

ZFU art. 44 *octies* et 44 *octies* A ☐ Zone de restructuration de la défense art. 44 *terdecies* ☐ Jeunes entreprises innovantes (JEI) art. 44 *sexies* A ☐

Bassins urbains à dynamiser (BUD) art. 44 *sexdecies* ☐ Zone de développement prioritaire art. 44 *septdecies* ☐

Exonération ou abattement pratiqué ❻ ➔ sur les plus-values imposables à 12,8 % ☐ sur le bénéfice professionnel ☐

Option pour le crédit d'impôt outre-mer dans le secteur productif (art. 244 *quater* W) ☐

7. BIC non professionnels (2031 *Bis*-SD) a – BÉNÉFICE b – DÉFICIT

- Revenus compris dans le bénéfice imposable mais exclus de l'assiette de l'acompte du prélèvement à la source (art. 204 G).

PV à court terme, subventions d'équipement et indemnités d'assurance pour perte d'un élément d'actif (Art. 39 *duodecies** ☐ Moins-values à court terme (Art. 39 *duodecies** ☐

- Plus-values

PV nettes à long terme imposable à 12,8 % ☐ PV à long terme exonérées (Art. 151 *septies* A) ☐ PV à court terme exonérées (Art. 151 *septies* A et 238 *quindecies*) ☐

- Exonération ou abattement pratiqué (art. 44 *sexies* et suivants) ❻ ➔ sur le bénéfice non professionnel ☐

8. Régime des sociétés de personnes ❼

Cadre réservé aux sociétés de personnes dont les associés sont des personnes morales soumises à l'impôt sur le revenu et d'autres à l'impôt sur les sociétés.

Résultat fiscal issu du mode de calcul de l'impôt sur les sociétés ☐

9. Comptabilité informatisée

L'entreprise dispose-t-elle d'une comptabilité informatisée ?	OUI	X	NON		Si oui, indication du logiciel utilisé	EBP

ATTENTION : toutes les entreprises soumises à un régime réel d'imposition en matière de résultats ont l'obligation de souscrire leur déclaration de résultats et ses annexes par voie dématérialisée. Le non respect de cette obligation est sanctionné par l'application de la majoration prévue par l'article 1738 du code général des impôts (CGI). Vous trouverez toutes les informations utiles pour télédéclarer sur le site www.impots.gouv.fr

La notice n° 2033-NOT-SD est également accessible sur le site www.impots.gouv.fr.

CGA/OMGA	X	Viseur conventionné		(Cocher la case correspondante)

Nom et coordonnées du CGA/OMGA	Nom et coordonnées du viseur conventionné
OGA ARLES GRAND SUD	
N° d'agrément du CGA/OMGA ou du viseur conventionné : 1 2 3 4 5 6 +	Identité du déclarant:
	Lieu: Fos sur mer — Date: 13/04/2023
	Qualité et nom du déclarant: M. TARDIEU exploitant
	Signature: *Tardieu*

Les dispositions des articles 39 et 40 de la loi n° 78-17 du 6 janvier 1978 relative à l'informatique, aux fichiers et aux libertés, modifiée par la loi n° 2004-801 du 6 août 2004, garantissent les droits des personnes physiques à l'égard des traitements de données à caractère personnel.

Extrait du formulaire 2042 C PRO : « Déclaration des revenus »

REVENUS INDUSTRIELS ET COMMERCIAUX PROFESSIONNELS *Y compris locations meublées professionnelles*

Durée de l'exercice : *nombre de mois si inférieur à 12*……	SDB	SEB	SFB
Cession ou cessation d'activité en 2017……	SBF cochez ☐	SBI cochez ☐	SBH cochez ☐
Régime micro BIC			
Revenus nets exonérés ……	SKN	SLN	SMN
Revenus imposables :			
Chiffre d'affaires brut sans déduire aucun abattement			
· ventes de marchandises et assimilées……	SKO	SLO	SMO
· prestations de services et locations meublées……	SKP	SLP	SMP
Plus-values nettes à court terme……	SKX	SLX	SMX
Moins-values nettes à court terme……	SKJ	SLJ	SMJ
Plus-values nettes à long terme……	SKQ	SLQ	SMQ
Moins-values nettes à long terme……	SKR	SLR	SMR

Régime du bénéfice réel	OGA/VISEUR	SANS	OGA/VISEUR	SANS	OGA/VISEUR	SANS
Revenus exonérés	SKB	SKH	SLB	SLH	SMB	SMH
Revenus imposables……	SKC 91 819	SKI	SLC	SLI	SMC	SMI
- dont plus-values à court terme, subventions d'équipement, indemnités d'assurance pour perte d'élément d'actif……	SDK	SDL	SEK	SEL	SFK	SFL
- dont moins-values à court terme……	SDM	SDN	SEM	SEN	SFM	SFN
Revenus de source étrangère avec crédit d'impôt égal à l'impôt français……	SDF	SDG	SEF	SEG	SFF	SFG
Déficits……	SKF	SKL	SLF	SLL	SMF	SML
Plus-values nettes à long terme……	SKE 2 550		SLE		SME	

Application

1 Le cabinet d'expertise comptable SudExpert

Vous êtes stagiaire dans le cabinet d'expertise comptable SudExpert d'Avignon. M. Marty, expert-comptable, désire tester vos connaissances fiscales dans le domaine des BIC. Il vous communique certains éléments d'un dossier client pour lequel le tableau préparatoire à la détermination du résultat fiscal a été égaré par un collaborateur.
Ce client est M. Dalery, exploitant d'une entreprise individuelle créée en N–7 qui a pour activité le négoce et la fabrication de produits alimentaires d'origine asiatique (jus de fruits, riz, plats préparés en conserve...). Le CA HT de l'entreprise au titre de N–1 s'est élevé à 1 956 200 €.
M. Marty vous propose de contrôler le formulaire 2058-A-SD en réalisant un nouveau tableau préparatoire à la détermination du résultat fiscal pour l'exercice N. Ce tableau sera réalisé sur tableur en apportant toutes les justifications nécessaires au retraitement fiscal de certaines opérations.
Vous disposez :
- dans les documents 1 et 2, de plusieurs informations notées par votre maître de stage ;
- dans les documents 3, 4 et 5, de certains tableaux fiscaux générés par le PGI du cabinet et nécessaires à la réalisation de votre mission ;
- de la notice explicative pour les formulaires 2050 à 2059-G : formulaire 2032-NOT-SD consultable sur le site www.impots.gouv.fr.

1 **Préciser et justifier le régime fiscal dont dépend l'entreprise de M. Dalery pour l'exercice N (N = 2022).**

2 **Démontrer que l'entreprise de M. Dalery pratique l'étalement des PVNCT.**

P7 **3** **Reconstituer sous tableur le tableau préparatoire à la détermination du résultat fiscal de l'exercice N, puis compléter la colonne d'identification de la ligne du formulaire 2058-A-SD.**

Forme du tableau à réaliser sous tableur :

Détermination du résultat fiscal : analyse et calcul	Réintégrations	Déductions	Ligne 2058-A
Totaux			
Résultat fiscal			

4 **Vérifier la concordance du résultat fiscal du tableau préparatoire avec le résultat fiscal du formulaire 2058-A-SD.**

5 **Indiquer sur quels documents seront reportés le résultat fiscal et la PVNLT mentionnés sur le formulaire 2058-A-SD.**

6 **Préciser le montant du résultat fiscal qui sera effectivement imposé à l'IR.**

7 **Calculer l'impôt sur la PVNLT (sans tenir compte des abattements sur la construction, ni des prélèvements sociaux).**

8 **Vous avez constaté la comptabilisation en charges de certains éléments ayant le caractère de dépenses personnelles. Proposer, pour ces éléments, une autre comptabilisation afin d'éviter les retraitements fiscaux.**

9 **Que pouvez-vous conseiller à M. Dalery afin d'éviter la majoration de 10 % de son résultat fiscal imposable.**

10 **Calculer le montant de la réduction d'impôt pour mécénat dont peut bénéficier M. Dalery suite au don effectué par l'intermédiaire de son entreprise, sachant que le chiffre d'affaires HT de l'exercice N s'élève à 2 140 400 €.**

Document 1 **Informations générales sur l'entreprise de M. Dalery**

- L'entreprise n'est pas adhérente à un OGA et ne dispose pas d'un visa fiscal.
- M. Dalery n'est pas considéré comme un « homme clé » pour l'entreprise.
- Toutes les rémunérations versées sont justifiées par rapport au travail fourni et découlent d'une gestion normale. Tous les salaires ont donné lieu au versement des cotisations sociales.
- Plafond de déductibilité des cotisations sociales facultatives de l'exploitant : 16 123 €

Document 2 **Informations tirées de la comptabilité de l'entreprise Dalery au 31/12/N**

1. Loyers et charges locatives (compte 613000)
a) Loyer de l'habitation principale de M. Dalery : 7 300 €.
b) Frais de location d'une résidence secondaire pour les vacances d'été de la famille Dalery (ce séjour à la montagne a été recommandé par le médecin traitant de la famille) : 1 200 €.
c) Loyer d'un véhicule pris en crédit-bail pour les besoins de l'exploitation : véhicule particulier BMW pris en crédit-bail depuis le 16/02/N-1. Montant de la redevance mensuelle : 910 € TTC. Le bailleur a communiqué le prix d'acquisition du véhicule : 36 500 € TTC, et sa durée d'utilisation de 5 ans en mode linéaire (taux d'émission de CO_2 : 280 g/km).

2. Primes d'assurance (compte 616000)
d) Prime d'assurance-vie sur la tête de M. Dalery, au profit de l'entreprise : 4000 €.

3. Honoraires versés (compte 622000)
e) Honoraires versés à l'avocat de l'entreprise : 1 300 € TTC. Le dossier traité concerne un litige entre M. Dalery et le syndic de son appartement.

4. Cadeaux (compte 623000)
f) Cadeaux aux principaux clients de l'entreprise : 2 700 € TTC. Il s'agit de 10 cadeaux d'une valeur unitaire de 270 € TTC.

6. Charges de personnel (compte 640000)
g) Rémunération de M. Dalery, exploitant : 23 000 €.
h) Rémunération de Mme Dalery, secrétaire comptable dans l'entreprise : 25 570 €.
i) Cotisations sociales de M. Dalery : aux régimes obligatoires d'assurance : 4 500 € ; au régime facultatif d'assurance-vieillesse : 3 300 €.

7. Dons (compte 671000)
j) Don à la Fondation de France (fondation reconnue d'intérêt général) : 12 000 €.

8. Pénalités et amendes fiscales (compte 671200)
k) Amende pour infraction au code de la route par un employé de l'entreprise qui effectuait une livraison : 100 €.
l) Majoration de 120 € due à la non-utilisation du télépaiement de la contribution économique territoriale.

9. Rappel d'impôt (compte 671700)
m) Rappel de 310 € de contribution économique territoriale suite à une erreur de bonne foi sur la déclaration relative à cette contribution.

10. Amortissement (compte 681000)
n) Véhicule de tourisme (Golf) utilisé par le représentant de l'entreprise pour les besoins professionnels :
- valeur d'acquisition : 24 350 € TTC ;
- date acquisition : 01/06/N ;
- durée d'utilisation : 5 ans en linéaire. La durée d'usage est également fixée à 5 ans ;
- taux de CO_2 : 100 g/km.

o) Véhicule de tourisme cédé :

Éléments	Valeur d'origine	Date d'acquisition	Durée et mode d'amortissement	Date de cession	Prix de cession HT
Voiture de tourisme (CO_2 : 120 g/km)	28 000 € TTC	01/06/N-3	Économique : 5 ans linéaire Fiscal : *idem*	01/06/N	18 000 €

11. Provisions et dépréciations (comptes 68… et 78…)
p) Reprise d'une provision pour risques économiques dotée en N-1 suite aux inondations du mois de décembre N-1 pour 20 000 €.
q) Dotation aux provisions pour pertes de change : 250 €. Cette écriture fait suite à l'enregistrement d'une perte latente sur un fournisseur chinois enregistrée dans le compte 476.

12. Produits financiers (compte 760000)
r) L'entreprise a perçu 1 800 € de dividendes d'actions d'une SARL soumise à l'IS non liée à l'activité professionnelle de l'entreprise de M. Dalery.

Document 3 Extrait du formulaire 2059-B-SD au 31/12/N

cerfa N° 10954 ✱ 17

Formulaire obligatoire (article 53 A du Code général des impôts)

(13) **AFFECTATION DES PLUS-VALUES À COURT TERME ET DES PLUS-VALUES DE FUSION OU D'APPORT**

DGFiP N° 2059-B-SD

EXEMPLAIRE DESTINÉ À L'ADMINISTRATION

Désignation de l'entreprise :	Formulaire déposé au titre de l'IR	EU	✓	Néant ☐*

A ÉLÉMENTS ASSUJETTIS AU RÉGIME FISCAL DES PLUS-VALUES À COURT TERME
(à l'exclusion des plus-values de fusion dont l'imposition est prise en charge par les sociétés absorbantes) (cf. cadre B)

Origine			Montant net des plus-values réalisées*	Montant antérieurement réintégré	Montant compris dans le résultat de l'exercice	Montant restant à réintégrer
Plus-values réalisées au cours de l'exercice	Imposition répartie					
	sur 3 ans (entreprises à l'IR)					
	sur 10 ans					
	sur une durée différente (art. 39 *quaterdecies* 1 *ter* et 1 *quater* CGI)					
	TOTAL 1					
	Imposition répartie		Montant net des plus-values réalisées à l'origine	Montant antérieurement réintégré	Montant rapporté au résultat de l'exercice	Montant restant à réintégrer
Plus-values réalisées au cours des exercices antérieurs	sur 3 ans au titre de	N-1				
		N-2				
	Sur 10 ans ou sur une durée différente (art. 39 *quaterdecies* 1 *ter* et 1 *quater* du CGI) (à préciser) au titre de :	N-1				
		N-2				
		N-3				
		N-4				
		N-5				
		N-6				
		N-7				
		N-8				
		N-9				
	TOTAL 2					

Document 4 Extrait du formulaire 2059-C-SD au 31/12/N

cerfa N° 10955 ✱ 20

Formulaire obligatoire (article 53 A du Code général des impôts).

(14) **SUIVI DES MOINS-VALUES À LONG TERME**

DGFiP N° 2059-C-SD

Désignation de l'entreprise : Néant ☐*

❶ Entreprises soumises à l'impôt sur les sociétés
❷ Entreprises soumises à l'impôt sur le revenu

Rappel de la plus ou moins-value de l'exercice relevant du taux de 15 % ❶ ou 12,80 % ❷.	
Gains nets retirés de la cession de titre de sociétés à prépondérance immobilières non cotées exclus du régime du long terme (art. 219 I a *sexies* -0 bis du CGI) ❶.	
Gains nets retirés de la cession de certains titres dont le prix de revient est supérieur à 22,8 M€ (art. 219 I a *sexies* -0 du CGI) ❶.	

I - SUIVI DES MOINS-VALUES DES ENTREPRISES SOUMISES À L'IMPÔT SUR LE REVENU

Origine ①		Moins-values à 12,80 % ②	Imputations sur les plus-values à long terme de l'exercice imposables à 12,80 % ③	Solde des moins-values à 12,80 % ④
Moins-values nettes	N			
Moins-values nettes à long terme subies au cours des dix exercices antérieurs (montants restant à déduire à la clôture du dernier exercice)	N – 1			
	N – 2			
	N – 3			
	N – 4			
	N – 5			
	N – 6			
	N – 7			
	N – 8			
	N – 9			
	N – 10			

Document 5 Formulaire 2058-A-SD au 31/12/N

Formulaire obligatoire (article 53 A du Code général des impôts) ⑨ **DÉTERMINATION DU RÉSULTAT FISCAL** DGFiP N° 2058-A-SD

Désignation de l'entreprise	DALERY	Néant ☐*	Exercice N clos le
	Formulaire déposé au titre de l'IR (cocher la case ci-contre)	ET ☒	3 1 1 2 2 2

I. RÉINTÉGRATIONS						
				BÉNÉFICE COMPTABLE DE L'EXERCICE	WA	120 846
Charges non admises en déduction du résultat fiscal	Rémunération du travail de l'exploitant ou des associés (entreprises à l'IR)				WB	23 000
	Avantages personnels non déductibles* (sauf amortissements à porter ligne ci-dessous)	WD	8 600	Amortissements excédentaires (art.39-4 du CGI) et autres amortissements non déductibles — WE 1 514	XE	16 634
	Autres charges et dépenses somptuaires (art. 39-4 du CGI)	WF	6 250	Taxe sur les véhicules des sociétés (entreprises à l'IS) — WG		
	Fraction des loyers à réintégrer dans le cadre d'un crédit-bail immobilier et de levée d'option	RA		(Part des loyers dispensés de réintégration (art. 239 *sexies* D du CGI) — RB)		
	Provisions et charges à payer non déductibles (cf. tableau n° 2058-B, cadre III)	WI	250	Charges à payer liées à des états et territoires non coopératifs non déductibles (cf. 2067-*bis*) — XX	XW	470
	Amendes et pénalités	WJ	220	Charges financières (art. 39-1-3° et 212 *bis* du CGI) * — XZ		
	Réintégrations prévues à l'article 155 du CGI *				XY	
	Impôt sur les sociétés (cf. page 9 de la notice n° 2032-NOT-SD)				I7	
Quote-part	Bénéfices réalisés par une société de personnes ou un GIE	WL		Résultats bénéficiaires visés à l'article 209 B du CGI — L7	K7	
Régimes particuliers / impositions différées	Moins-values nettes à long terme			- imposées aux taux de 15 % ou de 19 % (12,80 % pour les entreprises à l'IR)	I8	
				- imposées au taux de 0%	ZN	
	Fraction imposable des plus-values réalisées au cours d'exercices antérieurs*			- Plus-values nettes à court terme	WN	5 200
				- Plus-values soumises au régime des fusions	WO	
Écarts de valeurs liquidatives sur OPCVM * (entreprises à l'IS)					XR	
Réintégrations diverses à détailler sur feuillet séparé DONT*	Intérêts excédentaires (art.39-1-3ème et 212 du CGI)	SU		Zone d'entreprises* (activité exonérée) — SW	WQ	16 000
	Déficits étrangers antérieurement déduits par les PME (art. 209 C)	SX		Quote-part de 12 % des plus-values à taux zéro — M8		
Réintégration des charges affectées aux activités éligibles au régime de taxation au tonnage					Y1	
Résultat fiscal afférent à l'activité relevant du régime optionnel de taxation au tonnage					Y3	
				TOTAL I	WR	182 150

II. DÉDUCTIONS				
		PERTE COMPTABLE DE L'EXERCICE	WS	
Quote-part dans les pertes subies par une société de personne ou un G.I.E. *			WT	
Provisions et charges à payer non déductibles, antérieurement taxées et réintégrées dans les résultats comptables de l'exercice (cf. tableau n° 2058-B-SD, cadre III)			WU	20 000
Régime d'imposition particuliers et impositions différées	Plus-values nettes à long terme	- imposées au taux de 15 % (12,80 % pour les entreprises soumises à l'IR)	WV	23 430
		- imposées au taux de 0 %	WH	
		- imposées au taux de 19 %	WP	
		- imputées sur les moins-values nettes à long terme antérieure	WW	6 000
		- imputées sur les déficits antérieurs	XB	
	Autres plus-values imposées au taux de 19 %		I6	
	Fraction des plus-values nettes à court terme de l'exercice dont l'imposition est différée *		WZ	49 625
	Régime des sociétés mères et des filiales* / Produits net des actions et parts d'intérêts	(Quote-part de frais et charges restant imposable à déduire des produits nets de participation — 2A)	XA	
	Produits de participations inéligibles au régime des sociétés mères déductibles à hauteur de 99 % (art. 223 B du CGI)		ZX	
Mesures d'incitation	Déduction autorisée au titre des investissements réalisés dans les collectivités d'outre-mer *		ZY	
	Majoration d'amortissement *		XD	
	Abattement sur le bénéfice et exonérations*	Entreprises nouvelles (art.44 *septies*) — K9 ; Entreprises nouvelles (art.44 *sexies*) — L2 ; J.E.I. (art. 44 *sexies* A) — L5	XF	
		Pôle de compétitivité hors CICE (art.44 *undecies*) — L6 ; S.I.I.C. (art. 208C) — K3 ; Zone de restructuration de la défense (art.44 *terdecies*) — PA		
		ZFU – TE (art. 44 *octies* et *octies* A) — ØV ; Bassin d'emploi à redynamiser (art. 44 *duodecies*) — 1F ; Zone franche d'activité nouvelle génération (art. 44 *quaterdecies*) — XC		
		Bassin urbain à dynamiser (art. 44 *sexdecies*) — PP ; Zone de revitalisation rurale (art. 44 *quindecies*) — PC ; Zone de développement prioritaire (art. 44 *septdecies*) — PB		
Écarts de valeurs liquidatives sur OPCVM * (entreprises à l'IS)			XS	
Déductions diverses à détailler sur feuillet séparé	(dont déduction exceptionnelle (art. 39 decies) — X9 ; dont déduction exceptionnelle simulateur de conduite — YH		XG	2 050
	dont déduction exceptionnelle (art.39 *decies* A) — YA ; dont déduction exceptionnelle (art.39 *decies* C) — YC			
	dont déduction exceptionnelle (art.39 *decies* B) — YB ; dont déduction exceptionnelle (art.39 *decies* D) — YD)			
	Créance dégagée par le report en arrière de déficit — ZI			
Déduction des produits affectés aux activités éligibles au régime de taxation au tonnage			Y2	
		TOTAL II	XH	101 105

III. RÉSULTAT FISCAL					
Résultat fiscal avant imputation des déficits reportables	Bénéfice (I moins II)	XI	81 045		
	Déficit (II moins I)			XJ	
Déficits de l'exercice reporté en arrière (entreprises à l'IS) *		ZL			
Déficits antérieurs imputés sur les résultats de l'exercice (entreprises à l'IS) *				XL	
RÉSULTAT FISCAL	BÉNÉFICE (ligne XN) ou DÉFICIT reportable en avant (ligne XO)	XN	81 045	XO	

* Des explications concernant ces rubriques figurent dans la notice n° 2032-NOT-SD

Tableau préparatoire pour la détermination du résultat fiscal

Détermination du résultat fiscal : Analyse et calcul	Réintégrations	Déductions	Code ligne du formulaire 2058-A-SD
Résultat comptable			
Totaux			
Résultat fiscal			

La colonne « code ligne du formulaire 2058-A-SD » ne sera à compléter qu'au chapitre 11.

Crédits photographiques (Fotolia) : p. 3 : Tyler Olson ; p. 5 : Kurhan ; p. 18 : Sebastian Gauert ; p. 19 et 20 : Sepy ; p. 31 : Syda Productions ; p. 32 : Argonautis ; p. 33 : Pixinoo ; p. 34 : Contrastwerkstatt ; p. 35 : Contrastwerkstatt (ht), mettus (bs) ; p. 37 de haut en bas : Tiberius Gracchus, markobe, (c) 2012 myfreizeit.de, industrieblick ; p. 38 : Vimax001 ; p. 47 : cataliseur30 (ht), Lucarelli Temistocle (bs) ; p. 48 : niyazz ; p. 49 : Mbaysan ; p. 50 : Contrastwerkstatt ; p. 51 : Przemys ł aw Szab ł owsk ; p. 61 : Jonathan Stutz ; p. 63 : Mivr ; p. 65 : Tyler Olson ; p. 66 : Kurhan ; p. 74 : tpzijl ; p. 81 et 82 : Kadmy ; p. 85 : Robert Wilson ; p. 86 : ollya ; p. 88 : Sergey Nivens ; p. 91 (de gauche à droite) : Monkey Business, Petrik, Sergey Nivens ; p. 92 : Guillaume Le Bloas ; p. 96 : olly ; p. 97 : Robert kneschke ; p. 98 : contrastwerkstatt ; p. 99 : marchello74 ; p. 100 : Minerva Studio ; p. 101 : A.A. ; p. 104 : Pelzinger ; p. 111 : contrastwerkstatt ; p. 112 : Neolife ; p. 113 : illustrez-vous ; p. 114 : ChiccoDodiFC ; p. 115 : ChrisVanLennepPhoto ; p. 116 : Minerva Studio ; p. 117 : olly, Minerva Studio, Photomorphic Pte. Ltd ; p. 123 : Merc67 ; p. 124 : Photomorphic Pte. Ltd.(2x) ; p. 132 : Simonlaprida ; p. 136 : Minerva Studio ; p. 127 (de haut en bas) : zinkevych, pololia, Pictures news, nattanan726 ; p. 133 : papinou ; p. 134 : peuceta ; p. 135 : eddygaleotti ; p. 140 : Homepepper ; p. 148 : Dell ; p. 153 : v.poth ; p. 154 : Dmitry Vereshchagin ; p. 155 : trubavink ; p. 156 : Minerva Studio ; p. 162 : highwaystarz ; p. 175 : Marco Govel ; p. 180 : Michael Nivelet ; p. 187 : Oran Tantapakul

Édition : Anna-Tatum Villalba
Conception couverture : Vincent Rioult
Conception maquette : Anne-Danielle Naname
Mise en pages : Lo Yenne et Nicole Sicre

ISBN : 978-2-09-167658-6

N° projet : 10279595 - Dépôt légal : Mai 2022
Achevé d'imprimer en Avril 2022 en Italie par L.E.G.O. S.p. A., Lavis (TN)